U0681872

连玉明 主编

社会科学文献出版社
SOCIAL SCIENCES ACADEMIC PRESS (CHINA)

编 委 会

我们应该从万山品读什么

连玉明

这是一本基层调研的真实记录。

这是一段新型智库的思想足迹。

当我们踏过万山的山山水水，走遍万山的村村寨寨，“万山”这个名字已不再那么遥远和陌生。乡土本色的自然与平和、乡愁记忆的厚重与深邃、乡情隽永的眷恋与纯真、乡村生活的安详与惬意、乡俗文化的底蕴与传承、乡礼社会的质朴与开放，绘就了一幅新时代的“红遍万山图”，既令人振奋，又让人憧憬。

如果把这次难忘的经历概括起来，至少我们获得三点启迪：

一是学会了真实。真实是智库人的基本素养，是研究者的至高境界。没有了真实，任何结论都是空中楼阁。老艺术家乔羽说，用自己的眼睛去发现，用自己的身心去感觉，用自己的语言去表达，这是对真实恰如其分的阐释。从某种意义上说，智库人就是事实的发现者、捕捉者、记录者和提炼者。一个合格的智库人，不仅需要具备较强的政治觉悟、较高的专业水准，更需要对中国国情的全面把握和深刻洞察，这一点源于基层调研的真实。铜仁市委书记陈昌旭对脱贫攻坚总结的“五看法”（屋里摆的，身上穿的，柜里放的，床上铺的，锅里煮的），就是一种真实。

二是学会了社会现象与理论思考的勾连。毛泽东的《湖南农民运动考察报告》、费孝通的《乡土中国》、穆青等的《县委书记的榜样——焦裕禄》，都是这方面的典范。搞智库研究，不能理论与实践两张皮。我们有些同志，懂理论，不懂道理；有知识，没有常识；会讲政策，不会讲策略，本质上都是没有把握好社会现象与理论思考的勾连关系。社会调查是一门勾连的艺术。理论思考是需要有支撑的，其中很重要的一个方面就是社会现象，就是我们基层调研的真实素材。这些素材不是简单的堆砌，是需要反复提炼、总结、概括，从中发现和探索规律性的东西，这种发现和探索的过程就是勾连。掌握了勾连，就把握住了调研的本质。

三是学会了基层调研的基本方法。观察问题正面视角，分析问题正向思维，解决问题要得出正能量的结论，这是智库调研最重要的价值观和方法论。社会是一个开放而复杂的巨系统，基层情况千差万别，基层问题错综复杂，观察问题、分析问题、解决问题不能“一根筋”，更不能“一刀切”。智库研究之所以不同于别的研究，很重要的一点就是我们提出的建议是建言式、建设性的。我们的基层调研倡导真实，倾听基层干部、基层党员、基层群众讲真话、讲实话、讲心里话，但反映在我们的研究中必须要求在正确的时间，用正确的方式讲正确的话。这条原则要贯穿基层调研的成果化、过程成果化和成果转化的始终。

万山的调研是短暂的，但收获是丰硕的，影响是长久的。万山精神将激励我们继续前行。

2019年9月6日

目录

乡土本色

乡愁记忆

乡情隽永

乡村生活

乡俗文化

乡礼社会

乡土本色

PERUSE OF
WANSHAN

乡村的价值

朱颖慧

在这次万山区转型可持续发展大调研中，我们有综合组以及第三组至第十二组共11个调研组，下到乡镇、村、村民组进行实地走访和入户调查。专门安排调研一组与政府各职能部门召开了十个专题座谈会，第一个座谈会主要是围绕万山区转型发展历程展开，紧跟着第二个座谈会的主题就是农村发展。此外，调研二组考察了九丰农业等涉农龙头企业。可以说，关注农村成为这次大调研的一条重要主线。

这次调研之所以聚焦农村，主要是基于两个方面的考虑。从宏观层面来说，中华人民共和国成立以来特别是改革开放40多年来，中国城市经历了一场波澜壮阔的发展变迁，成为发展的绝对主角。时至今日，当我国城市化达到58.52%、经济发展进入新常态的时候，中国特色的新型城镇化之路面临转折。其中，非常重要的一个趋势就是由过去的“从农村到城市”转变为“从城市到农村”，或者说是城乡二元共生、双向流动。从万山区的转型发展来说，在推动“产业原地转型、城市异地转型”的基础上，下一步的发展重点与发展空间都在农村。重新认识评估乡村价值，着力发现挖掘乡村价值，既是中国特色新型城镇化实现高质量发展的发力点，也是万山推动转型可持续发展的必经之路。而我们为期15天的调研，也在一定程度上印证了这一基本认识与判断。

移民选择与乡村价值的重新评估

“春江水暖鸭先知”，对乡村价值的重新评估首先表现在农民的选择上。在调研中我们了解到，万山区2018年易地搬迁指标为26682人。其中，区内搬迁3411人，区外搬迁23271人，区内搬迁对象中建档立卡贫困户人口508户、2001人 。万山区探索实施“四优五进三不”模式，力争实现移民群众“搬得出、稳得住、有保障、能致富”。但进一步调查发现，相当一部分搬迁户虽然愿意在城市生活甚至工作，也愿意让自己的下一代到城市接受教育，但却更倾向于把户口留在农村老家，不愿意拆除农村的老房子。在与政府相关职能部门交流这一现象时，比较普遍的观点是，搬迁户把户口留在农村，主要是出于对经济利益的考虑。的确，农村户口的含金量与经济利益密不可分，但也不能忽略了其所蕴含的社会价值。所谓“故土难离”主要是因为乡村是农民精神归属和文化生活的重要载体，是农民内心里的那份归属感和安全感。同时，乡村所特有的社会关系在农民遭遇重大事情时就能发挥作用。尽管自改革开放以来这种作用在不断消减，但并没有完全消失。在调研中，我们碰到的几位五保户老人都是和自己的侄儿或者侄孙子一起生活，其实就是这种乡村社会关系在发挥作用。由此也可以理解，为什么在新城建设中，平坟迁坟会遭到农民的强烈反对。

总之，通过调研可以深刻地感受到，不能用简单的思维来看待农民不愿意放弃农村户口这件事情，或者说我们需要对乡村价值进行重新认识与评估。乡愁记忆、乡土文化、乡村关系是构成乡村价值的重要组成部分。如果对这个问题认识不到位，认为只要给农民提供更好的物质条件，就能解决当前脱贫攻坚、乡村振兴和城镇化中的问题，这在短期内或许有一定收效，但长远发展就可能事与愿违。

雁归人员与城市人才的乡村价值发掘之路

人的流动，是经济社会发展充满活力最重要的表征。在农村劳动力流动性小的时候，“家家包地、户户种田”能够创造有效的乡村价值。但当农村劳动力大量向城市流动，农村空心化、农业副业化、农民老龄化的问题逐步凸显的时候，返乡创业就成为深入发掘乡村价值的核心动力。

万山把这股动力称为“雁归人员”。在调研过程中，我们曾经分别和万山区人力资源和社会保障局的两位副局长做过交流，一位叫蒲流，另一位叫赵勇，他们分管的工作各有不同，但是都给我们提供了这样一个数据，万山区新增“雁归人员”返乡创业就业人数，2016年是3671人，2017年是4024人，2018年截至10月是4012人，总体来说，呈现上升的趋势。我们在调研中也接触了很多这样的“雁归人员”，无一例外的是，他们都经历了在城市打拼的历练，有一定的开拓意识和市场经验，并且有一定的资金实力和经营能力，他们返乡创业都是因为“反哺家乡”的初心受到乡村发展各种利好政策的召唤，他们都成为所在乡镇、村的产业发展带头人甚至治理主力军。此外，他们还有一个共同的特点，那就是“城乡两栖”，在城市有买卖，在乡村有产业，将其比作两栖的大雁算是名副其实。从这个角度来看，“雁归人员”体现的是城市和乡村的有机互动，是农业与二、三产业的交叉融合，是乡村文化的复兴，是乡村价值的提升拓展。他们是乡村振兴的新力量，也为解决城市问题提供了新方案。

在调研过程中，我们还关注到，随着各种生产要素的集聚和制度利好的释放，一批科技人员、干部职工、城市市民也开始下乡创新创业，这股力量同样不能小觑，甚至在某种意义上这股力量还更加“市场化”。万山区电商管委会主任陆晓文是一个典型的“外来客”，说起为什么要从江苏来到万山，他的理由是“城市正在兴起绿色消费，万山特有的绿水青山、有机生态食品、乡土文化，越来越被市场青睐，在这种新消费的带动下，我看到了价值、看到了商机”。就像上一轮乡村要素向城市集聚，支撑了城镇化与工业化的互动一样，这种以市场机制为基础的城市人才、资本向乡村集聚，也将推动城镇化与农业现代化的互动。这种互动或许就是破解绿水青山如何变成金山银山的一把钥匙，这也是乡村的生态价值所在。当然，相比“雁归人员”，城市人才向乡村流动，还需要消除人才流动的体制机制障碍，才能真正实现土地、资本与人才等生产要素的有效配置。

推动乡村价值升值需要“两张网”

如果说“雁归人员”与城市人才是挖掘创造乡村价值的两股力量的话，那么乡村价值升值还有赖于两个前置条件，可以概括为“两张网”：一个是交通网，另一个是互联网。交通网的形成、互联网的发展，改变的是生产生活方式。有了交通网，同城效应、城乡两栖成为可能。

有了互联网，跨界融合、线上线下成为趋势。通过调研我们了解到，目前这“两张网”在万山已经基本成型。这是万山区进一步推动转型可持续发展的重要前提。

在万山调研，印象最深刻的就是曲折盘旋的山区公路和司机师傅们娴熟的驾驶技术。给万山的农民朋友们出了一道选择题，“您感觉这几年农村变化最大的是什么”，选“路”的位居前列。2015年，万山完成了农村道路“村村通”；2017年实现了农村道路“组组通”，打通了农村公路“最后一公里”。完善的快速交通体系，畅通的交通“毛细血管”，强化了城乡之间的时空联系，为乡村价值升值铺平了道路。如今，在万山的农村，随处可见私家车、货运车。来农村休闲的、来农村上班的、来农村进货的……比比皆是，交通便捷通达。流通，不仅创造利润，而且提升价值。

城市与农村双向流动的通道不仅需要交通网，更需要互联网。互联网覆盖农村，缩小了城市与农村的信息鸿沟，特别是推动了乡村电商的发展。2015年万山引进专业电商管理团队，通过电商平台将优质的万山精品农作物推广到全国各地，打通了“山货出黔”的渠道。目前，已经形成了乡村电商“3+”模式，全区“农村淘宝”服务站覆盖了所有乡镇（街道），覆盖率达100%。在万山电商生态城调研时大家提到的一个数据对比令人印象深刻，2015年，万山只有5家淘宝店，其中4家是“僵尸店”，唯一正常经营的店卖的商品还是福建产的鞋。到了今年，仅入驻万山电商生态城的电商营业额就超过了8000万元，卖的都是以前难以进入市场的本地乡村土特产品、乡村手工艺产品。应该说，万山通过乡村电商的发展，有效地解决了农民创业就业问题，进一步促进了农业增效、农民增收、农村繁荣，为乡村发展带来了新希望。

可以说，万山是一个缩影，乡村升值才刚刚开始，未来还有更大的升值空间。至关重要的是，以城乡双向流动来推动脱贫攻坚、实施乡村振兴、探索中国特色新型城镇化发展之路，必须以乡村价值体系为基础，发现乡村价值，提升乡村价值，拓展乡村价值，让乡村成为不同于城市的生态净土、产业热土和生活乐土。

（作者系北京国际城市发展研究院党委书记、执行院长，铜仁市人民政府发展研究中心战略咨询委员会委员）

再看万山红遍

武建忠

按照铜仁市委市政府的安排部署，“万山区转型可持续发展大调研”调研组于10月13~28日在万山区展开大规模调研，深入部门、企业、乡镇和街道以及村寨社区，通过座谈、访谈深入了解情况，获得大量一手资料，从理论和实践层面对万山区转型可持续发展有了更加理性的认识。

为什么是万山

贵州省铜仁市万山区，曾经的“汞都”，是新中国首个县级行政特区，为共和国的建设做出过巨大的历史性贡献。由于资源枯竭，2001年10月，贵州汞矿依法破产关闭。因矿而生的“特区”也陷入矿竭城衰的窘境。以2008年2月习近平同志考察，特别是习近平总书记2013年5月4日重要批示为标志，万山开始了蝶变重生，走出了一条“产业原地转型、城市异地转型”的发展之路。

万山是习近平总书记做过重要批示并一直牵挂的地方。近年来，万山区通过转型发展，走出了一条传统农业从田到棚、现代工业从无到有、第三产业从小到大的后发赶超之路。尤其是通过推进农文旅一体，一二三产融合，实现了以朱砂古镇为代表的全域旅游的华丽转身。万山的转型，既有特殊性又有普遍性，既有传统性又有创新性，是个性和共性的统一体，是常规和跨越的协同论，是特殊和一般的辩证法。同时，万山的转型，将创新、协调、绿色、开放、共享五大发展理念有机结合起来，通过创新发展集聚新动能，通过协调发展化解新矛盾，通过绿色发展明确转型总方向，通过开放发展激活新要素，通过共享发展形成新优势，真正走出了一条不同于东部、有别于中西部其他省份和地区的转型可持续发展的新路子。

当前万山已经从濒临破产的老矿区一跃而成为铜仁乃至贵州转型可持续发展的标杆，并已在全省率先实现脱贫攻坚出列摘帽。“万山速度”“万山模式”“万山精神”正成为转型的风向标；“先干不争论”“快干不议论”“干成再结论”已成为转型的新共识。沧海横流方显砥柱，万山磅礴必有主峰，万山的脱贫攻坚和转型发展，成为习近平总书记重要批示精神最为生动的实践。

资源枯竭型城市转型的路径依赖

万山是贵州唯一受国务院资源型城市转型发展政策扶持的城市。通常情况下，一个地方的发展与资源富集是不对应的，过分依赖单一的资源，反而排斥了其他产业的发展，排斥了科学技术的提高和人才资源的引进，更难以因资源富集而发展。这种现象就是经济学上讲的路径依赖或资源掣肘。为什么很多地方的转型不到位、不彻底，就是因为和传统资源的切割不彻底、和传统产业的断舍离不到位。2008年前，万山从往日的辉煌仿佛跌落到了谷底，巨大的失落弥漫在万山人的心中，焦虑、无奈、颓废，加上那场百年不遇的凝冻灾害的袭击，“把万山人的心都冻僵了”。2008年是万山产业转型元年，转型就是从“暖心”开始的。

放眼全球工业文明的历史进程，包括美国休斯敦地区、德国鲁尔地区、日本九州地区和法国洛林地区等，都相继出现了一大批资源枯竭型城市。而在国内，传统的以煤炭、有色金属为主的资源型城市就达118个，其中30多个面临资源枯竭问题。现有的8000多座矿山中，400多座资源枯竭，2/3已进入中老年期，处于加速枯竭阶段。这些因资源采掘、初加工而兴起的工矿型城市均面临着资源枯竭或其他系统、非系统风险因素的影响，如何突破锁定效应、选择恰当的转型模式，进而实现资源枯竭型城市的可持续发展则是亟待解决的问题。

构建转型生态圈是万山转型可持续发展的突出特色。围绕推进绿色产业生态圈、电商生态圈和创新生态圈等的建设，新的转型主导产业逐步形成。汞矿资源枯竭，反而让万山看到了绿色生态、文旅资源的巨大优势。让绿水青山变成金山银山，让历史文化成为永续资源。其中可选择的路径包括但不限于：以农文商旅居一体化发展实现现代农业产业化经营；挖掘丰富工业文化遗存实现退二进三及文化融合发展；提升传统产业科技水平并形成产业替代和梯度转型；以调整制度供给、转变财政政策来稳定经济增长和提升综合竞争力等，有助于实现梯度和反梯度的产业转型的双向并进。

脱困、脱贫与转型发展

转型问题的提出，不仅仅是因为遇到困难，更是因为走入了绝境。单纯依靠资源的发展注定是难以持续的，而转型也必须向死而生。在万山汞矿旧址，留下工人们在悬崖峭壁上凿石取丹的243个洞穴和矿洞内犬牙交错、层层叠叠近似迷宫的970公里的坑道。资源诅咒理论表明，只有通过制度和非制度的创新传导才能摆脱诅咒，既要扬长避短，也要扬长补短，基于比较优势理论进一步认清资源型地区的转型路径。应该看到，万山汞矿从2001年破产关闭到2008年，具有明显的脱困特征，而从2008年到2018年的十年间，则具有明显的脱贫攻坚特征。脱困与脱贫构成了万山转型的基本底色。2001年万山汞矿破产时，万山区的财政总收入仅为320万元，而且全部来自农业税。而到了2017年，万山区的财政总收入已经达到8.3亿元。通过简单的数据对比，蝶变效应跃然眼前。蝶变的背后，就是通过产业原地转型的脱困，以及城市异地转型的脱贫。因此，万山的产业，是脱困的产业，万山的转型，是脱贫的转型，符合潜在比较优势，同时又充分发挥了政府的因势利导作用。

“困”和“贫”是后发地区的基本特征，也是转型首先要面对和解决的问题。因困生贫，因贫而困，是困扰后发地区发展的死结，只有首先解决困和贫的问题，转型才有实现的可能和基础，同时，脱困和脱贫本身，也是转型机制生成、转型文化孕育和转型动力集聚的过程。因此，脱困、脱贫攻坚正是转型的宣言书、转型的宣传队、转型的播种机。

“困”和“贫”的产生有很多复杂的历史和社会原因，也是各种经济和非经济因素共同作用的产物，它不仅是人口问题、经济问题、政治问题和社会问题，更是一个转型发展问题。与以往经济学界更多地从制度和文化层面研究贫困问题相比，从转型发展方面研究贫困问题，更有助于跳出贫困看贫困，立足转型解贫困，把脱困、脱贫与转型可持续发展在更高层面上统一起来。

转型才能得生机，取直自然出新路。跨过脱困与脱贫这两道坎儿，转型发展也开启了新的周期，不仅要重视转型中数量的变化，更要夯实转型中质量的提升。不仅要翻过区位、资源和市场等老三座大山，更要跨越改革、创新和人才新三座大山。如果说解决困和贫的问题，更多的还是政策层面的倾斜和扶持的话，那么接下来的转型发展就需要市场内生机制的形成，以及基于创新、开放平台的优质资源和要素的整合和集聚。

重构与重生：转型规律再认识

后发地区有着与先发地区完全不同的发展特征、资源禀赋和制度基础，这决定了其发展必须探索更具后发优势和赶超特征的转型模式。转型发展中所显现的，不是过剩而是不足，不是外溢而是集聚，不是高地而是洼地。对后发地区来说，转型的压力伴随着转型的痛苦，转型的动力交织着转型的倒逼，也因此，整个的转型方式不是好上加好、优中选优，而是无中生有、快上加快，是超越比较优势基础的新旧动能的转换。

后发转型的特征决定了后发转型的规律，后发转型的规律催生了后发转型的道路。万山转型的基本规律可以概括为六个字：理念、速度、实干。理念的转变是先导，速度的突破是核心，实干的作风是关键。后发转型首先是一种理念的转型，开放、放开是转型的先导性因素，而转型的速度决定了转型的边际成本和边际效益。“大道至简，实干为要。”作为转型发展的决定性因素，干部的实干、能干、敢干、会干是关键。天时、地利、人和三位一体，理念、速度、实干三者协同，构成了最具后发特征的转型模式，也决定了这种后发转型必须更多地通过思想大解放、政策大松绑、开放大手笔。城市品格，开放为先。更加解放的思想、开放的政府和有效的市场是转型的动力之源。要激发从0到1的裂变，以小产品撬动大市场，以小切口搭建大平台，从开掘资源到引入资源再到配置资源，以科技创新为主导推动产业重构，实现从增长向创新转变。

重构激发动力，重生赢得先机。要在认识和把握转型发展规律的基础上，进一步重构转型动力机制，实现传统产业的转型重生，在头部集中和长尾效应的夹缝中寻找后发转型新机遇。“夹缝转型”是后发转型的基本特征，就是跳出资源，但用好政策；企业是主体，但政府更有为；同时，在无中生有中引进外力，在高位对接中敢破敢立。通过夹缝转型形成转型“万有引力”，即以市场为导向，以“鼎新”带动“革故”，以增量带动存量，降本减负，通过新产品、新技术、新产业、新业态、新模式推动产业优化升级，进而强链、补链、延链，推动制造业产业模式和企业形态根本性转变，促进产业迈向价值链中高端。

从产业转型、城市转型到社会转型

作为贵州唯一享受国家资源枯竭城市扶持政策的地区，经过近五年的发展，万山的产业原地转型和城市异地转型都取得了明显成效。但接下来，转型发展本身也进入一个转型期，“转型之转型”是万山面临的一个新课题。“转型之转型”本质上是一种“转型再平衡”，即由大招商、大引资阶段的快速转型转向内生挖潜、内生激活和协同转型的再平衡。实现这一平衡，主要取决于三个条件，即脱贫攻坚与乡村振兴有机衔接、人的城镇化的高位推进、内生型创新动力结构的基本形成。

在经济新常态下，转型的大环境已经发生变化，从转型经济学来看，转型的前提和条件也不同于以往，不能再沿用过去的转型思路，也不能再用简单化和一哄而上的转型模式。在已有的产业转型、城市转型的基础上，以新城建设引领城市空间调整，以老城保护为重点实施城市更新、提升城市能级，全面推进以社会转型为重点的人口融入、公共服务、政府效能的三维再造，实现基于五大发展理念的全面、整体转型，为打造转型可持续发展升级版奠定基础。

一般来说，资源短缺的危机往往能够促进分工的演进并提高生产率，但要形成可持续的内生型创新动力结构，还必须直面资源、环境、技术、人才以及民营企业和民间投资等新的约束条件，适应新理念和变化了的新形势、新要求，在创新驱动中加快产业体系的重构，在山水和乡愁间实现城乡关系的转型。从二元转型到三维再造，本质上是一种多维创新，是转型坐标系的重构。产业要适应消费升级的趋势，城市要面向互联网大数据的未来，整个转型要面向人们日益增长的美好生活的需要。

从产业到城市再到社会的全面转型，重中之重是深化社会治理创新，加强城市管理和社区治理，特别是做好城市规划，补齐规划短板。

要围绕提高社会治理社会化、法治化、智能化、专业化水平，更加注重在细微处下功夫、见成效。以乡村振兴为标志的田园中国、乡土中国和乡愁中国的城乡有机融合、城乡双向互动、城乡共建共享，是重新认识和发掘乡村价值基础上的农商文旅居大融合背景下的城乡社会和人的关系的重构。要坚持以人民为中心的发展思想，坚持共建、共治、共享，坚持重心下移、力量下沉，围绕解决就业、教育、医疗、养老及住房（住房证）等突出问题，提高基本公共服务水平和质量，让广大群众有更多获得感、安全感、幸福感。

看万山红遍：讲习所、春晖社与第一书记

放眼贵州，聚焦铜仁，万山的转型价值，体现在以习近平新时代中国特色社会主义思想为指引的、以打赢脱贫攻坚战为新起点的后发地区转型可持续发展的生动实践之中。在这场脱贫攻坚战中，以全面加强党的领导为核心，以强化党的基层组织战斗力为重点，铸就了一支以第一书记为代表的、包括驻村干部和驻村工作队为主体的转型干部队伍，这是推动高质量转型发展的宝贵财富，这支队伍不能散、不能乱、不能撤，也要转。

依托新时代农民（市民）讲习所，万山不断深化对习近平新时代中国特色社会主义思想的宣讲，让新时代农民（市民）讲习所成为凝心聚力的大阵地、脱贫攻坚的大课堂、同步小康的大本营。围绕开展“春晖行动”，进一步整合和凝聚社会力量助力乡村振兴，通过农民返乡创业及带动市民下乡、能人回乡、企业兴乡等“四乡”工程，实现脱贫攻坚和乡村振兴的有机衔接和梯度推进。围绕深化“民心党建+

春晖社”农村综改模式，以共享理念和平台模式构建集产业、资金、人才、技术、公益行动以及乡土文化传承于一体的乡村振兴推进器和新载体。

自习近平总书记2013年5月4日对万山转型可持续发展做出重要批示以来，万山积极践行习近平新时代中国特色社会主义思想，走出了一条后发转型可持续发展之路。看万山红遍，是牢记嘱托、感恩奋进的激荡和回响，是理论和实践之美的有机统一。

（作者系北京国际城市发展研究院党委副书记、副院长，领导决策信息杂志社社长，铜仁市人民政府发展研究中心战略咨询委员会委员）

内外结合推动脱贫致富，“一核多元”助力转型升级

王新江

“寒秋十月下黄道，锁溪长坳，烟雾缭绕，山水相宜风景妙，村村户户新面貌。精准扶贫有高招，丹阳马黄，村猪山跑，大棚蔬菜正热销，人人都说政策好。”这是黄道侗族乡调研结束，我在返程车上写的几句词，虽然不太规范，却是调研感受的真实写照。此次万山转型可持续发展大调研，我先后调研了万山镇、高楼坪侗族乡、黄道侗族乡以及谢桥街道，一路跋山涉水、走村入户，看蔬菜、生猪长势和企业发展态势，察古建筑保护情况和旅游资源开发潜力，听村民介绍村志家史和生活变化情况，收获满满，感动多多。一路调研下来，对于万山转型发展的认识，我有四个方面没想到：一是没想到万山的转型发展如此之快速、如此之稳定；二是没想到万山的农村如此之干净、如此之美丽；三是没想到万山的干群关系如此之融洽、如此之亲密；四是没想到万山的当地群众如此之淳朴、如此之勤劳。万山的转型发展成果，既离不开国家层面和省市层面的政策支持，也离不开万山各级领导干部队伍的无私付出以及基层群众的勤劳努力，既有外在条件的

支持，又有内在因素的支撑。作为智库人来说，我们既欣慰于万山的“脱胎换骨”，也要冷静思考万山转型发展中还需要重点考虑哪些问题，未来究竟如何发展。

万山之变：旧貌换新颜、资源变资产、单一到多元

如何看待万山这几年的变化，或者说从哪几个维度来衡量万山转型发展的成效，我觉得主要在于三个方面：一是外在的变化；二是路径的变化；三是人的变化。

旧貌换新颜，社区农村大变样

万山外在的变化，最直观的体现就是城市面貌的焕然一新，不论是农村还是城市，到处都是干干净净、整整洁洁，农村古韵犹存，城市现代时尚。调研期间，据许多驻村干部向调研组介绍，他们进村的第一件事，不是谋划如何带领大家致富，而是思考如何带领大家改变传统陈旧的认识和思维。如何改变，首先就是从力所能及的小事做起，这件小事就是带领大家搞好环境卫生。起初村民们不理解、不配合，他们就带头做起，扫马路、运垃圾，甚至到贫困户家中帮忙打扫卫生。慢慢地，他们的行为感染了大家，村民们开始自觉地加入进去，保持家庭环境卫生的干净整洁逐渐成为一种习惯。除了城市环境的大变样，万山更重要的变化是群众内在精神面貌的改变，原先万山人跟外地人讲话都没有底气，为什么呢，因为万山穷，看不到发展前途。随着精准扶贫、精准脱贫工作的开展，新政策、新理念、新思维如一股春风焕发了万山的生机，蒋翠萍搞起了水果种植，吴长林搞起了生猪养殖，

刘静从外地返乡办起了幼儿园，万山人重新找回了失去已久的骄傲与自豪。

资源变资产，脱贫致富有保障

为什么我们过去的扶贫成效不明显，原因就在于只关注眼前，不考虑长远。而万山精准扶贫、精准脱贫之所以成效显著，关键就在于变“输血”为“造血”，不再是授人以鱼，而是授人以渔，解决了可持续发展的问题。据苏湾村包村干部唐智飞向调研组介绍，因为产出效益低，苏湾村的很多土地都变成了荒地。为此，村干部就跟村民们商量，将这些土地入股到精准脱贫产业枇杷基地，这样土地资源就变成了资产，村民们每年都能拿到分红。除此之外，村民们通过将住房改造成农家乐或者乡村客栈，盘活了原先没有得到充分开发的资源，拓宽了收入来源。不论是土地入股，还是房屋盘活，这些新的模式都建立了农民稳定增收的长效机制，为防止农民脱贫返困提供了充足保障，得到了群众的广泛认可。

单一到多元，建设发展有力量

调研期间，每到一个乡镇（街道），调研组除了关心乡村的发展情况，还特别关注驻村干部（第一书记）、返乡创业人员、返乡投资的企业家这一群体，如尽职尽责带领村民脱贫致富的罗国玉、陈英等第一书记（驻村干部），辞掉城里工作返乡回村里工作的丁兴清、张勇等，返乡投资的企业家杨米昌、邓家保等，正是因为他们的到来，才带来了新的理念、新的资源、新的资金等，促进了农村的快速发展和农民的增收致富。可以说，万山转型发展之所以能够成功，关键就是因为建设发展的力量由单一主体转变为多元主体，集聚了更多的发展合力。

转型之困：动力如何持续、潜力如何挖掘、魅力如何培育

转型是一个长期的过程，需要跨过不同的阶段，解决不同的发展难题。对于万山来说，目前已经成功地迈出了转型的第一步，接下来还需要认真思考可持续的问题，如发展动力如何维持、内部潜力如何挖掘、城市魅力如何培育等，只有解决了这些问题，才能实现城市的转型可持续发展。

动力如何持续

不论是汽车、火车还是飞机火箭，都必须依靠动力来实现运转，城市的发展也是如此。对于万山来说，虽然转型发展已经初见成效，但是随着政策红利的消失和温饱问题解决后群众进取意识的减弱，如何继续保持发展动力将是一个巨大的挑战。有鉴于此，万山接下来最重要的事情就是明确未来的发展方向，着力建设服务型政府和善治型政府，培育良好的营商环境和宽松的创新创业环境，最大限度地释放地区发展活力，吸引更多人到万山来投资创业，鼓励支持更多中小微企业发展，推动当地的可持续发展。

潜力如何挖掘

万山既有长期发展形成的历史文化底蕴，也有大自然赐予的独特旅游资源，还有脱贫攻坚过程中形成的高素质干部队伍、成熟的工作经验和模式，以及一大批来到万山、扎根万山的优质企业。可以说，

虽然汞矿已经枯竭关闭了，但万山自身这座矿山还有很大的发展潜力可以挖掘，关键就在于找到释放这些潜力的“钥匙”，把潜力转换成新的发展动力。如依托良好的乡村资源，打造高品质、有特色的养心、养生、养老乡村旅居品牌；通过汞矿老建筑的保护修缮和策划设计，发展工业遗址旅游等。

魅力如何培育

魅力就如同一个城市的无形名片，可以让陌生人第一时间就能知道和了解城市的特质。如何让万山走出铜仁、走出贵州，前提就是要培育万山独特的城市魅力。如何培育？重点就是要把最先进的理念、最先进的技术和最先进的模式运用到万山城市建设发展当中，科学化、系统化、专业化地谋划和解决各方面的难点问题，营造一流的城市服务环境、生态环境、人文环境、营商环境和居住就业环境，逐步形成独一无二的文化特质，让国内外的人都知道万山、来到万山、爱上万山。

明日之路：文旅融合铸品牌、社会治理筑根基、城市精神聚合力

万山未来的发展方向是什么？结合资源枯竭型城市的发展经验和万山的实际情况，概括起来就是“一核多元”，即一个核心的发展定位，加上其他多个方面的配套支持。

文旅融合，明确城市未来发展定位

随着文化和旅游部这个新部门的成立，我国正式进入了文旅融合

的新时代。对于资源枯竭的万山来说，未来城市发展的核心定位就是文旅融合型现代化城市。文旅融合型现代化城市，就是在文旅融合产业这一核心定位的指引下，不论是发展房地产业还是发展新能源产业，不论是建设综合交通体系还是提供配套公共服务，不论是引进资本还是引进人才，都要围绕文旅融合这一定位去谋划设计和落实推进，通过各个方面的持续聚焦和投入，逐步构建以文旅产业为核心的区域社会经济发展新模式，释放经济社会发展新动能，推动万山转型发展和绿色发展。

社会治理，营造规范有序城市环境

中央城市工作会议指出，要统筹政府、社会、市民三大主体同心同向行动，使政府“有形之手”、市场“无形之手”、市民勤劳之手同向发力，尊重市民对城市发展决策的知情权、参与权、监督权，鼓励企业和市民通过各种方式参与城市建设、管理，真正实现城市共治共管、共建共享。对于万山来说，随着城市转型的快速推进，其下一步需要重点关注和应对的就是社会转型。如何有效解决社会转型中可能出现的诸多问题，营造规范有序的城市环境，核心就是将治理理念融入城市发展和城市服务供给的整个过程，吸引社会单位、社会组织、居民群众、新闻媒体等多元主体广泛参与，凝聚思想共识和发展合力，不断提高政府的依法治理、系统治理和综合治理能力，提升公共服务的精准供给和社会问题的及时处理水平。

城市精神，凝聚城市各方发展合力

“精神”这一词语看起来比较空泛，但其实它比什么都实在，没有精神，人类就不可能实现几千年的传承发展。同样，没有精神，城市就是一个没有灵魂的空架子，无法实现可持续发展。对于万山来说，过去有汞矿精神，随着精准扶贫、精准脱贫以及转型发展战略的实施，万山正在培育新的精神特质。在未来的转型可持续发展过程中，万山还需要更加重视城市精神的涵养和培育，以城市精神来凝聚城市各方发展合力，以城市精神来激励万山人民勤勉努力、开拓创新，努力追求和创造更加美好的未来。

（作者系北京国际城市发展研究院副院长、贵阳创新驱动发展战略研究院副院长，铜仁市人民政府发展研究中心负责人）

一个人，一座城

马 可

最早接触铜仁是在中学地理课本上，只知道这个地方蕴藏着丰富的汞矿，是一个资源城市，对于万山则是一无所知。当然，读中学的我知道这个地方的时候，并不知道当时的它正处在发展的最低谷，处在黎明前的黑暗之中，更不知道它历经磨难涅槃重生后的熠熠风采。

10月13日跟随调研组到达万山朱砂古镇时已是夜里，直到第二天才揭开万山区朱砂古镇的面纱。朱砂古镇给我的第一印象是“深山里的精致人造小镇”，其规模性、创新性的规划设计令人十分震撼，因为之前做过功课，知道我们所在的朱砂古镇原址是贵州汞矿的矿区，而且是一个长达970公里的采矿坑道这样弥足珍贵的文化遗存，矿区转景区应该也是万山转型发展给我的第一个印象。看着山间那一幢幢凝聚着万山人心血和希望的建筑，不得不佩服万山人的睿智决策，不得不佩服万山人敢于拼搏、敢于创造、不服输的精神，也不得不佩服参与万山建设的企业家们的果敢，万山这样一座因汞而生、因汞而兴又因汞而衰的城市，正是凭着万山人自强不息的精神，奋力拼搏、攻坚克难，一步一步把万山从危难的边缘重新拉回到步入辉煌的轨道。如同在对万山区政协主席吴泽军进行专访时，吴主席告诉我们："发展最终的规律就是人，没有人的话，一切无从谈起"。然而，到底是怎样的万山人如何为这座曾经"奄奄一息"的城市注入了新的发展活力，这是此次调研我最想要探索清楚的问题。

扎身农村，脚踏实地，为脱贫攻坚、繁荣村域经济而战的万山人

经过调研发现，在万山的农村有着这样几类人带领着贫困户脱贫、带动着村域经济的发展。第一类人是驻村干部，他们以身作则，是使命、是责任。第二类人是返乡创业人群，他们以实业反哺农村建设。第三类人就是淳朴但不失信心的贫困人口本身，他们抓机遇、敢拼搏创造属于自己的美好生活。

驻村干部成为脱贫攻坚、发展农村经济的"领头羊"。我们在进行正式调研后，无论开展什么专题的座谈会，仿佛都脱不开一个话题，那就是帮扶干部。从调研中了解到几乎一半以上的区直机关干部都下过农村，帮扶困难群众。万山通过建立"5321"干部帮扶机制，让帮扶干部充分运用自身资源帮助贫困户发展产业，激活贫困户发展内生动力，深入开展调查摸底，为其购买基本生活用品，切实解决好贫困户生活用品配备问题，以看得见、摸得着的实惠促进其认可度的提升。驻村干部万山区农牧科技局主任科员张祥恩在座谈时说"干部要驻村就是要全面工作"，小到邻里间的纠纷，大到村子里的产业发展，驻村干部方方面面都要处理好，事无巨细。说到农村产业，张祥恩为调研组介绍起村里的"忠富果业"，最初只是引进作物，后来通过发挥干部

群众才智开始发展养蜂产业，拓展产业链条，起到了“1+1>2”的效果，切实为群众带来利益。

返乡“实干家”成为脱贫攻坚、发展农村经济的“新引擎”。农村的发展离不开产业支撑，农民收入增加才能提升村域经济整体实力，万山的农村活跃着“归来只为报桑梓”的企业家、返乡就业的村民，他们在农村的每一滴汗水，都成为滋养农村经济土壤的光和热。贫困户、村集体、龙头企业凝结成利益共同体，让群众成为农村产业发展的推动者、受益者，“622”利益分配模式将群众致富与精准扶贫深度融合，构建了示范基地引领、干部群众主力、社会企业参与的脱贫推进机制，激发精准扶贫对象内生动力，实现了整村发展生产脱贫。提到中华山村“622”利益分配模式，当时还是区委组织部部长的吴泽军对“622”利益分配模式进行了经验总结。他亲赴中华山村，一点点聆听、一次次仔细对照、认认真真研究分析，最终将探索创新推动村级集体经济和产业脱贫有效融合的“622”利益分配模式作为万山典型经验材料报到省委，并被中组部纳入全国典型改革案例。

勇抓机遇、不甘落后的贫困户成为农村真正的“主人翁”。通过驻村干部引领带动贫困户思想认识的转变，使他们变被动为主动，成为精准扶贫的“主人翁”，在推动精准扶贫过程中发挥了重要作用。我们可以以一个很小的例子来看贫困户精神面貌的改变。在座谈调研过程中，区教育局副局长卢勇飞介绍了由他对接帮扶的茶店街道红岩村贫困户饶水保的典型案例，饶水保常年不洗头、不洗澡、不换衣服，家里又脏又乱，村民都看不起他，但通过精准扶贫工作使他改变了卫生习惯，人精神了，大家对他的态度也发生了变化，后来他还经常帮助监督其他村民打扫卫生，在精准脱贫中发挥了正向作用。让贫困户切实转变观念，积极参与精准扶贫、精准脱贫，才能使他们彻底告别贫困。

统筹全局，真抓实干，推动万山城市、产业转型的万山人

在万山调研的这段时间，听到最多的是对区委区政府工作的肯定。跟我们一起的万山机关后勤的陈师傅总会给我们介绍万山区大街上的新变化，从机关办公楼到双创园、万仁汽车、彩虹海、风筝放飞基地等，目之所及都会给我们介绍，介绍着万山的新气象。的确，我们看到一座座拔地而起的高楼，感受到了万山人为这座城市付出的艰辛和汗水。

“决策层”确定发展战略、转变思想观念、明确发展思路，是推动万山城市、产业转型发展的核心。从提出“两个转型”发展战略到2015年9月将行政中心整体搬迁至谢桥新区，万山发生了翻天覆地的变化，区委、区政府贯彻新发展理念，狠抓传统工业提升，抓新兴工业引进，抓城市经济带动，抓特色高端农业发展，抓旅游健康产业崛起，增强经济支撑力，实现了从“提升”向“跨越”的转变。尤其是行政办公区整体搬迁至谢桥新区，这是万山“两个转型”发展战略中至关重要的一步，有利于拓展城市的发展空间，有利于更好地融入主城区，有效聚集激活人气和商气，提升万山的城市品位和城市竞争力。“决策层”确定转型发展思路，着力促进全区上下思想观念转变，通过开展转观念、转作风、抓落实“两转一抓”系列主题活动，有效解决了因循守旧、作风不实、落实不力等问题，彻底扭转了大家有多少钱才办多少事的观念，树立了有多少事就要去找多少钱来发展的理念，为之后万山的进一步转型发展奠定了思想基础。在此基础上，区委、区政

府通过深入研判全区形势，结合万山实际，确定了“工业强区、农业惠民、旅游兴业”的发展思路，并对产业布局和城市空间布局进行了整体规划，万山各项事业走上发展的“快车道”。

“先锋队”狠抓落实、一门心思促发展，是推动万山城市、产业转型发展的关键。调研期间，10天出入万山区委、区政府的办公大楼，给我感触极深的还有每一名干部昂扬的精气神，他们可以说是推动各项政策落实的中坚力量。城市转型严格意义上来说是从老城改造开始，进而推动城市的异地转型。在座谈中，区城管局、规划局领导介绍了农村及城区基础设施改造、移民安置点建设、新城规划等，城市空间布局不断完善。在城市异地转型之中，万山区各级干部以群众利益为根本出发点，做好群众工作，为城市异地转型发展提供了保障。万山产业转型可以说历经坎坷，汞矿倒闭后首先引进的仍是工矿企业，随着时代的进步，工矿产业发展已越来越不符合经济发展的要求，在“两个转型”发展战略提出后，万山产业全面转型，在坚定“全党抓经济、全民抓招商、全区抓融资、全力抓作风”理念的基础上，突出抓龙头、抓精品、抓示范。据万山投资促进局局长刘妹莲介绍，万山一直围绕“促、强、抓、助、拓、推”六字诀全面进行招商。一方面，针对万山没有旅游项目、大型商业综合体、大型游乐场的实际，引进了彩虹海、桃园泊岸·埠上桃园、九丰农业博览园等一批精品项目，成功填补了整个武陵山区龙头产业项目的空白；另一方面，坚持宁缺毋滥、环保优先的原则，对严重污染的项目进行一票否决制，逐渐实现由“招商”向“选商”的转变，由“求量”逐渐走向“求质”，可持续、优质、高效的发展理念是万山人心中的一杆秤，发展产业不盲目、不短浅。

万山之变源于“万山人”的艰苦奋斗，源于万山干部敢抓敢管、真抓实干的担当，能克服多大困难，就能创造多大辉煌。万山之变，源于万山人民群众不甘现状、勇于开拓的精神，团结一心，就能拓展新天地。万山之变，源于关心万山发展的社会各界力量，企业、社会组织的融入，为万山的发展提供了源源不断的力量。

（作者系北京国际城市发展研究院研究员，铜仁市人民政府发展研究中心特约研究员）

万山印象：老矿区的前世与今生

张丰予

当载着调研组的车徐徐地驶入谢桥新区时，我总觉得受到了网络和资料的蒙骗！这哪里是阡陌上并排的“寒窑”，是谁“谎称”这里直到2个月前还是所谓的“贫困区县”？！

随着汽车在被一层层淡积云所覆盖的既整洁又宽阔的柏油路上开过，道路两侧掠过一排排如同被剪辑过、和“落后地区”极不相符的景色——建在山顶上崭新而又恬淡的小洋楼、坐拥绝佳视野的现代公寓、五彩缤纷的大型摩天轮与水上滑梯、厚重又明亮的四星级酒店……这时我对万山的印象可以用以下几组词来概括：干净、摩登、先进、简约。

在我心目中，同样可以用这几个词描述的城市还有一座，那就是位于美国西海岸的洛杉矶城。同样的依山而建、同样的山明水秀、同样的化劣势为优势的发展思路、工作区和生活区之间的区分同样井井有条，这一切无不让人产生出一股强烈的信心，万山走对了路，她的明天注定会放出不一样的耀眼光彩。

城市印象：从“小香港”到枯竭城再到“小LA”的华丽蜕变

诚然，如今的万山摩登又干净，但毕竟不是从来如此。万山的城市发展，大概经历了“先前阔——家道中落——逐渐复苏”这几个阶段，如今渐渐复苏的万山，正迈步在可持续发展再创佳绩的大道上。

“先前阔”与小香港

读万山最近半个多世纪的历史，首当其冲的就是她的昔日荣光。计划经济时代，工业属于最优先发展对象，从20世纪50年代起，万山汞矿聚集了来自五湖四海的矿工、工程师、担当技术指导的知识分子以及苏联专家等各路精英，随之而来的自然还有他们的家属和矿区服务配套设施工作人员，如医生、厨师、教师等，一时群英荟萃、人才济济。

1966年，万山被国务院批准为新中国成立以来的第一个行政特区，整个60年代，万山汞矿出口至第三世界各国，70年代后甚至远销欧美等40多个国家与地区。供不应求的朱砂与汞资源为万山带来了空前的富足，热火朝天的干劲、南腔北调的方言、丰富多元的饮食文化、堪称支柱的经济产出以及明显优于周边地区的生活服务设施，使万山有“小香港”的美称。

在这个时期，“矿工”这一身份不仅代表了工人老大哥的光辉形象，同时还意味着拥有较高的工资收入和优厚的福利待遇，以至于矿上流传着姑娘非“三员”不嫁的说法，尤其是汞矿的矿务员。在众人的称羡声中，万山人昂首阔步，举手投足间都是自豪。

家道中落——转型前的阵痛

成长与衰退是城市发展的一般性规律，靠工业矿山立足的万山自然难以幸免。20世纪80年代中后期，万山汞资源逐渐枯竭，同期世界对于汞的替代性技术层出不穷，靠汞一业独大的万山受到了巨大冲击，再加上长期受制于计划经济时代产业落后、机制不活、观念保守等因素，汞矿一蹶不振，逐年下坡，最终在千禧年后的第一个年头，矿上的领导们不得不面对失声痛哭的老矿工、以沉痛的心情宣布汞矿关闭，一段辉煌的传说就此落幕。

屹立许久的山陵崩塌，不论干部还是工人，在21世纪初期都沉浸在阴霾之中。部分失业矿工沉迷于赌博，于倾家荡产后自寻了断；还有一部分三餐不继，绝望之下只好去老乡的土地里偷掘白薯充饥；还有一部分因长期与污染性极强的汞打交道，在各种职业病的折磨中溘然长逝，抛开了本该继续陪伴的家人。

干部们的生活也没有强出太多。据万山区现任区委办主任杨义长回忆，万山以前连栋像样的大楼也没有，担心工资无法发放的灰暗心情使得冬天的平房里更加阴冷潮湿。整个铜仁地区召开重要会议时万山代表一律被安排在最后发言，全区人口跌至区区数千，就连万山特区今后是存是废也都没有完全的定数。所剩不多的万山人低下了从前高昂的头颅，被自卑所笼罩。

触底反弹，向新的光芒冲刺

万山遇到困境，中央看在眼里。2008年一场罕见的凝冻灾害，既让万山蒙受了沉重的损失，也开启了万山绝地反击的征程。时任中央书记处书记的习近平前往万山视察灾情，为当地干部和群众传达了党中央的殷殷关切，使“内心凝冻”的万山人看到了发展的希望，内生动力逐步复苏。

2009年，万山被列为全国第二批资源枯竭型城市，享受到了一系列来自中央的扶持政策。万山紧抓机遇，利用8000万元的棚改专项资金，开启“四坑”棚改项目，使矿区居民的住房和生活有了保障，同时也为重新聚集要素、发展业态提供了基础条件。2011年，铜仁撤地建市，设立万山区。2015年，万山区将行政中心全面搬迁至谢桥新区，城市转型有了新的空间。这时的万山采取双管齐下的办法，一方面强化老城区的民生保障基础设施，恢复矿山时代风貌，发展文化旅游；另一方面按功能分区域的原则在新城区打造CBD，着力吸引新的发展要素聚集。

通过几年的努力，一个个欧美风情的民宿如雨后春笋般崭露头角、彩虹海水上游乐园真的像彩虹般穿城而过，聚集着百万年薪经营团队的电商生态城彻夜灯火通明，明快的光线一扫汞矿遗留下的尘埃，静静照耀着未来万山向高质量发展转型的自强之路。

产业印象：从就地取材到多点开花，昔日矿山百花齐放

工业强区，二次产业的三次转型

长期以来，汞是万山的经济支柱，随着“掠夺式”开采，汞资源难以为继，万山开始探索新的发展之道。2001年，从湖南引进了恒兴铁合金有限公司，推动锰铁合金成为替代产业，在之后的几年间逐步形成以铁合金冶炼、汞化工、锰加工、茶叶精深加工为主导的工业支柱。然而，合金冶炼或化工亦属于高污染产业范畴，探索之路还任重

道远。2015年，万山投资29亿元打造朱砂产业园，在发扬传统工艺技术的同时，改变了以往工艺品“零敲碎打”的发展局面，使产业整体向规模化发生改变。2016年，万仁新能源汽车项目在万山落户，该项目的引进，标志着万山将进一步确立以新技术、新能源为核心的产业发展方向。

农业惠民，从自给自足到山地特色农业

万山以汞矿立足，处于茫茫武陵山间，无法大规模产粮。但近年来，万山因地制宜发展山地农业，土地利用率大为提高，根据作物生长特性再栽培出来的蔬果远销周边城市，增收自然不在话下。2015年从山东寿光引进的九丰农业博览园，不仅培养名贵优质的蔬果，也是4A 级景区，内置餐饮服务、蔬果采摘等共计八大板块，在吸引游客“买买买”的同时还能逐渐增进人对自然的向往与热爱。因为调研行程安排，我没有亲身前往园区，但也有幸品尝到了前往参观者带回的香柚，虽然我个人并不喜欢吃柚子，但确实很喜欢那果实表皮上晶亮的露水。

旅游兴业，复兴于矿，不止于矿

“如果当初仅仅是提出发展新型农业，种植优质大棚蔬菜，我们倒是还可以想象，但说起要依托旧矿山发展旅游业，在当时听来简直就是匪夷所思。”杨义长主任在访谈中向调研组笑谈道。

杨主任说想象不到完全情有可原。基于工业矿区的功能定位，几十年来万山旅游业基本为零，可以作为标签的唯汞而已。万山兴于汞、衰于汞，而复兴也不可能绕开汞。2010年万山提出“产业原地转型”，此后围绕如何转型进行摸索。2015年，区政府决心把朱砂开采遗址

打造成全国工业文化的精品典范和矿业遗址的绝版，以巨大的魄力投资20亿元引进江西吉阳集团，将老矿区改造为中国第一个矿山休闲怀旧小镇，使“原地转型”真正获得了一个全国知名的标志性大成果。重生的朱砂古镇使沉寂一时的万山再度热闹起来。据包括杨义长主任在内的万山人回忆，2017年5月4日古镇开园当天，四面八方驾车而来的游客排队长达9公里，造成的严重拥堵成为当地干部们“幸福的烦恼”。

仅吃朱砂的老本，还不足以称为“复兴”，光靠一张好牌也不足以赢下全局。与朱砂古镇前后开园的还有投资20亿元引进的彩虹海水上乐园。园内一汪清澈碧透的人工海面与色彩缤纷的摩天轮，其氛围与北美西海岸的圣塔莫尼加滨海公园颇有几分神似。彩虹海于2017年开园后游人如织，不仅能带来约10亿元的旅游收入，还能提供1500个左右的就业岗位。其实，从彩虹海获得快乐的不只是游客，每当我乘车穿梭于酒店与会场之间，透过车窗看到园子里高耸的眼镜蛇滑梯时，心里都会涌现出一种墙外人看荣国府的感觉，那如梦似幻的光影之舞总为我紧绷的精神带来一丝慰藉与放松。

社会印象：人即城，人即垣，人是发展的第一要素

社会发展主要靠人推动。万山人的精神风貌随着城市发展的波澜起伏经历了自豪、自卑再到自强的历程。在政策与政府工作上，万山对人才的重视一天强似一天，无论是“全民抓招商、全区抓融资”的发展思路，还是面向全国招募“百万年薪”电子商务经理人团队，无不体现了对人才的求贤若渴。但经过半个月的调研，最触动我内心的

并不是“千金买马骨”的招贤政策，而是在工作中相遇的每一个万山人灼热的精神风貌。

乘风破浪，赤心报国

“万山精神”由来已久，20世纪60年代初，万山工人不顾粉尘对身体的危害，以战斗姿态进行加班加点的劳作，以年产超千吨的成绩为偿还苏联外债立下殊勋。位于朱砂古镇的汞矿博物馆陈列着一栏类似英模列传的展板，其中有工人，也有知识分子和干部，他们活跃于20世纪中后期汞矿的繁荣年代，这些身经百战的老兵“体无完肤”的多，“全身而退”的少。有人在开采中被爆炸波及，全身嵌满碎片，也有人几十年如一日进行通宵达旦的专业研究，最终英年早逝。纵观他们的生平可以发现，这些好汉的平均寿命大抵在60岁左右，活过80岁的相对较少。从事如此“高危”的工作依然无怨无悔，老一代万山人真正做到了“以身许国”，一片丹心，天日可表。通过忘我的牺牲付出，终于为万山打造出名满天下的朱砂品牌。

“家贫妻贤”，只手补天

进入新世纪初，在汞矿关闭、社会萧索的苦难时期，万山经济低迷，群众面对各种生活上的烦扰，虽然也会迫于无奈上访，但面对上级有重大活动安排的时间节点，绝大多数人还是选择了最大程度的克制，避免给国家“添麻烦”。即使矿山风光不再，但万山人还是继承了那个时代留下的讲政治、重大局的传统，不能不让人动容。据杨义长主任回忆，那一时期万山的老书记饶振海为了特区存续，肩负着众人的希望，每逢岁末年关总会孤身一人穿梭于省市上级部门之间奔走呼号，总算带回一点点资金，勉强解决大家的工资问题。虽然饶老书记的做法被杨主任亲切而不无戏谑地称为“化缘式发展”，但在我看来，困难时期不离不弃苦苦支撑局面的“孤臣孽子”，就好像维护着疲敝益州而六出祁山的蜀相孔明，虽最终没有“占敌寸土”，但夙兴夜寐、殚精竭虑，同样可敬可佩。

感恩奋进，征途不休

自2009年以后，万山在中央大力支持下，逐渐恢复正轨。2013年被习总书记亲自批示“实现脱困”，其后领导干部与全区群众蓬勃进取，他们不忘中央对万山的关怀与期许，以“三级跳”的姿态完成了多级跨越。不仅致富后返乡的村民越来越多，区委区政府更是将“宁愿苦干、不愿苦熬”的感人精神发挥到了极致，杨义长主任笑着说：“过去我们这些区政府的干部每逢周五，就会早早回到家中，和家人一起共度周末。但是最近几年，我们很难有周末休息啦！”

虽然辛苦忙碌，但心里痛快，正是在这样顽强火热的拼劲之下，万山创造了诸如仅两个月就使彩虹海拔地而起、几乎每年引进一座四星级酒店等一系列奇迹。如今，不论是从外地调到万山、已经把自己当作万山人来看待的干部，还是返回家乡、身体力行以“先富带动后富”的百姓，都紧锣密鼓地在一线战斗着，在看到万山变得更加美好之前，他们顾不得停歇。

结语：再不是旧模样，武陵的“好江南”

短短十多年，万山从充满工业污染阴霾的迟暮小镇，变成了五彩斑斓的休闲名所。翠绿莹然的木杉河静静流淌，彩虹海的转轮上欢声阵阵，大铜仁地区的吊车尾俨然已经重生为武陵山区的一颗明珠。抵达万山的前两天，我们在朱砂古镇短暂停留。漫步在古镇的广场上，听到远方的扩音器里传来饱含深情的《南泥湾》音乐之声，不由感叹歌词与如今万山的相符程度之高，而若能使万山浴火重生的故事在全国其他老工业城市不断开花重演，则是我内心深处更为深沉的期许。

（作者系北京国际城市发展研究院特约研究员）

万山调研随感

李一梅

2018年7月，贵州省铜仁市万山区通过脱贫攻坚国家评估检查。在脱贫攻坚战役和推动万山转型可持续发展道路上，万山区率先打好了产业扶贫、易地搬迁扶贫、基础设施建设和教育医疗住房“三保障”等四场硬仗，使贫困户达到“一达标两不愁三保障”的标准，让全区群众实现了脱贫致富。

为深入了解近年来万山区在脱贫攻坚中转型可持续发展的实践探索和创新经验，掌握万山区转型过程中的发展情况和居民生活变化情况，根据铜仁市委、市政府的安排部署，由北京国际城市发展研究院联合贵阳创新驱动发展战略研究院共86人组成13个调研组，于2018年10月13~28日，以“习近平推动转型可持续发展批示精神的贯彻实践”“习近平绿色发展理念的贯彻实践”“习近平总书记关于扶贫开发的系列重要论述的贯彻实践”为主题进行了万山区转型可持续发展大调研。

作为本次大调研的一员，我被分配到企业组（二组），还随综合组走访了两个乡镇。在调研过程中，我个人试图采取“曹锦清调查方式”，即暂时把预设的理论框架“悬置”起来。所谓“悬置”，既非“抛弃”，也非套裁社会事实，而是让一切可供借用、参考的理论、概念处于一种“待命”状态，调查者本人则时时处于一种“无知”与“好奇”状态，直观社会生活本身。“无知”是相对于“熟悉”而言的，而“熟悉”或“习以为常”恰恰是理解的最大敌人。只有“无知”“陌生”而引起的“好奇”，才能让开放的心灵去直接感受来自生活本身的声音，然后去寻找各种表达的概念。我的所见所感夹杂着一些思考，但更多的是一些关切与忧虑。

如何留住青山绿水与鸡犬相闻之声

10月21日我们到了鱼塘乡新龙村。乡长说这里之所以叫鱼塘，是因为水库多，整个鱼塘乡像极了一只蝴蝶，翅膀触须都是完全对称的。新龙村处于一个锅底位置，一条小溪从村中央穿过，前两年有过一次泥石流，好多房屋被冲毁，一大半的村民已搬迁，村里大概只剩了1/4的村民。有狗不知在谁家的院子里叫着，几根旧木头上傲立着三只雄鸡，鲜红的冠子一抖一抖，见人走近，没有一丝的畏惧，中间的一只忽然“引吭高歌”，倒把走到跟前的人吓了一跳。浅浅的溪水里散落着好多黑的、白的、花的鸭子，不时抬头看看、侧耳听听，然后嘴伸进水里寻寻觅觅，村口长了一棵很高的香柚树（应该是野生的，跟我们之前见过的树身高大不同），上面吊了三个炮弹似的大柚子，比邻的是一棵花树，树冠部分开满了碗口大的殷红的花朵，令人印象深刻。

10月24日，我随综合组去敖寨乡中华山村了解香菇和木耳的栽培情况 。天下着毛毛细雨，下山的路几乎垂直，“Z”字形的弯点弧度约等于直角，加上大雾弥漫山谷，我的心一直提在嗓子眼儿，身体僵直，双唇紧闭，但两眼忙不过来：雪白雪白的云，薄的像纱，厚的像絮；前后左右的绿中，不时冒出叫不上名字的花，小小的红花，阔大的黄花，还有星星点点紫色的花；中华峰上若隐若现的古庙，还有迎风而立的“老子”，车厢里“快看快看”“快拍快拍”声不停。

进入相思河谷，几十亩木耳和香菇大棚展现在眼前，几名妇女正在采摘成熟的木耳。据介绍，一亩地可培植1万棒木耳菌，1棒纯利润1元，香菇的收益和木耳差不多。村民们更愿意卖鲜木耳、鲜香菇，主要是鲜货价格划算，自然晒干太麻烦，烘干又影响口感，加之干货易碎，运输成本高。在两河口村的香柚地里，村干部当场剥了两个香柚给我们，大家吃得满手满口生香。

从敖寨乡和鱼塘乡调研回酒店已是晚上七点多，沿路要经过好几个村庄，通常是一只中等个儿的黄狗或黑狗或白狗卧在自家门前的路上，车开向狗，我坐在副驾驶位置上着急的心里一直说：快起来啊，快走开快走开……而狗，眼神慵懒，缓缓地抬了一下脑袋，又趴下去了！当地的司机也不按喇叭，也不明显减速，有一次吓得我差点叫起来，一只白色的小狗车差点碰到它了竟然还不站起来，我说会不会轧住了，司机说不会，说话间那家伙从一旁走出来，还抬头看了我一眼，眼神是那种：你的担心真多余。还有一次，我们从一户人家的院前经过，一群黑色的鹅好像在玩老鹰捉小鸡的游戏，排成一列在大街上扑来扑去，车到跟前它们似乎愣了一下，紧接着又自顾自玩开了。牛的勇敢与浪漫也出乎我的意料。连着两天，我们的归程都在夜幕降临之后，在差不多同样的地方，我看见一大一小两只牛（兄妹？母子？夫妻？），一只苍黄、一只肚子上有大片的白，先是一前一后甩着尾巴优哉游哉走着，被车灯一照，大牛迅即闪身走到马路里侧护着小牛继续气定神闲地往前走，甚至都不屑停下来看一眼汽车，好感动啊！

习近平总书记说，实现乡村振兴，要看得见山，望得见水，留得住乡愁。参观易地搬迁住宅区时，我们看到了密密麻麻的窗户，还有窗户外栏杆上各种花色的棉被，以及光着膀子蹲在小区草地上的中年人。当时我想起家乡来人说起的扶贫搬迁，说一个村子缺水集体搬迁到城郊，农具和牲畜上不了楼，又没有相应的设施，庄稼汉子憋屈得直抹眼泪，蹲在院子不上楼，说他不住楼房可以但牛得有个圈，说他就会种地不种地他睡不着，说他闻惯了草香和泥土味住惯了冬暖夏凉的窑洞……橘生淮南为橘，生于淮北为枳，这个过程不好受。

我小时候买过一个收音机学外语，暑假里的每个下午我都会坐在院子中央的花台上，收音机放在腿上，一边掐着黄瓜或西红柿的叶子，一边听“老王今天胃口不好，食堂给他做了一碗热汤面吃”。我永远记得那时挂在天上的太阳的模样，阳光照在身上的感觉，黄瓜叶子上那一层毛毛刺，花台下菜窖里青蛙的叫声，还有漫山遍野的枣树，门前一到农历七月就要发大水的黄河。

青山绿水长在，鸡犬之声相闻，应该是很多人的乡愁吧？！

先生态，再生活，后生产，应该成为经济发展的基本遵循！

如何应对农村“空巢”家庭给养老带来的挑战

随着我国人口老龄化趋势的加快和农村富余劳动力的快速转移，农村“空巢”老人越来越多，他们的健康状况堪忧，文化娱乐生活匮乏。“出门一把锁，进门一盏灯”——他们的生存状态，让人无法释怀。养老问题是全球性问题，也是民生和社会问题。

农村养老保险和扶贫政策使得高龄、重病、失能老人经济上有了基本保障，就我们走访过的几位老人来看，他们吃穿不愁了，但过日子还是能干就尽量多干，能省则省，有病得过且过，脸上笑得灿烂，心里其实也有很多无奈。

忘不了一个63岁的女人，我们进去时她穿得漂漂亮亮正准备去赶场，她有一个残疾的儿子，娶了一个智障的媳妇，她和儿子的卧室收拾得纤尘不染，连储藏室的辣酱罐罐都擦得干干净净，厨房的刀具整整齐齐挂在一排钉子上（惊到了几位男同胞，纷纷问她怎么想出的这个办法），房后墙上的胶鞋、斗笠都排了队。她说日子比过去好多了，我夸她笑得真好看，她说过日子嘛就是要乐呵呵的；忘不了一个92岁的老党员，一个劲儿夸共产党好、人民政府好，说自己现在吃喝穿用都是政府给的；忘不了一个身高不到一米五的70多岁的老大姐，背着几十斤的背篓去赶集，背篓里装着她在山上采的野栗子还有各种野果子；忘不了一个两层木楼里住着的老先生，老伴很早就去世，一个人带大女儿，现在女儿远嫁，他把房子院子收拾得利利索索，我问他就没想过再找个伴，他害羞地说农村人不可能的。我说您才六十多，现在生活好了日子还长着呢，可以考虑一下，他说没那么容易。他的冰箱满满的，但看得出他的心空空的；忘不了一位手指变形的少数民族大姐，她热情地招呼我们吃地瓜、柚子，她养的几头猪在圈里哼哼，她未满月的小孙子在床上酣睡，进门的柜子上，她秋天去世的老伴面无表情地盯着我们；忘不了那个拄着拐杖的寡言的五保户，他的侄儿媳妇至少倒了半碗油炒两个鸡蛋。我把山区孩子的营养餐清单发给朋友，朋友感慨：和城里孩子区别太大了。一个五保户，一个残疾的老年人，他想过吃饱肚子，但想过老年人更要讲究营养吗？

古人说：一根柴难烧，一个人难活。我妈妈住院的时候，我亲眼见一个83岁的老太太背着手在各个病房穿行，问她，什么也不说，只是笑。后来她的女儿才告诉我们，老太太和儿子媳妇住一个院子，但分开过。老太太天天吃完饭就和村里的老人围墙根、晒太阳、拉家常，一日，其他人发现这老太太几天不说一句话，几个人轮番问也问不出一个字，就给她的女儿打电话说你赶紧来看看你妈妈怎么了，一句话也不说。女儿把老太太送进医院，才知是老年性脑梗，血管堵了。还有一个63岁的病人，长得有一米七四，文过眉，染过发，一天到晚不停地说话，和人说，自个儿也说，晚饭后有时还会在病房的地上扭秧歌，端着手机跟着视频唱歌，说她有很多好衣服，一百多元的裤子就有两条。有一天我慢慢问，才知她丧偶十年，用她的话说，地狱般的十年。种了很多地，春夏秋要干活，日子过得快。冬天和雨天最难过，长夜漫漫，她又爱说话，长期一个人就只有自言自语。她想找个伴，今年也遇到一个合适的，但儿子一句话两个字：不行。

一个人，不吃饭，饿；一做饭，就多，就得吃剩饭。没钱，心慌；有两个钱了，还是不快乐。他们仍然爱美，想有爱甚至性，他们希望被认真对待，希望有人认真听他们讲话，希望有人在乎他们的尊严，病了有人嘘寒问暖，饿了有人端茶递水，寂寞了有人说话聊天……

农村“空巢”老人作为一种社会现象，是现代农村、社会发展的产物，是一种必然的存在，它所衍生出来的社会问题是多方面的，这些问题不光涉及“空巢”老人自身，而且对社会也产生许多负面影响。要改善这种局面，应多措并举。

政府“尽责”。一是加大财政支持力度，进一步完善社会救助制度。

对无生活来源、长期患病、丧失生活自理能力的农村“空巢”老人，要进行专门的救助，标准要高于低保标准；对一般生活困难的“空巢”老人，纳入低保范围，做到应保尽保；对符合“五保”供养条件的纳入“五保”集中或分散供养。

社区“尽力”。村委会等基层组织要发挥作用，搞好社区服务，增加“空巢”老人的归属感，缓解其孤独感。

子女“尽孝”。目前，我国由于国家财力所限，未能建立起完善的农村养老体系，而社会养老的水平又很低，难以发挥作用。在这种情况下，还应以家庭养老模式为基础，强调自身积累，倡导家庭内部进行代际交换的“反哺式”养老。

当然，老年人自己也要争取活得尽情尽兴。

如何让产业脱贫由星星之火变成燎原之势

我们走访了九个企业：开源投资集团、九丰现代农业科技有限公司、吉阳旅游开发公司、净山酒业有限公司、远盛钾业有限公司、万仁汽车集团有限公司 、朱砂工艺产业园、万山区西南商贸城和蓝天固废回收公司。其中开源集团、净山酒业和蓝天固废回收公司是本地企业，开源集团还是国有企业。其他均为这几年引进的外地企业，净山酒业是从本地外区引进的。一路看下来，见过的、听说的企业家个个有想法，有的还很有办法。企业的发展目标明确，发展规划可期，但有一个共同点就是对政府的扶助政策都抱有厚望，即使是那些自有资金可以周转、现有生产规模和生产能力有限的企业。

企业是万山这块土地上的星星之火，万山的脱贫和未来的发展都离不开它们。如何让这些星星之火成为燎原之势，如何做大做强新型经营主体，健全产业发展保障支撑体系，助推产业扶贫多样性、群众增收时效性，是摆在万山这些企业面前共同的难题。

目前，这些企业均遇到了这样或那样的问题。比如，开源集团的融资问题，我们在余德波董事长的办公室等着访谈时，就有几拨人来要账，都是陈年旧账；九丰农业则面临着人才结构和产业链延伸问题。九丰农业让万山实现了由“手工农业”向“科技农业”的转化，但大棚发展计划进展并不顺利，农产品缺乏再加工、深加工，至今几乎“不触电”；特别是万仁汽车的生产许可证问题，卡住了企业的脖子。一面是产品下线不能量产，一面是市场嗷嗷待哺，配套企业不敢进驻，供给侧改革遇到新问题，企业进退维谷……这些都是初创企业成长过程中的必然，也是改革发展过程中的正常情况，好在企业对政策、政府、领导都有信心，企业家大多有责任、有情怀、敢作为，方向目标明确。

企业好比种子，万山好比土壤，如何让这些种子齐头并进茁壮成长，走访中我们也听到关于亲生的（本地企业）和抱养（引进企业）的说法，这时候政府领导的站位和企业家的眼界与境界，都会有助燃剂和灭火器的作用。希望政企双方都能撇开本地、外地成见，为了万山，把人财物用对地方。

（作者系北京国际城市发展研究院研究员，铜仁市人民政府发展研究中心特约研究员）

一切都是最好的安排

冯 炯

佛陀释迦牟尼说："无论你遇见谁，他都是你生命中该出现的人，绝非偶然，他一定会教会你一些什么。"

2018年10月13日，第一次踏上万山这片土地，开启"万山区转型可持续发展大调研"之旅。2018年10月28日，坐在铜仁回北京的高铁上，回想过去16天的调研行程，脑海里浮现出九个字——一切都是最好的安排。

见人，见物，见思想，见精神。万山之行，让人回味。

一个人

概括我个人的学术工作，从领域上讲做了两篇文章，一是农村，一是民族。从方法和层次上看，一是以微型调查为基础，逐步进入宏观格局的探索，一是从解决温饱问题到实现小康的经济发展过程中，注意到有关的社会制度和心理及思想状态的变动，即从生态领域进入心态领域的研究。

——费孝通

10月14日，万山区转型可持续发展大调研动员大会在朱砂古镇召开。全国政协委员、铜仁市委市政府首席顾问、北京国际城市发展研究院院长、贵阳创新驱动发展战略研究院院长连玉明主持会议并提出“三个三”的调研总思路。

会议伊始，连院长就抛出了一个重要问题——为什么要组织本次大调研？毋庸置疑，“转型”“可持续发展”是本次调研的两大关键词。除了铜仁市委、市政府相关文件中明确的调研目的和任务，对于参与本次大调研的每一个人来说，万山之行还隐含着进一步提高思想认识、理论水平、观察能力的深意。连院长在会上数次引用费孝通先生的观点，强调“理论思考要有实践支撑”“社会调查要把理论思考与社会现象勾连起来”。寥寥数语，触动极深。

1938年，费孝通完成他的论文《江村经济》，费孝通的导师马林诺斯基称它为人类学实地调查的里程碑。“过去的经验并不总是过去实事的真实写照，因为过去的实事，经过记忆的选择已经起了变化。目前的形势也并不总是能得到准确的理解，因为它吸引注意力的程度常常受到利害关系的影响。未来的结果不会总是像人们所期望的那样，因为它是希望和努力以外的其他许多力量的产物。”从求知和学术的角度来看，研究的问题本身没有什么高下、土洋和先进落后之分，落后的只能是研究者本身的观察力和思考力。观察、理解一个城市的问题是回答和解决问题的第一步。理解问题不可能仅仅通过读书、读“先进的”理论书完成，必须脚踏实地、弯下身子，用双脚去丈量土地、用双眼去观察世界，让问题本身在面前展开，进而引发思考，让理论与社会现象勾连起来。

费孝通先生在83岁时写下“万山千水行重行”的诗句，反映了他对生活和工作的态度。反观自己，做久了案头研究，习惯了用概念论证概念、用数据论证数据、用理论论证理论，本次调研是一次走出舒适区、摆脱路径依赖、向用事实论证理论转变的转型之旅。

一只瓜

洋葱、萝卜和西红柿，不相信世界上有南瓜这种东西。它们认为那是一种空想。南瓜不说话，默默地成长着。

——《当世界年纪还小的时候》

我们调研二组负责的是企业部分，列入调研名单的十多家企业各有特点，都是在万山汞矿宣布破产以后成立的，更多的则是在2013年习近平总书记对万山转型发展做出重要批示以后成立的。可以说，这些企业落地生根标志着真正意义上的万山转型的开始，这些企业发展壮大则见证着万山可持续发展的历程。无论是立志要把中国“汞都”建设成为中国“钾都”的开盛钾业，还是发誓要打造武陵菜都的九丰农业，以及作为万山未来转型主导产业打造的万仁汽车……如果说贵州的大数据是从无中生有中杀出的一条血路，那么万山的转型就是在废墟沼泽中的披荆斩棘。

动员大会上，连院长还提到了一个重要问题——为什么选择万山？随着调研的深入，这个答案日渐清晰。2018年恰好是习近平总书记对万山“加快推动转型可持续发展”重要批示的五周年，经过五年的凤凰涅槃和蝶变重生，万山走出了一条“产业原地转型、城市异地转型”的发展之路，城市面貌发生了翻天覆地的变化，人们的生活发生了根本性的改变，尤其是脱贫攻坚顺利实现摘帽，真正印证了“沧海横流方显砥柱、万山磅礴必有主峰”的“万山红遍”。如果要给这份努力找个参照物，我选择一只瓜，一只中国目前已知最大的南瓜。

在万山区九丰农业博览园内，你会看到这只传说中的重达799斤的“南瓜王”。这个需要两个成年人才能合抱的大南瓜，是九丰农业自行培育的巨型南瓜新品种，前后耗费将近八年时间。从种出该南瓜的技术人员王希泉处了解到，这是他30年职业生涯中种出的最大的南瓜，“这种南瓜是巨型南瓜品种，巨型南瓜品种种出的南瓜平均重量可达400斤。之前在山东、贵州其他城市种植，都没种出过这么大的”。

种出这么大的南瓜，自然是了不起的，但背后的人与事更了不起。在访谈中，说起当初在万山区搭建大棚、种出第一批西红柿的时候，王希泉的声音稍微提高了些。事实上，九丰农业仅仅用三个月就收获了第一批蔬菜。当地农民从最初的质疑到后来的信服，万山区从没有蔬菜大棚到“九丰农业 +”大棚蔬菜技术培训和产业发展模式在9个乡镇实现全覆盖，这位山东汉子见证和亲历了整个过程。从无到有、默默生长的，不仅有蔬菜大棚里的百余个最新蔬菜品种，也有万山打造全国现代山地高效农业示范区的精气神。“都记不清有多少批农民来上课了……”这句朴实的话语背后，是“九丰农业 +”模式在万山的推广。从一开始的老年人居多，到年轻人越来越多，参加技术培训的人员结构的变化，侧面说明了大棚精神在万山的深植。

70年的建国史，既伴随着社会主义制度的深化完善，也包含着城市发展理念、发展模式的调整变化，万山作为一个资源枯竭型城市，其发展的变迁史正是我们国家发展的代表和缩影。今年是改革开放40周年，此次调研也是纪念改革开放40周年的重要活动之一。南瓜不说话，默默地成长着。万山人努力着，用坚持不懈的探索与实践为后发地区的转型发展提供了万山方案和万山智慧。

一碗粉

突然，往事浮现在我的眼前。这味道，就是马德莱娜小蛋糕的味道，那是在贡布雷时，在礼拜天上午，我到莱奥妮姑妈的房间里去请安时，她就把蛋糕浸泡在茶水或椴花茶里给我吃……它们的形状——包括扇贝状小蛋糕的形状，它丰腴、性感，但褶皱却显得严肃、虔诚……

——普鲁斯特《追忆似水年华》

2018年10月28日，我们结束调研返回北京，在火车上吃着方便面的时候，被网友称为“今年最期待的美食纪录片，没有之一”的《风味人间》迎来了首播。总导演陈晓卿希望《风味人间》是一个美食“探索”节目，能够通过知识分享和体验分享让观众体会到美食及其背后的复杂世界。每种食物背后都能让我们看到不同的东西，有的可以看到历史，有的可以看到人文，有的可以看到惊喜。美食是一个城市的符号，也是对一个城市的记忆，它代表了这个城市的味道。在万山，透过一碗牛肉粉，我感受和记住了这个城市。

我们住的酒店对面，有家门面不大的牛肉粉店，据说在当地颇有些名气，到万山的第二天就听司机师傅提起。一天的调研工作结束，奔去打“牙祭”，却吃了闭门羹，原来只营业到中午。在调研行程临近结束的那天，终于有机会尝到这碗粉，一口下去，感慨万千。粉的滋味自不必说，煮粉大姐脸上的笑容，食客脸上满足的神情，熟客与老板的谈笑风生，这些久违的场景让我动容。

在万山调研期间，“从无到有”“万山速度”被屡次提及，在开山平地起高楼的同时，一些传统和历史也在消逝，新旧融合问题日渐凸显。在取得辉煌成就的同时，我们也看到了万山转型中存在的一系列问题，万山的转型还需要翻过“万山”，万山的可持续发展还需要跨越万难，从产业转型、城市转型到政府转型、社会转型，万山的转型依然任重道远。“道阻且长，行则将至。”万山的转型还面临产业配套、人才短缺、创新不足等新的“三座大山”，更需要新一代万山人“立下愚公志，打赢转型攻坚战”。

“我天天来这家店吃粉”“这么多年味道没有变过”，从一个人到一家店再到一个城市，这碗滋味十足的牛肉粉见证了万山这座城市的发展，也承载了一个朴素的道理：一座城市的发展，不应只有速度，还应该有“温度”。如何经营好城市，使其更适合人居，更适宜于营造人与环境的和谐共生关系，在这样一个转型时期尤显重要。城市转型升级，要处理好新与旧的关系。城市并非是高楼林立、道路四通八达、树木随意堆积的综合体那么简单，而是人类历史发展的记录和社会文明的象征，一定要使生老于斯的城市居民感到城市是自己的故乡，要使外来者顿生他乡是故乡的亲近感。“让城市融入大自然，让居民看得见山、望得见水、记得住乡愁”。

回到北京，整理此次万山之行的照片，顺手发了几张给好友。这位已经移民南半球的贵州土著，看到牛肉粉的照片忍不住哇哇大叫，直呼“一看就是西南路数”，一时间乡愁弥漫。在万山朱砂大观园上有半副对联“来到万山看遍万山放下万山”，写下这副上联的人希望来到万山的人最后都能放下万山，然而来到万山的人，最后都能放下万山吗？万山之行，我在这里看到的人、听到的故事、受到的感动以及写下的文字，都成了人生中美好的片段。

“无论你遇见谁，他都是对的人；无论发生什么事，那都是唯一会发生的事；不管事情开始于哪个时刻，都是对的时刻；已经结束的，就已经结束了。如果事与愿违，请相信这一切都是最好的安排。”

离开万山的当天早上，又去店里吃粉，老板娘远远就认出我、亲切地招呼，粉的滋味依旧，人的温暖依旧，城市蓬勃发展，“我比较喜欢那样的收梢”。

（作者系领导决策信息杂志社副总编辑，铜仁市人民政府发展研究中心特约研究员）

万山的自豪、自卑与自强

刘胤

2011年，铜仁撤地建市，把原万山特区及原铜仁市的谢桥等四个办事处（乡镇）合并为万山区，成为铜仁市两城区之一。巧的是我的家乡现仁山街道挞扒洞社区黑冲组刚好划进了万山区，我也就成了万山人，我想这便是我在86名调研人员中比较特别的一点吧！

我出生时离万山汞矿繁荣的时代已经很远了，谈起万山，我只知道是产汞的地方，被称为“中国汞都”。现在看着家乡快速发展起来，也让我对万山发展的历史产生了好奇。这次万山大调研工作，让我真正认识到了万山的前世今生。

引人艳羡的“小香港”

从中华人民共和国成立初到汞矿辉煌的年代，有将近4万人会聚在万山，除西藏以外，有全国30个省份的人员甚至还有国际人士，汞矿工人、工程师、矿厂厂长等都是全国各地甚至国外顶尖的人才，他们远离家乡支援贵州汞矿的建设，给万山带来了前所未有的繁荣和富足。

万山汞矿的生产设备及万山的基础设施、职工生活福利、居民的文化体育和文教卫生等，都在周边县市乃至全省处于领先地位，那时候计划经济的年代，汞矿上的人不用担心吃不上饭，在汞矿有米票、饭票、肉票，独立的子弟学校、影院、理发店、医院、商店等应有尽有。当时所谓工资就几十块钱，而万山汞矿的工人每个月可达上百元，就像香港一样非常繁华，因此万山也被称为“小香港”。

区政协秘书长马筱锦作为土生土长的万山人，说起当时万山的繁荣，脸上不自觉透露出自豪的样子："万山可以说是一个移民城市，当时国内国外的人都在万山，所以那时候在万山看见一个外国人根本就不稀奇。当时的万山可以说完全是引领新潮流、新思想的。当时万山矿工穿的衣服鞋子，那都是时尚风向，大家都要学的，都是带着羡慕的眼光看万山人，想方设法都想到万山来工作的。”万山区发改局局长吴书杰也笑着说："当时万山的姑娘都是不外嫁的，那时候有个说法，就是嫁人就嫁‘三员’！哪‘三员’呢？一是汞矿协会会员，二是共产党员，三是工资过百人员。当时能达到这个条件就只有我们万山汞矿上的人。外面的姑娘想嫁进来那还必须得是长得漂亮、家庭有条件的。当时大家都以在万山汞矿工作而自豪骄傲呢！”

在参观万山汞矿工业遗产博物馆时，一边听着讲解员介绍万山的历史，一边看着展示的朱砂、水银及坑口遗址、老建筑、矿工娱乐生活时的各种图片，让我了解了更多当地人的奋斗史、繁荣史。在中国三年困难时期，万山汞矿更为中国偿还苏联外债做出了巨大贡献，被周总理亲切地称为“爱国汞”，无怪万山人谈起过去都是如此的自豪。

繁华落尽的“迷雾”万山

然而我长期生活在铜仁，自小听到关于万山最多的信息却是：“万山因为挖汞城底下都是空的！随时都可能会塌陷！不能住人！”这些谣言影响了我长期以来对万山的印象——万山是一座“空”城。

这次调研我们第一站就是朱砂古镇，这也是我第一次来到万山镇。镇上干净整洁，房子也不高，这又让我想起从前听说的：“万山底下是空的，修不了高楼大厦。”后来在梳理资料的时候才知道，万山带状地质不利于修建高楼大厦，与地下矿洞倒是关系不大。住在精致优雅的悬崖酒店，再看如今热闹非凡的万山镇，我实在想象不到万山繁华落尽时的悲凉场面，更多还是从几位领导口中听说。

万山区政协秘书长马筱锦曾对我们说：“老万山上面最大的特点就是雾大。以前繁荣的时候，雾大你感觉是一种火热。后来没落了，你再去看万山的雾，更多的是一种阴冷、孤独、迷茫。”

“迷雾”笼罩了万山好一阵。20世纪80年代末90年代初“贵州汞矿”就已大不如前。资源枯竭，效益骤减，矿区的技术人员和工人纷纷出走，人员数量从4万多人骤减到7000多人。留下来的很多矿工没有一技之长，没有地种菜，没有粮食吃，就去农民已经翻过一遍的红薯地里再翻一遍，看还有没有剩下的。还有一些生活不下去了的矿工，晚上经常去农民地里偷菜吃。人走茶凉，万山从繁荣的“小香港”一落千丈成为人人都避之不及的“废都”。

“迷雾”笼罩的不只是万山老百姓的生活，在万山工作的干部们也举步维艰。采访万山区政协主席吴泽军时，他对我们说：“冬天来了，政府连买炭的钱都没有，那时候我当办公室主任，政府没钱，天气又冷，办公开会人怎么过得下去？没办法，政府管的地方很多，原先有一些老干部住的房子，他们以前看的报纸堆了一大屋，把那些报纸卖了吧！收拾了两车出去卖了一千多块钱，那时候的炭才15块钱100斤，买了一两千斤才熬过去那个冬天，那时候多凄惨。”

在采访区委副书记罗钧贤时，他说道：“没落的时候就是比较自卑。以前万山去参加全市会议的时候，万山干部永远坐在不起眼的小角落，十个区县，其他的区县都发言了，万山基本都是最后才发言的，有时候发言时间不够了，领导直接就说‘万山的就别发言了，也没啥好说的’！末路时期人非常自卑、封闭。万山的人感觉抬不起头，想方设法都想往外走、往外调。”

长达十余年的遗忘，长达十余年的萧条，万山繁华落尽，发展遥遥无期。然而经济基础决定上层建筑，若无实力支撑，自上而下都会被人看不起。外面的人不想进，里面的人只想出。发展停滞，只求维稳，那时候万山的干部除了内心那一点点火种勉力支撑外，几乎失去了战斗意志和发展冲力。

华丽转变的多彩万山

2008年那场凝冻灾害使萧条的万山雪上加霜，但也给万山的发展带来了转机，习近平同志亲临万山看望慰问，给万山的广大群众和干部带来了极大的鼓舞和信心。或许是印证了那句古话“物极必反、否极泰来”，万山在跌落谷底十余年后，终于迎来了发展的第二春！

2009年万山被确定为第二批全国资源枯竭型城市。2013年5月4日习近平总书记对万山转型可持续发展做出重要批示，贵州省委、省政府专门出台实施意见支持万山提速转型。接踵而来的各项关怀政策、发展政策，一下子点燃了万山干部内心的火种，激起了万山干部的战斗意志和发展动力！

万山通过干部作风转变、融资理念转变、用才方式转变等一系列创新实践，让万山干部呈现出新状态，经济社会展现出新气象。昔日绝境之地，如今万商来朝，万山一二三产业奇迹不断。五年来，万山累计招商引资到位382.7亿元。有“变废为宝”的朱砂古镇、西南最大的游乐园彩虹海、“无中生有”的大棚蔬菜产业、万仁汽车等，使万山旅游业、农业、工业等都实现了从无到有的突破，甚至是异军突起的转变！

万山的转型发展取得了明显成效，正在完成它美丽的蜕变。在发展战略座谈会上，发改局的吴局长就用一组数据向调研组展示了万山转型发展的成果：万山地区生产总值由2008年的4.6亿元上升到2017年的48.16亿元，2017年是2008年的10.47倍。第一产业生产总值由2008年的9242万元上升到2017年的9.8亿元，2017年是2008年的10.60倍；第二产业生产总值由2008年的2.53亿元上升到2017年的19.89亿元，2017年是2008年的7.86倍；第三产业生产总值由2008年的1.1亿元上升到2017年的18.47亿元，2017年是2008年的16.79倍；财政收入由2008年的6446万元上升到2017年的8.32亿元，2017年是2008年的12.91倍；城镇居民可支配收入由2008年的8623元上升到2017年的27767元，2017年是2008年的3.22倍；农村居民人均纯收入由2008年的2141元上升到2017年的8553元，2017年是2008年的3.99倍。

从一种产业单点开花，到如今多种产业并驾齐驱，这些数据都证明了万山转型可持续发展的成效和变化，万山的产业发展之路越走越稳、越走越快。

如今的万山，沐浴在党和国家的关怀下，各项产业开花，人民的生活水平不断提高，从以前的“外出打工潮”到如今的“回乡创业潮”，万山广纳人才、发展迅猛。万山人不再像从前那样走出门还要“低头”，而是现在一个个昂首挺胸骄傲地向别人介绍万山。在文化发展座谈会上，万山电视台杨晓敏台长说的一番话让我很有感触。他说：“我当时看大调研文件的时候其实很感动，后来也感到很兴奋。这个调研从某种意义上讲，对于曾经非常迷茫的万山是拨开云雾，要见到光明了。以前就说要给万山的发展定个调子。我的天！这个调子谁定？我看应该就是你们这帮人给发展定了个调。作为一个老工作者，我还是感到很振奋的，因为这样一来的话，不光是我们万山电视台，我们整个万山对外面的宣传口径就会统一，我们宣传的方向也就明确了，万山的发展方向也明晰了，这是我看了这个文件以后的第一感受，作为老工作者看了这个文件以后马上就很兴奋的。”

看到家乡从萧条灰暗到处处焕发生机，我也很“兴奋”。我兴奋在听到了许多万山转型发展的超前理念；我兴奋在看到了作风端正、积极向上的干部队伍，不甘平凡、不甘落后的万山人民；我兴奋在感受到了万山人民在“一无所有”的困境中依然保有的自强不息的精神！在干事创业上敢想敢干、敢为人先的勇气！在建设发展上苦干实干、奋勇争先的激情！我兴奋在我是“万山人”！我兴奋在能够参与调研万山的发展复兴，能在这份工作中出一份力，让全国的人都能看到我的家乡浴火重生，如今再塑辉煌与荣耀。我的家乡不再落后贫穷，我的家乡正在快速发展、自强复兴！

（作者系铜仁市人民政府发展研究中心研究员）

汞和煤，像？也不像

郭琬秋

第一次听说“资源枯竭型城市”这个词，还是在上中学的时候，当时在爸爸拿回家的报纸上看到一幅资源型城市矿竭城衰的图，颇为震撼。那时的地理课还在讲“我们祖国地大物博、取之不尽、用之不竭……”，那时的我只知道我们这里有很多煤老板，很多人在煤矿上班，更重要的是，生活中很多地方要用到煤，烧水、做饭、取暖、发电……没有煤了，该怎么过呀？

也许是缘分使然，当时的我只注意到了自己的家乡——孝义，没想到多年之后来万山调研，竟然发现它与我的家乡同年被列为资源枯竭型城市。出走故乡多年，我感受到了家乡翻天覆地的变化，从满街只有煤车跑，到大学城拔地而起，从穿白衬衫是件奢侈的事，到国家4A级湿地公园开园迎客……既然同为转型成功的典型城市，我期待着万山之行。

这次调研我被分在企业组，与那些真正下乡的同事们比较起来，算是条件好的。但从去到企业的路上，以及访谈在那些企业上班的人们，发现他们对“道路不通”抱怨很多。我印象最深的两条路，一条是去往开盛钾业的路，另一条是寻找蓝天固废的路。

开盛钾业公司坐落在万山区转型工业园区，是一家专业从事难溶性含钾页岩综合利用技术研究、工装设备制造及人才培养的民营科技型企业。10月21日，我们从楚溪大酒店出发，上铜大高速，经万山红大道、汞都大道去这个企业调研时，由于前两天下雨的缘故，有一截路程非常泥泞颠簸，把我们组唯一的“小哥哥”直接给颠儿晕车了。听司机说，近两年，万山区正加大力度对汞都大道、经开区一二干道等城乡道路建设进行提级改造，打通“断头路”。刚才的路就属于提级改造的路段。从高德导航的路线来看，如果驾车来上班，要过一个收费站，一个来回需要交费30元，这还不算中途外出办事的开销，“如果我们进城办个手续，跑个客户，光卡子费也能交不少”，公司负责人说，“也没有公交车经过我们这里”。

同样的问题，不止出现在开盛钾业，在我们调研的企业里，万仁汽车的管理人员也曾谈到这个问题，他们稍好一点的是，区政府为他们建了员工宿舍，并提供人了才公寓。这两家企业都是万山区近两年来招商引资的重点企业，区委、区政府都给予了很高的重视，并对他们的发展提供“保姆式”服务，但是千呵护、万询问，也许不及一个公交站牌实在。说到这一点，就不得不提西南国际商贸城。目前，万山区有3条公交线路经过商贸城，分别是3路、16路和观光2路。“但是，这儿在两年前也是没有公交的！”商贸城董事长付刚先生笑着说。

讲真的，我们县城的路，是我最引以为自豪的。随着年龄的增长，我也切实体会到“要想富、先修路”这句口号当时提得多明智、多及时。无论是那时的胡富国，还是现在的耿彦波，用修路带动一方经济发展的成绩是有目共睹的。

另外一条路，是寻找蓝天固废处置有限公司的路。本来在区政府为我们推荐的企业名单上是没有这家企业的，但是当我们调研行程过半的时候，突然发现这么多企业里，竟然没有一家与汞相关的企业，基本全部都是招商引资进来的，如江西的吉阳旅游、山东的九丰农业……本地的企业哪儿去啦？本地的企业家们哪儿去啦？负责企业联络的人员说，我们这里几乎没有什么本地企业。

天哪！我们来到的地方是“千年汞都”，我们调研的主题是“转型升级”，这些招来的企业属于“无中生有”，我们内心是想看看那些靠汞生活的企业是如何转型的呀！转型升级的思路不应该“谈汞色变”，而是要“有中升优”。

像我的家乡在转型升级过程中，就意识到“只焦不化”，是过去本地煤焦产业的真实写照。由全市煤焦行业的“领头羊”——鹏飞集团投资建设的年产60万吨甲醇、联产4亿立方LNG项目一期于2017年落地，不但补齐了“只焦不化”这个短板，还做成了全省“首家”、全国“最大”。在投资额不变的情况下，利润是传统工艺的2倍以上。预计项目全部建成达产后可实现年产值35亿元、利税12亿元。鹏飞的创新是当地企业变化的一个缩影。万山那些靠汞而生的企业也应当有这样的转变。

回到蓝天固废的话题上来，这个企业位于万山镇龙塘坪，一路上我们算是盘山而上，中间我们走错了路，误打误撞地经过了矿区居民生活的地带，像极了我小时候在姥姥家玩耍的院落，养几盆花，角落生个炉子，炊烟袅袅，斜拉一根绳子，挂着零星几件衣服，窗户格子也还是老式的，几乎未见推拉式的。却看见“周六福”样的珠宝店面，这也算是仅存的能体现当时“小香港”美称的标志性商铺了。比走在朱砂古镇耗资修建的“那个年代”主题步行街上的感觉更加真实。

可能万山与我的家乡太像了，所以我对依赖资源而生的企业有种莫名的情愫。来到万山，第一次下了矿井，虽然已经封洞了，虽然只开发了2公里，依然阻止不了我对这座“地下长城”无尽的想象；第一次戴安全帽，哪儿有味儿去哪儿，同行的小伙伴问道：“你们不觉得味儿吗？”“是啊，有味儿啊，但我就是想知道啊。”其实，这个企业在转型过程中，自己做了很多，目前采用燃气节能蒸馏炉，处于行业领先水平，采用天然气进行间接加热，回收金属汞。并投资1100万元，安装了烟气汞连续监测系统，与环保部门联网。公司办公室墙上挂的奖牌均为2015年之前所得。其间一方面由于政策性封洞，现在公司原料主要来源于华北、西北、东北，成本相对较高。另一方面，公司现在产能只有6000吨，不及达产产能的一半。

调研时，谢师傅说：“这个汞加工，有个产物是煤……”

一提煤那我就来兴趣了，因为我也有一个不切实际的想法，既然日本人可以“用煤填海造地”，那我们为什么不可以？我问：“热量有多少？”

“大概4000大卡。”他说。

“5000大卡基本就可以进电厂了，你们有没有想着再进行一些技术突破？”我问。

“没有了，那属于新领域，而且都是资源型的……现在不是不提倡么……”

所以我在想，像蓝天这样与汞相关的企业，也许真的应该像鹏飞集团那样，在延长产业链方向上下功夫。

调研结束了，我回来之后，查了一下煤变甲醇的过程，又想着他们汞触煤的产物，也许未来技术更高了，汞、煤、甲醇也许就联系上了。就像上海虹桥机场与火车站的连接一样，谁说机场等不来火车？

（作者系领导决策信息杂志社主任编辑，铜仁市人民政府发展研究中心特约研究员）

走遍万山看“万企”精神

裴飞

中国改革开放40多年来，一批批优秀的个体经营者在市场竞争中脱颖而出，成为当今人们口中的企业家，成为中国经济活动的重要主体，他们在积累社会财富、创造就业机会、促进中国经济社会发展、增强国力等方面做出了巨大贡献。这些个体经营者之所以能够成为今天的企业家，在于他们抓住了机遇砥砺前行，更在于他们特有的企业家精神。习近平总书记曾指出：“市场活力来自于人，特别是来自于企业家，来自于企业家精神。”企业家精神是企业的“魂”，正是这种精神指引着他们奋力前行。

2013年，习近平总书记对铜仁市万山区转型发展成绩给予了肯定，并做出重要批示，开启了万山区转型可持续发展的道路。时至今日，万山区人民政府与民众砥砺前行，万山区人民政府财政收入从昔日百万级成为今天的亿级，这离不开落地万山的企业，离不开这些扎根万山的企业家，更离不开这些企业家的精神。2018年10月，我有幸成为万山区转型可持续发展大调研组中的一员，针对11个与转型可持续发展相关的主题，对万山区11家企业进行了深入调研。回顾这十五天的调研，他们为当地做出的贡献令人惊叹，他们分享的经验令人叹服，但最难以忘怀的是他们体现出来的企业家精神，一种爱国敬业、艰苦奋斗的精神，一种创新发展、专注品质的精神，一种敢于担当、服务社会的精神。

爱国敬业、艰苦奋斗精神：一个端着大碗和员工一起吃饭的职业经理

2018年10月21日，商务车行驶在崎岖的道路上，前往贵州开盛钾业科技有限公司。在商务车上我一直在想，能够被万山区政府以百万年薪招聘的总经理会是什么样的。在到达开盛钾业的时候，我看到了一位穿着薄棉衣、牛仔裤、搭配运动鞋的中年男子站在公司门口，他就是开盛钾业的总经理俞大伟先生。

俞大伟是一位定居上海的浙江人，当被调研组问及为什么会来开盛钾业就职时，他说："我一直在钾肥行业从事工作，当了解到开盛钾业致力于难溶性钾岩石利用时，我就对这家公司产生了兴趣，我觉得这件事很有意义，对国家很有意义，对万山很有意义，对我自己也很有意义。"中国钾肥消费量占全球市场的21%，但可溶性钾资源储量为9.3亿吨，仅为世界储量的2.2%，中国钾资源最多只能开采30年，与世界通行的200年资源安全保障度相去甚远。俞大伟简单的一句话，却饱含了其对国家的情怀，对贵州的情怀，对万山的情怀。在与开盛钾业办公室主任徐凤座谈时，我问道："俞大伟先生的百万年薪是真的给他吗？"徐凤玩笑似的说道："真的给他，不过开盛钾业目前办公经费比较困难，我把他的工资给扣下了，谁让他把我叫回来的。"徐凤是开盛

钾业的老员工，之前开盛钾业濒临破产，徐凤一直坚守在这里，当开盛钾业只有她和股东时，她选择再次回到政府部门工作，俞大伟来到开盛钾业后，多次拜访徐凤，在俞大伟的真诚及自己对开盛钾业的不舍下，徐凤选择了回来。徐凤补充道：“其实是他自己把工资交给我的，公司收购资金正在对接，他一来不管公司有钱没钱，就到处去拓展业务，公司没有多余的出差经费他就拿自己工资出来，公司要运转钱不够他拿工资垫，最后把工资都放在我这儿了。”

开盛钾业当前采用肥料定制服务，针对各个农业基地，亲自上门，对农业基地的土壤进行化验，制定不同元素含量的肥料，在施肥的时候还能对土壤进行修复，并且公司当前还对客户进行施肥指导。俞大伟说道：“中国颁布‘土十条’之后，开始倡导科学施肥、少施肥。其实中国现在的施肥量用不了这么多，但是很多农户缺乏专业知识，在施肥效率不高、造成浪费的同时，也破坏了土壤。对于公司利益来说，企业当然希望多卖化肥，但是这和国家政策不符，和新时代高质量发展不符，我们不做这样的事，我们为农户专业定制加上技术指导，单价虽然高了一点，但农户不仅化肥比以前用得少了，产出还能成倍增长，我们现在已经拥有了一批最忠实的客户，这种模式才是符合自然规律的。”

座谈结束后，我们来到开盛钾业食堂就餐，俞大伟不好意思地说道：“我们这儿环境艰苦，进城一趟不容易，我们都是一个星期去周边集市采购一次，今天大家就凑合着吃吧。”当大家都拿着小碗吃饭时，俞大伟端出自己的大碗，公司员工玩笑似的说：“我们领导不一样，他就喜欢用大碗吃饭。”俞大伟笑着说：“领导就要用大碗吃饭，不用大碗不习惯。”俞大伟之前在国外做钾肥项目，来到开盛钾业后也是起早贪黑地带着公司技术人员到处跑业务，我想大碗对他来说是一种精神，一种不忘艰辛、艰苦奋斗的精神。

创新发展、专注品质精神：一个醉心品酒投身于社会公益事业的匠人

张明是净山酒业的董事长，也是一位取得国家一级品酒师资质的专业品酒师，他从创业起就与白酒打交道，之前投身于知名白酒代理行业，在做出一定成绩后，以其敏锐的市场观察能力，抓住机遇于2009年收购铜仁江口县国营酒厂，成立了铜仁市净山酒业有限公司。张明说：“江口酒厂的酒我喝过，品质很好，所以我选择收购它。”张明是一个懂酒、喜欢酒且具有匠人精神与开放创新精神的企业家，为打造出酱酒精品，他找到了曾供职泸州老窖、担任过1573酒品研发的技术负责人、拥有43年酿酒技艺的酿酒匠人喻宝成，作为公司的技术总监。在就餐期间张明亲自为喻宝成夹菜，喻宝成说：“我们董事长平时都叫我大哥，为什么呢，因为他喜欢酒，我们总是在一起探讨怎么酿出更好喝的酒，一来二去我们的关系就不仅仅是上下属关系了。”在谈及企业进一步发展时，张明说：“我们接下来要建设第二期项目，目前资金压力较大，现在万山区在转型，政府压力很大，我们不能等、不能靠、不能要，我有出售一部分股权的打算，但是参与进来的人必须是一个懂酒、喜欢酒的人，我才会考虑让他参与进来。”正是因为他这种懂酒、喜欢酒、要做出一个精品酒品牌的精神推动了公司从小作坊向规模化的转型。新时代的企业家不仅要有匠人精神，还要有与时俱进的创新精神。“酒香不怕巷子深，但在新的市场环境下，我们

还要不断地创新。”这是张明对现在市场的看法。为跟上时代的步伐，张明与中科院合作准备打造一款生态养生酒，并积极参加各种酒业博览会，开阔视野，搜集信息，目前公司正采用互联网技术打造自己的销售网站。

张明家兄妹7人，“我是家里中间那个，我的二哥在我18岁的时候考大学，成绩是铜仁市第一，后来去读了中专，为什么读中专，因为那个时候家里比较穷，他想尽快工作，帮助这些兄妹，那一年我就踏出校门，向亲朋好友借了300元做白酒代理”。张明以其诚信的品质加上领先当时的开放思想，用300元能够调来1万元的酒，张明跟调研组聊天时谈到了他的创业历程和创业经验，他说：“做任何事关键是做人，再加上一个打破区域局限的理念，当时整个铜仁交通信息这方面不怎么好，我又能吃苦，又是当时的高中生，愿意吸纳其他地方的资源，保持开放的思想与其他地方的白酒集团沟通，我和他们说‘能不能把货先赊给我，我一个星期跑两次货，销售完马上打货款’。我拿到货后就到处去送货，第三天就把货款给集团打过去。从一次次赊500块钱的货，三天就付款，这些白酒集团对我很认可，到后面我都是空手出去，拉着满满一车货回来。”

在踏出校园后，张明很怀念读书的日子，十多年前，他连续三年把赚来的钱全部用于资助贫困学生，“铜仁市第一次金秋助学活动，我是第一个参与的，我当时刚刚起步，产品没有做起来，我就把公司的利润全都捐献出去，一个人发1000~3000块钱”，主要是想起一个带动作用，让更多的企业参与进来，让这些和我一样的贫困学子能够上得起学，现在参与的人多了，再加上国家助学贷款的支持，我再也不会看到这些学子因为钱的问题放弃学业，再也不会看到这些学子满怀欣喜地拿到通知书，但是因为到处借钱而错过入学时间，只能放弃进入好学校的现象出现了。

敢于担当、服务社会精神：一个喜欢吃香柚并且具有战略眼光的董事长

付钢是万山区西南商贸城的董事长，在调研组调研西南商贸城时，完全看不出他就是董事长，但在调研座谈时，谈吐中总是饱含着政治高度及长远发展理念。当调研组问及“为什么选择来万山发展”时，他说：“其实我很早就来到铜仁了，2013年习近平主席对万山进行了重要批示，我觉得我能为万山做些什么，然后我就来了，打造了现在的西南商贸城。”这句话体现了他战略性的长远眼光，但更值得一提的是他的扶贫事业。

在万山致力于脱贫攻坚战时，受到“万企帮万村”的号召，付钢积极投身于万山脱贫攻坚事业，当我们问到他“为什么选择香柚作为扶贫产业”时，他说：“当一些村找到我时，我就在想到底要帮助他们发展什么产业，现在很多村都发展蔬菜种植、发展菌类产业，存在产业雷同、竞争过大的问题，我当时就在想，要帮助他们那就不能敷衍了事，要做一个可持续发展的产业，不仅要让他们脱贫，还要让他们能够有可持续的收入，我个人是非常喜欢吃香柚的，然后我就想到了香柚产业。香柚产业有什么好处呢，这个香柚一旦种下，每年只需要维护，年年都有产出，而且现在网上一些香柚已经卖到几十块钱一斤了，因此我不做就不做、做就要把它做好，我想把万山香柚做成一个产业链，利用先进的技术把它做成一个高端的农产品，现在它能帮助

贫困户脱贫，以后还能带动他们致富。”付钢以每亩120~600元不等的价格在万山流转10000亩土地用来种植香柚，五年后亩产可以达到700斤，600元每亩的好田用来培育香柚苗，同时对香柚进行深加工，到时可以控制香柚生产的全产业链。对于投资香柚可能存在失败的风险，付钢认为：“做农业不能急、不能赚快钱，要尊重市场规律。”

短短半个月的时间，我走遍了万山，感受到了万山的企业家精神，正是这种精神推动着他们投身于万山的转型可持续发展事业。他们的精神是宝贵的、是无价的、更是值得发扬与传承的，万山的转型仍在继续，怎样发扬与传承这些宝贵的精神是万山可持续发展的一篇大文章。

（作者系铜仁市人民政府发展研究中心研究员）

乡愁

记忆

万山之间看转型

石龙学

2018年"十一"之前，我就得知要去铜仁市调研，但不知是去万山。临行前拿到调研方案，始知调研地区是铜仁市万山区。看到这个地名，脑海中当时先想到的是"十万大山"，但从地图上看，"十万大山"在广西西部中越边境，并不在黔桂边界。

更多的人听到"万山"，可能先想到的是"看万山红遍，层林尽染"这句诗词，但这句诗词写的是长沙岳麓山的风景。不过，有一点与万山区有关联的是，画家李可染1962~1964年根据这首《沁园春·长沙》意境创作的七幅山水画《万山红遍》，采用了朱砂作为原料，而万山区恰是中国最大的朱砂产地，有"丹砂王国"之誉。

朱砂是硫化汞（化学式是 HgS）的天然矿石，又称丹砂，万山正是以丹得名。据《万山志》载，西周时，梵女将万山丹砂献给周武王治病，武王病愈大悦，封产丹之山为大万寿山，宋、元时期简称大万山，明代简称万山至今。新中国成立之初，万山归属贵州省玉屏县。为服务汞矿开采，1966年，中共中央、国务院批准设立万山特区，是全国第一个县级行政特区。2011年，万山特区与铜仁地区一同撤销，新设铜仁市和万山区，自此，万山成为铜仁市主城区之一。我们这次调研主要就是深入万山“一镇、六乡、三街道”，挖掘万山区转型可持续发展过程中遇到的问题、形成的经验和取得的成果。

由矿变旅

随着大巴车驶入万山，我看到路两旁山清水秀，山上郁郁葱葱、林木茂盛。来到我们这次调研的万山区万山镇，一座城楼首先映入眼帘，上刻“朱砂古镇”几个古朴大字。临近朱砂古镇景区游客服务中心，公路两边山体上浇筑着“国家矿山公园”字样。如果你不了解这里的历史，根本不知道这里曾是亚洲第一、世界第三的汞矿产地，因为你已看不到矿山的踪影，也看不到矿山污染的痕迹。

万山的大山是谦虚而慷慨的。就在万山地下，有长达970多公里汞矿开采形成的矿洞。据万山汞矿工业遗产博物馆史料记载，1958~1962年，正值国家困难时期，位于万山的贵州汞矿向苏联出口汞5000多吨，成为当时国家偿还外债的主力，被周总理称为“爱国汞”。之后，贵州汞矿的产量再也没有达到那个时期的水平，但这段历史外界并没有多少人知道。

20世纪50年代后期到80年代前期，贵州汞矿兴旺红火的景象，至今仍留存在许多老矿工的记忆中。“发动了机器轰隆隆响，举起了铁锤响叮当！”我们在万山镇土坪社区召开调研座谈会时，原贵州汞矿纪委办公室主任、现土坪社区监委会主任刘洪善老人说。这句歌词就是当时汞矿的真实写照，那时候流行的一句口号是：工业学大庆、农业学大寨、有色学贵汞！

万山因汞矿而兴，也因汞矿而衰。万山镇党委书记杨尚英介绍，（20世纪）90年代的时候，汞矿企业已经资不抵债。2002年，贵州汞矿正式实施政策性关闭破产。随后的近十年里，是万山最为艰难的时期，矿工不断上访，诉求主要是落实政策和保障工资、就业、住房等待遇。2009年万山区被列为第二批国家资源枯竭型城市转型试点之后，通过建设廉租房基本解决了居民（主要是矿工）的住房问题，形势开始稳定下来。

万山怎样走出困境？当地党委政府一直在探索。在矿山治理修复取得成效、城市建设打下一定基础之后，万山区确定了“产业原地转型、城市异地转型”的发展思路。产业原地转型的主阵地，就是原万山特区政府所在地的万山镇，现在也被称为万山区的老城区。近三年，万山迎来了发展最快时期，可以说是经历了由兴到衰之后，重新走上了由衰到兴之路。在2015年之前，万山的旅游业还是零状态，自从2015年万山区引进江西吉阳公司，在万山国家矿山公园的基础上建设朱砂古镇，彻底打开了万山转型发展的思路。

贵州汞矿虽然衰败了，却留下了许多珍贵的历史遗产，包括大批极具特色的老房子和大规模的汞矿工业遗迹，这些在全国都是独一无二的。我们调研组居住的悬崖宾馆，就位于朱砂古镇景区里。十几栋宾馆由原贵州汞矿工人宿舍楼群改造而成，一色的青砖青瓦建筑，建于20世纪50~80年代，以前这里破败不堪，在古镇建设过程中，通过修旧如旧，最大限度地保持了原貌，并得以重新利用。

这样的老建筑在古镇还有很多，土坪社区党支部书记杨红燕告诉我们：“万山汞矿工业遗产博物馆由原贵州汞矿办公大楼改建；俄罗斯餐厅，原是苏联专家楼；青年旅社，原为汞矿的干部学习中心；等等。”

同样是利用汞矿的老建筑，在万山镇三角岩社区还建起了以怀旧为主题的“那个年代特色一条街”，以及华语微电影基地。我想，这应该是未来朱砂古镇发展的方向，通过文旅融合，实现可持续发展。我们随土坪社区两位负责人在社区走了一圈，看到这里还有大批的老房子，如果利用它们发展文化创意产业，就像北京朝阳的798、751或者北京通州宋庄的画家村一样，那将会呈现另一番景象。当然，其前提是做好规划，保护好老建筑。

除了特色老建筑，万山汞矿遗迹是朱砂古镇的另一大看点。目前根据地质条件开发了仙人洞、黑洞子和云南梯三处遗址，洞内有古代矿工遗留的石梯、隧道、刻槽、标记和矿柱等遗迹，还有独特的采矿、选矿和冶炼等系列传统生产工艺，如同一部活生生的中国汞矿开采史。可惜我们此次未能亲身体验。

万山老城的转型之路，用土坪社区居委会主任侣英杰的话说，就是“原先是卖矿产，现在是卖风景”。朱砂古镇南有夜郎谷（位于高楼坪乡），北有中华山（位于敖寨乡），将来若能实现联动发展，景点会大大丰富，吸引更多游客。

无中生有

10月13日乘高铁到达万山的那个夜晚，天空下起了毛毛细雨，雾很快笼罩了一切。没想到，之后的十来天，万山几乎都是这个天气。据当地人讲，万山夏季凉爽，秋冬季雨多雾多，日照少而湿冷，他们还关切地问我们有没有带够衣服。

让人舒心的是，这里的雨虽然下得密，但很细很柔。雾是随着雨起来的，来得快而且很大，不过一旦雨住云散，没有风，雾也很快消失。

万山跟整个贵州情况相似，山地多，几乎没有平原。这里是侗乡，侗族人口接近总人口的80%，以前田里主要种水稻，山地多种苞谷（玉米）和红苕（红薯）。农家自酿红苕酒是这里的特产，在社区干部家里和农家乐吃饭，我们都品尝过这种自酿酒，口味很甘醇，再配上万山的羊脚火锅，堪称当地最具特色的美味佳肴。

不过现在的万山，水稻不常见了，代之而起的是大棚蔬菜。其中种植最早和规模最大的，要数我们调研的高楼坪乡大树林村。2015年万山区从山东寿光引进的九丰农业科技公司，就落地在大树林村。大树林村村委会主任杨秀财介绍，九丰农业刚来的时候，大家是持怀疑态度的，后来让大家到试点大棚参观学习，最终消除了村民的疑虑。“我们以前哪见过这种景象啊，现在（蔬菜大棚）已经成了我们这儿的一道景观。”杨秀财说。

种植大棚蔬菜解决了多重问题。杨秀财给我们介绍：“土地流转给九丰农业后，农民每亩地可得800元流转费，还能就近在九丰农业园上班挣钱，年底还可分红。”而九丰农业不仅建起了高端蔬菜大棚，还打造出一个集智能观光大棚、蔬菜采摘棚、花卉科普馆、海洋科普馆等于一体的现代山地生态农业示范综合体——九丰农业博览园，开拓了一条农旅融合发展的新路。大树林村党支部书记张美明等人带我们参观了九丰农业博览园，我们也为这里有如此现代化的农业产业园感到惊叹。

九丰蔬菜大棚种植模式已在万山全区推广，现代山地农业也成为万山转型发展的“另一条腿”。在大树林村，除了九丰农业博览园，村里也利用剩余流转土地建起了五个蔬菜大棚，并交给万山维祥种养殖农民专业合作社来经营。该合作社社长杨敏接受我们访谈时表示，大棚蔬菜不愁卖，不过与其他地方利用大棚种植反季节蔬菜水果不同，万山地区因秋冬季雨雾多光照少，种不了反季节蔬菜水果，仍然是夏季蔬菜产量大时价格低，秋冬季菜价又高。他正在想办法筹集资金并着手解决农忙时招工难的问题，准备搞蔬菜大棚和农资一体化发展。

万山发展现代山地农业，可以说是一种“无中生有”，不仅开辟了一条转型发展新路，更重要的是改变了万山人的观念，开阔了万山人的眼界，让万山人的思路活络起来了，从而孕育出更多脱贫致富、转型发展的点子，这是在大树林村调研给我的最大感受。

重拾信心

我们在万山镇召开调研座谈会时，杨尚英书记的一段话让我记忆深刻，他说：“2014年以前，我们出去不太好意思说是万山人，一说是万山人，给我们贴的标签就是贫穷、落后、上访、闹事、野蛮和浑不讲理。而上面只要有领导来万山，就有群众挖空心思找他申冤。但是现在这一页彻底翻过去了，不管哪里来的领导或专家学者，没有人来找你们，因为大家觉得我们家乡发展起来了，有事做了，忙得没心思也没精力上访闹事。群众有自信心了，这是最重要的。”

信心比黄金重要。确实，对于探索转型发展的万山来说，信心增强了比什么都强。在万山转型发展中，曾经有一种声音，就是把万山特区这个体制直接撤掉并入其他区县。但万山的老百姓还是有一种情结，通过自身努力，最终行政体制没有被解散掉，并且实现了凤凰涅槃，和十年前相比，今日的万山发生了翻天覆地的变化，可以说彻底走出了困境。

在调研中，我们也深切感受到当地百姓对这种巨大变化的自豪和赞许。许多七八十岁的老人说，做梦也没想到，万山还有现在这样一天。同心社区居民方再碧说："以前出门回来要换裤子，因为沾了许多泥巴，现在路好走了，环境好了，生活太好了！"土坪社区居委会主任侣英杰说："社区原先困难群众多、留守儿童多、空巢老人也多，吉阳公司来了之后，就近招工，解决了许多人的就业问题（指开发朱砂古镇），年轻人回来了，也解决了很多留守儿童、空巢老人问题。"原贵州汞矿子弟小学教师王湘云说："我们本地搬出去的人，好多现在还想回来居住，大家都说我们现在住公园里了。"

万山转型发展的美好前景也吸引了许多人在家乡创业，潘莲秀、华松、陈垚谷、杨敏……我们访谈的这些创业者或致富带头人，他们在农家乐、民办教育、酒店宾馆、农业合作社等各个领域大展身手。现在，好客的万山人，再也不像以前那样抬不起头，而是大方招呼朋友来万山玩。万山的重生，让他们对未来充满信心。

调研结束前的10月26日下午，我们最后又对万山镇党委书记杨尚英做了专访，同时也向他汇报我们调研的情况。他告诉我们一个好消息：他刚从北京签了两个协议，朱砂古镇将要建一座标志性建筑，以吸引更多游客；同时，还与一家文化公司合作，准备拍一部情景剧，深入挖掘贵州汞矿的文化内涵。而这正是我们调研中许多人的建议。我们欣喜地看到，万山正沿着"念好山字经、做好水文章、打好生态牌"这条金光大道大踏步前进。再来万山，一定会是一个新的万山！

（作者系北京国际城市发展研究院副院长，领导决策信息杂志社总编辑，铜仁市人民政府发展研究中心战略咨询委员会委员）

调研随笔

张 涛

2018年10月13~28日，北京国际城市发展研究院和贵阳创新驱动发展战略研究院86位研究人员分成13个组，分赴铜仁市万山区的街乡村组和机关企业开展大调研。在调研过程中，共发放并回收了900余份调查问卷，是此次调研重要的资料来源。然而，在我所经历问卷调查的具体实施过程中，由于问卷本身所存在的一些问题，被调查者出现无所适从、含糊应对的情况，大大影响了调查结果的质量，也背离了调查发起的初衷。调研结束后，结合相关资料的梳理，我想针对此次问卷调研设计中存在的一些问题谈谈自己的想法，以期能够为今后类似的调研工作提供一些参考。

关于问卷题目设计的几个问题

从回答问题流程的四级认知模型出发，如果要得到准确的结果，问题的回答过程必须经过以下四个阶段：第一阶段，理解问题；第二阶段，回忆相关信息；第三阶段，做出判断或决定；第四阶段，做出回答。我针对《铜仁市万山区村（社区）入户调查问卷》的11个问卷题目，分别挑选对应四个阶段的题目进行分析。

第一阶段，即理解问题阶段存在的问题，通常是由提问不够具体或者使用了错误的语词造成的。例如，“您参加村（社区）举行活动次数多吗？”这个题目里第一处不明确的地方是缺乏对问题时间间隔的限定，不知道具体针对的是“过去一周”“过去一月”还是“过去一年”；第二处是对“活动”的定义不清晰，活动可以包括经济活动、政治活动、文体活动等；第三处是对“次数多”缺乏明确的评判标准，容易造成被访者不同的理解与作答。这个题目可以修改为“过去6个月内，您参加村（社区）组织发起的文化活动有多少次？”选项修改为以次数为单位的不同区间，则具有可操作性。

第二阶段，即回忆相关信息阶段存在的问题，一般是由不切合实际或问题太难造成回答的区分度不高。例如，“您在网上买过东西吗？”这个题目与被访者的年龄和经历高度相关，部分贫困和高龄人群基本没有接触过网络，而部分外出务工返乡或毕业学生群体在区域之外已经形成网购习惯，致使面对这个题目不同人群的回答情况高度一致。这个题目如果更加集中于区域内的网络基础设施或物流支付等配套环境的考量，也许获取的答案更有意义。

第三阶段，即做出判断或决定阶段存在的问题，通常是因为调查对象在回答问题时存在疑虑，比如担心泄露隐私或利益受损等。例如，“您认为遇到困难或问题时找政府有用吗？”在实际经历的调查过程中，多位被调查者在遇到这一题目时出现犹豫迟疑的情况，推测他们在回答这个题目时会担心如果填“有用”可能与事实不符，但是如果回答“没用”后面也许会影响他们享受部分政府优惠政策，所以觉得这个问题难以回答。

第四阶段，即做出回答阶段存在的问题，可能由多种原因造成。例如，答案选项设置不合理、题型使用不当、格式错误等。每个题目的陈述都应该有区分度，以区别具有不同情况和态度的被试，使调查获得更多有用的信息。例如，“您参与过村居选举吗？”目前村居自治选举普及情况较好，我所调查的几个村和社区都是刚刚完成相关选举活动，回答这个题目的答案也全部是选择“A. 参加过”，无法得出代表不同情况具有区分度的定量资料。

关于题目表述方式的几个标准

问卷题目表述的基本原则是简短、明确、通俗、易懂。在问卷设计中，对问题的语言表达和提问方式有下列几个设定标准。

第一，问题的语言要简单易懂。无论是设计问题还是设计答案，不要使用一些复杂、抽象的概念以及专业术语，要尽可能使用简单明了、通俗易懂的语言，不脱离被调查者的生活实际与文化背景。

第二，问题的陈述要清晰准确。问题以及答案的设置，要有比较明确的判别标准，可以量化的最好是量化标准。例如，前面提到的问题“您参加村（社区）举行活动次数多吗？”，修改为“过去6个月内，您参加村（社区）组织发起的文化活动有多少次？”。

第三，问题的指向要具有单一性。违背单一性的表现就是在一个问题中，同时询问了两件（或几件）事。比如，问题“您或者您家里的老人是谁来照顾？”就是一个带有多重含义的问题，实际上问题里涉及的老人可能会有多个人，进而对应答案“A. 自己照顾、B. 子女照顾、C. 雇人照顾、D. 村（社区）照顾”中的多个选项。由于一题多问，被调查者无法回答。

第四，问题的立场要保持中立，即问题的提法不能对回答者产生某种诱导性，应保持中立的提问方式，使用中性的语言。比如，问题“您遇到困难或问题时会向政府求助吗？”和“您认为遇到困难或问题时找政府有用吗？”就有所不同。前者是人们日常生活中习惯的问法，而后者则带有一丝希望被调查者做出否定回答的倾向。

第五，不用否定形式提问。在日常生活中，人们习惯于肯定形式的提问，而不习惯于否定形式的提问。否定性陈述一方面会增加被调查者的认知负担，容易导致理解错误产生测量误差；另一方面在统计数据时需要转换数值（反向数据），增加工作量且容易出错。

第六，不直接询问敏感性问题。当问及某些个人隐私或涉及个人利益方面的问题时，人们往往具有一种本能的自我防卫心理。因此，如果直接提问，则将会带来很高的拒答率。所以对这些问题最好采取某种间接询问的形式，并且语言要特别委婉。同时，无论如何处理，当涉及个人隐私或敏感问题时，应该提供不置可否的选项供被调查者选择，如“没有明确的态度”或“不确定”。

第七，问题的选项既要有完整性又要有区分度。一个完整的问卷题目的选项都应是可以穷尽的和排他的，因此，问卷所提供的选项彼此都应该是边界独立的，是同一个维度或水平上的分类，尽量避免重复交叉的现象出现。例如，在2015年西城区社区调查表中，在涉及户籍的题目中列有“本市户籍”和“本区户籍”两个选项，由于存在既是本区户籍也是本市户籍的情况，选项间出现交叉。后来在2017年的西城区调查表中，两个选项调整为“本区户籍”和“本市其他区户籍”。

此外，如果无法枚举所有可能的选项，则必须增加一个“其他”选项。同时，每个题目选项的设置应该有区分度，以区别具有不同情况和态度的被调查者意见，尽量避免在单一选项出现高度集中的情况。

题目的数量与顺序

问卷调查法是一项发展相当完善的调查方法，其中涉及的一些技术性细节，现将相关资料提及的内容做相应梳理。

第一，问题的数量。一份问卷应该包括多少个问题，这要由调查的内容，样本的性质，分析的方法，拥有的人力、财力和时间等各种因素来决定，没有固定的标准。但一般来说，问题不宜太多，问卷不宜太长，通常以回答者在20分钟以内完成为宜，最多也不要超过30分钟。问卷太长往往引起回答者心理上的厌倦情绪或畏难情绪，影响填答的质量和回收率。

第二，问题的顺序。问卷中问题的前后顺序及相互间的联系，既会影响到被调查者对问题的回答，又会影响到调查的顺利进行。那么如何安排问卷中问题的次序呢？首先，应将同一维度的问题集中在一起。在保证这一条的同时，还有下列常用的规则：①把简单易答的问题放在前面，把复杂难答的问题放在后面。②把能引起被调查者兴趣的问题放在前面，把容易引起他们紧张或产生顾虑的问题放在后面。③把被调查者熟悉的问题放在前面，把他们感到生疏的问题放在后面。④一般先问行为方面的问题，再问态度、意见和看法方面的问题。⑤若有开放式问题，则应放在问卷的最后。

第三，相倚问题的设置。在问卷设计中，常常会遇到这样的情况：

有些问题只适用于样本中的一部分调查对象。比如，“您希望您的孩子留在万山，还是离开万山？”这一问题，就只适合于那些已经有孩子或者已经成年的调查对象。因此，为了使研究者设计的问卷适合每一个调查对象，在设计问卷时可以采取相倚问题（或称为后续性问题）的方法。所谓相倚问题指的是在前后两个（或多个）相连的问题中，被调查者是否应当回答后一个（或后几个）问题，要由他对前一个问题的回答来决定。

要重视预调查的作用

对于任何调查问卷的设计或者大型调研活动的组织，大多数情况下都不可能一次计划成功，往往需要根据实际情况多次修正调整。具体到问卷设计的过程，在问卷初稿设计出来后，要根据典型性原则选取少数单位进行预调查，以便发现问题进行修改。如检验问卷设计是否符合一般人思考的逻辑；有关概念是否清晰、问题措辞是否适当；被调查者对哪些问题容易产生误解、对哪些问题有特殊反应（高兴、反感、拒答等）；调查内容能否满足课题要求、是否要增减问题；平均完成一份问卷所需要的时间；所回答问题的信度、效度如何等。在预调查的阶段，还可以配合使用深度访谈和可用性测试等方法进行验证。

（作者系北京国际城市发展研究院副院长，铜仁市人民政府发展研究中心战略咨询委员会委员）

山村见闻

江　岸

为深入研究习近平新时代中国特色社会主义思想在万山落地生根的理论基础、实践基础、群众基础，总结提炼万山转型可持续发展的先进模式和成功经验，根据铜仁市委、市政府安排部署，2018年10月13~28日，由铜仁市人民政府发展研究中心、北京国际城市发展研究院、贵阳创新驱动发展战略研究院共86名研究人员组成13个调研小组，分赴万山区相关部门、重点企业，以及10个乡（镇、街道）、95个村（社区）开展大调研。

我被分到综合组协助综合协调工作，全程参与了这次调研。加上8月14日、15日两天的预调研，有幸跟着连玉明院长走遍了万山区的1镇6乡3街道，走进了12个社区31个村，走访了89个考察点，访谈96人，可以称得上真正意义的“走遍万山”。我记得预调研后的某天下午，院长对我说：“调研还是很累的，你要是跟着我走完正式调研，算是人生难得的一次经历。”事实上，追求新鲜感的我，在研究院工作近五年，吸引我一直热爱这份工作的就是在这一次又一次难得的体验和经历中找到的归属感。我非常感谢院长给予我这次难得的机会。

此次调研的铜仁市万山区曾是中国最大的汞工业生产基地，汞矿储量和产量均居国内之首、亚洲之冠，素有中国“汞都”之称。经历了数百年的规模化开采，随着汞资源告竭、矿老山空、人口流失，曾给万山带来荣光的“汞”再也支撑不起这个工业特区。2002年，贵州汞矿实施政策性关闭破产，一时间矿尽城衰，万山沦为武陵山区“贫困生”中的一员。2009年，万山成为全国第二批资源枯竭型城市政策扶持地区。经历了与汞告别的阵痛之后，这里的人们没有放弃，而是转变思路，走出了一条资源枯竭型城市转型发展的新路。

曾经的“中国汞都”万山如何从繁华到衰落再到起死回生？万山是否真如报道中所说闯出了一条资源枯竭型城市绿色转型之路？它现在的发展还存在哪些问题？我带着疑惑、好奇甚至些许质疑随调研组开启了这次万山大调研，决心从“万山农村”着眼一探究竟。

“山”村印象

出生在城市、生长于城市的我从未有过在农村生活的经历，这次的万山调研是我第一次近距离接触农村，随着半个月调研的深入，另一个面貌的中国走进了我的视野。

进村之前，我对万山的农村有着若干种猜想，或贫瘠，或荒芜，或破旧。然而，现实恰恰相反，山清水秀、林木葱茏、依山傍水，天蓝、地清、云洁、水净，宛如世外桃源。都说农村“土”，可谁能想象“川硐”“瓦田”“青龙”“锁溪”“登峰”这一个个村名竟是这般的诗情画意。

由于铜仁市地形以山地为主，占总面积的60%以上，这在很大程度上阻碍了交通发展和对外合作交流。“要想富，先修路”，交通一直以来都是铜仁市经济发展缓慢的主要原因，依山傍水而生的铜仁人因山而困。而如今我走到万山的每一个村，都已实现了公路“组组通”，所见的每一条乡村主路全是硬化路面。农村公路作为保障农民生产生活的基本条件，已然成为这里发展的“助推器”。

在调研过程中，我们走访了许多贫困户，最关心的是现在农户的生活状况。每每问道“一个星期吃几次肉啊？”农户总是透露出些许诧异，然后打开家中的冰箱或大冰柜，满满的全是各种肉类、新鲜蔬菜瓜果，顿然意识到我们的提问现在看来是如此的“多余”。通过多年脱贫攻坚的努力，现在的农村，即便是贫困户也几乎过上了不愁吃穿的日子。

近年来，万山区以产业脱贫为突破口，集中发力，聚力攻坚，推动产业扶贫到村到户到人，走出了“户户有增收项目、人人有脱贫门路”的产业脱贫“万山路径”。

这次调研所走的31个村，可以说是村村有产业。我随调研组走进了村集体经济产业基地，登上了新奇的高山葡萄种植基地，深入了枇杷、车厘子、油茶和百香果种植园，参观了肉兔、跑山鸡和西门塔尔牛养殖场，这对于第一次深入农村的我来说是新奇，更是震撼，震撼于这意料之外的欣欣向荣。

敖寨乡中华山村曾是远近闻名的“穷”村，“放牛好耕田、养猪盼过年、喂鸡筹柴米、奔波为油盐”是村民贫困生活的真实写照。而这次调研映入我眼帘的却是路边一排排鳞次栉比的大棚，这里的农户通过食用菌、蔬菜等种植正慢慢闯出一条致富路。随着村里组建合作社集体经济，当地村民的生活已发生了巨大的变化，他们把家里闲置的土地流转给合作社搞大棚建设，同时自己又在家门口给合作社打工，不仅学到了技术，每年还有一笔可观的分红收入，一天打工赚70元，加上村里的分红，一年收入能达到2万元。

下溪乡瓦田村的贫困户张绍安给我留下了深刻的印象，至今眼前都能浮现他阳光灿烂的笑容，他代表着乐观、勤劳的万山人。10月下旬的铜仁气温转寒，调研组一行都穿着厚厚的外套，见着张绍安的时候他穿着一件灰色的短袖，正在自己搭建的葡萄架下干活。放下农活，他热情地介绍到除了葡萄种植之外，他还引进了现在市场上很火、利润较高的竹鼠养殖。刚开始由于缺乏技术指导，竹鼠养殖因为圈舍设计不合理出现问题，张绍安上网自学，破解了养殖难题，现在的竹鼠拿到市场上每斤能卖80元。听驻村工作人员介绍，张绍安通过辛勤劳作改善生活后，更是带动其他贫困户，共同摒弃原始农业劳作模式，发展现代产业，在瓦田村起到了很大的带动作用。离开时，张绍安站在自己的摩托车旁向我们挥手道别，他自信的笑容和充满正能量的形象深深地烙在我的心里。

乡村之困

70年前，费孝通先生提出“乡村重建”命题，万山在大力发展农村经济的同时，也难逃乡村历史转型中的危机与重建问题。

随着调研的深入，我心中一大疑惑越发强烈：“为什么村子里没人呢？”“怎么见到的几乎都是老人呢？”算上预调研，这次走访的31个村，人口平均近1500人，最多的村能达到3000余人。而在此次调研中，我们见到的人真是少之又少，访谈的96人中，70岁以上老人几乎占了1/3，处处“暮”气沉沉。

一个人的所见所感总是与自身经历相关，一年之内经历外婆和奶奶相继离世的我对于见到的每位独居老人都印象深刻、感受颇多。得益于良好的自然环境和长期劳作的锻炼，万山农村高龄老人健康状况和自理能力大多比城市老人好，可长期独居带来的孤独感却难以消除。走访到瓦田村，院长与81岁的吴银桃老人交流了解她的生活情况，热情开朗的老人一直拉着院长的手，说现在生活条件好了，要感谢党和政府的关心和支持，随后还唱起了红歌。临别时，老人眼中含着泪反复感谢我们来看望她，并在老宅前站了很久，目送我们离开。一想到家中逝去的老人曾经也是这样盼望着我的陪伴，我的眼泪止不住落下。

在城乡转型发展过程中，农村人口非农业化必然引起“人走屋空”，随着现代耕作技术的升级，乡村所需要的劳动力越来越少，乡村人口的缩减还会持续下去，中国的城镇化进程不可逆转。然而，年轻一代是无法理解农民对土地的感情的，城里的生活再好，那承载着老一辈青春岁月的土地，他们是永远离不开的。当他们老了，干不动了，也需要来自家庭和社会的关爱和回馈。“农村空心化”“农民老龄化”不仅仅是万山的问题，更是制约全中国农村发展的瓶颈，也是实施乡村振兴战略的着力点。

中国是一个农耕文明的国度，中国文化本质上是乡土文化的典型。我所见的万山农村是千千万万农耕文化现实样本中的一个，感谢这次调研让我走进乡村、认识中国。

（作者系贵阳创新驱动发展战略研究院院长助理，铜仁市人民政府发展研究中心特约研究员）

万山转型需处理好五个关系

孙清香

2018年10月13~28日，我有幸作为铜仁市万山区转型可持续发展大调研工作组中的一员，踏上万山这片独具历史与情怀的地方。十几天的时间，不足以了解万山几千年的跌宕起伏，但双脚丈量过的地方，却足以感受到历史的厚度与时间的温度。我此次的调研点位于高楼坪乡，这个习近平总书记曾经来过的地方，那里的一山一水、一草一木、一情一景，都深深烙印在我的心里，成为永不磨灭的记忆。结合调研过程中的所见所闻、所感所悟，我个人认为，万山区转型可持续发展需处理好五个关系。

“转”和“专”的关系

2016年10月，万山区立足区情、因地制宜，提出“四圈两带一网”（谢桥城市经济圈、茶店车轮经济圈、丹砂湖生态经济圈、经济开发区工业经济圈；高楼坪、黄道、下溪、敖寨现代高效农业示范园观光带，鱼塘、大坪、茶店现代都市农业多彩经济带；万山全域旅游网）的发展思路。经过两年多的实践探索，一条绿色、安全、高效的山地特色现代农业的产业转型发展之路日渐清晰。

在高楼坪乡调研过程中了解到，目前各村（社区）转型发展过程中的特色产业体系正逐步形成。比如，2017年，老山口社区依托油茶种植发展中华蜂养殖，通过春季分箱、秋季采蜜模式，当年已实现收益，拓宽了农户收入来源；林海村通过培育黄桃基地、绿化树木种植基地，以及探索生猪代养模式，迈出了产业转型的坚定步伐；赶场坝村的主要支柱产业包括蛋鸭养殖、大鹏蔬菜，目前正在建设梅花鹿养殖基地，计划发展集采摘、垂钓、赏鹿等于一体的观光旅游；大树林村大力发展蔬菜种植，并依托滨河公园发展农家乐等乡村旅游业。

调研过程中了解到，各村（社区）产业转型发展过程中普遍存在以下问题：一是缺乏专项资金，尤其是项目启动资金筹集困难；二是缺乏专业技术；三是缺乏专门人才。为解决这些问题，就需要正确处理好“转”与“专”的关系。

“贫”和“拼”的关系

“知标本者，万举万当；不知标本者，是谓妄行。”贫困群众内生动力，是脱贫攻坚工作要解决的重点，也是难点。习近平总书记强调，扶贫先扶志、扶贫必扶智。扶志就是扶思想、扶观念、扶信心；扶智就是扶知识、扶技术、扶思路。在扶贫过程中，需正确处理好“贫”和“拼”的关系，只有在政策指导下，充分激发内生动力，才能让脱贫可持续、致富有干劲。

在调研过程中，被调查对象100%对现在的生活状况表示满意。问及原因，几乎全部认为现在党和国家的扶贫政策给百姓生活带来巨大的实惠。从他们脸上洋溢出的表情和信心十足的话语中，不难看出自我拼搏的勇气与快乐。

高楼坪乡老山口社区脱贫代表刘双娣，家中收拾得干净利落，孩子放学后在桌子上写作业，看似平常的场景，背后却有着不为人知的故事。刘双娣夫妻双残（其右脚残疾不能长时间站立，其丈夫为聋哑人），却自主创业，通过喂养鸭子改变生活和命运，虽然中间遭受因缺乏技术鸭子大量死掉、鸭棚因违建被强拆等挫折，但依然没有磨灭他们奋斗的勇气和信心。

高楼坪乡赶场坝村致富带头人姚英雄,2岁时不幸患上小儿麻痹症，手脚变形，以致不能像正常人一样行走。但身残志坚的他，敢想敢干，在蔬菜大棚中尽情挥洒自己的汗水，从不懂种植技术的门外汉成长为菜田里的行家里手，用自己的双手和不向命运低头的干劲，走上了脱贫致富之路，也向周边的群众传递出了鲜活的正能量。

“绿”和“率”的关系

党的十九大报告提出，实施乡村振兴战略的总要求是产业兴旺、生态宜居、乡风文明、治理有效、生活富裕。产业兴旺是重点，生态宜居是关键，产业与生态的有机结合，为乡风文明、治理有效、生活富裕提供重要支撑。

随着社会的不断发展，人们对于“原生态”高品质产品的需求越来越多，广大乡村地区能否守住“净土”，需要以可持续发展的眼光做好长远规划，正确处理好“绿”和“率”的关系。

调研过程中了解到，高楼坪乡植被繁茂，绿化率非常高。以林海村为例，森林绿化率高达80%。其中，有3000多亩原始森林，植被以松树、杉树为主。野生动植物资源丰富（包含野猪、山羊、竹鼠、果子狸、穿山甲、珍稀鸟类等野生动物和药草、野樱花、兰花、野生猕猴桃、尖栗等野生植物）。其开发进程受2008年初百年不遇的凝冻灾害影响，目前已恢复有待开发。如何合理开发、管好用好绿色资源需要深入研究。

整体而言，“绿水青山就是金山银山”的发展理念已日益深入人心。在大树林村调研过程中，偶遇一起因林地被征作他用而引发的纠纷。虽然被占用面积不到一亩，当年已通过审批，现因被航空器监测发现而要求退还。通过此事可以窥见绿色可持续发展的至关重要性和政策执行的严格性。

另外，农村垃圾处理仍面临一些问题。据老山口社区工作人员反映，该社区在垃圾处理资金方面面临巨大缺口。另据村民反映，垃圾池离家较远，扔垃圾不方便。类似此类民生问题仍需要合理解决。

“城”和“诚”的关系

目前高楼坪乡老山口社区已全部实现“村改居”，林海、赶场坝、大树林三个村村委会均已更名为居委会，乡村城市化进程正不断加快推进。城市化进程中如何实现“望得见山、看得见水、记得住乡愁”值得深思。

在开展随机入户调查之初，心中不免忐忑，反复预演各种可能发生的情形，比如遭遇闭门羹等。然而，经过多次实践，完全打消了我的顾虑。因为随机在大街上找个人表示要对其进行问卷调查，他们都会非常配合。见面之前两个完全陌生的人，在几句交谈之后，就能成为无话不说的朋友。而我之前的顾虑也不是完全没有原因的，如果在发达的大城市开展街头调研难度还是很高的，因为城市里人心时刻设防。

民无信不立，国无信不威。诚实守信是中华民族的传统美德，是做人之本、力量之基。在城市化过程中，需要正确处理好“城”和“诚”的关系，深入挖掘文化底蕴、厚植诚实守信等文明之风，更好地保留人情的温度。以乡村公共文化服务体系建设为载体，培育文明乡风、良好家风、淳朴民风，推动乡村文化振兴，建设邻里守望、诚信重礼、勤俭节约的文明乡村。

传统村落里的村民，既是村落的重要构成元素，更是一种文化共同体。可通过相关活动，树立合作理念。比如从村庄清洁、村环境整治入手，增强村民参与村庄建设的责任感和主人翁意识，引导村民重建合作理念和村庄文化认同。

“治”和“秩”的关系

2018年9月，中共中央、国务院印发的《乡村振兴战略规划（2018—2022年）》要求，把夯实基层基础作为固本之策，建立健全党委领导、政府负责、社会协同、公众参与、法治保障的现代乡村社会治理体制，推动乡村组织振兴，打造充满活力、和谐有序的善治乡村。乡村治理过程中仍需处理好“治”和“秩”的关系，自治、法治、德治有机结合，唯有如此，才能更好地维护发展秩序，行稳而致远。

近年来，各村在引导村民落实民主选举、民主决策、民主管理、民主监督的自治权落实上迈出了有力步伐，村民自治工作基本制度化、规范化和常态化。村民参与村务决策的深度和广度都在提高。调研过程中了解到，村民100%参与换届投票选举，拉票、贿选现象不同程度地存在，而且由于发生过程比较间接或隐蔽，不容易被监督。为解决拉票贿选问题，老山口社区创新“先有支委，后有村委”的换届选举办法，以党员的组织纪律性强化监督与制约，取得了较为明显的效果。

从党员发展情况来看，各村党员发展秩序良好，党员队伍不断发展壮大，但整体来看，党员年龄偏高，平均年龄均为50岁以上，年轻党员比例偏低。主要是因为年轻党员大多外出求学或务工不愿回乡。党员队伍中缺乏年轻、有思想、有技术、有活力的党员发挥带动作用。

（作者系领导决策信息杂志社总编辑助理兼总编室主任，铜仁市人民政府发展研究中心特约研究员）

万水千山总是情

朱盼盼

有道是，“世之奇伟瑰怪非常之观，常在于险远，而人之所罕至焉”。“千山之巅，万水之源”的万山就是这样一个地方。非常荣幸，我作为本次万山转型可持续发展大调研的一员，不仅充分领略了万山雄奇的山水、瑰丽的文化、淳朴的民风，对万山经济转型和社会转型的最新进展更是有了切身感受。就像《万水千山总是情》歌中所唱到的那样——

莫说青山多障碍
风也急风也劲
白云过山峰也可传情
莫说水中多变幻
水也清水也静
柔情似水爱共永……

夜郎村余秀英的感谢之情

2018年10月19日，我们在夜郎村驻村干部陈英同志的带领下，走进夜郎村的苏家组。很远我们就看到收拾整齐的庭院，还有一排排整齐的盆栽，扑面而来的是泥土和花草香味。年过古稀依旧神采奕奕的余秀英婆婆向我们走来，见面后一直抓着我的手不放开，说："你们来了，快进屋，快进屋，吃饭了没？晚上就在我家吃。"热情得让我招架不住。

余秀英是高楼坪乡夜郎村苏家组的村民，她的丈夫患上了精神疾病，6个女儿都已长大各自成家，为了生活奔波很少回家。这些年来，家里就靠余秀英一人撑着，再加上自己的脚因伤致残，生活比较拮据。"对她家我们采取的主要帮扶措施是民政兜底，如低保金、高龄补贴和养老保险金等，2017年入股村集体经济分红2600元。"高楼坪乡夜郎村驻村干部陈英说。

在访谈过程中，余婆婆的手一直握着我的手，还不停地指挥着陈英同志，帮我们拿这拿那，问我们习惯不习惯、冷不冷、渴不渴等。当我们问起夜郎村的变化时，余婆婆讲到扶贫政策的好，不自觉得唱起自己写的歌："党的政策好处多，男女老少笑呵呵；到处修起幸福路，两边还有风景树……"

扶贫政策的好，余秀英常记心间，帮扶干部的好，她也一刻不曾忘记。在余秀英的心里，帮助过她的每一个人、为她做过的每一件事，都是恩情。什么时候什么人、做了什么，余秀英都一字一句地写进了本子里。尽管余秀英今年已经75岁了，但她依然保持着一颗乐观向上、与时俱进的心，精神面貌十分好，唱起山歌来洪亮又深情。

如今，已经脱贫的余秀英用她嘹亮浑厚的歌声唱出了自己的心声。“多谢党的干部好，关爱老人，关怀温暖，时常来看望……”余秀英将自己的心里话写成了歌、谱成了曲，她说，希望能以这样的方式聊表自己的感谢之情。

龙田村周小妹的感激之情

2018年10月20日下午，我们在高楼坪乡副乡长杨磊的陪同下，来到了龙田村。放眼望去，民族风笼罩下的龙田愈加散发着迷人的风采。想不到原来的国家一级贫困村龙田如今变得这么漂亮！漫步在龙田村道路两旁，山野幽深，心情荡漾。初到龙田村可以看到，通村水泥路平整而宽敞，路旁的耕地里绿油油一片，村民家的房屋也是整齐划一，错落有致。

下午3点，我们走进了一条曲径清幽的巷子，映入眼帘的是一座木制的房子。一个个子还没有我高的老婆婆，快步走进我，脸上荡漾着让人温暖的笑容，虽然我听不太懂周婆婆的语言，但是我的内心深处被周婆婆的笑容给感染了，温暖了，充满了热量、温度和欣慰。

跨入门槛，我们进入了周婆婆的家里，屋里的灯光显得幽暗。周婆婆赶紧为我搬板凳，还很自豪地指着墙上习大大和彭妈妈的画说：“太感谢习总书记了，没有这么好的党的政策，就没有现在这么好的生活。”我仔细数了数墙上总共有5幅画，其中4幅为习大大和彭妈妈，还有1幅是龙田村的《村规民约》。我一回头，周婆婆不见了，一会儿她从隔壁房间出来，提着一个塑料袋子，里面装着板栗和花生，一边说着："快坐，快坐，不要站着，你们都从大城市来的，什么东西都见过，都吃过，尝尝我们当地的山栗子。"一边不停地把栗子往我的兜里装，裤兜、衣兜都满了。这让我想起，每逢过春节的时候，走街串巷，亲戚邻居装的糖果瓜子，莫名心里觉得温暖。恍惚之间，觉得周婆婆与我的外婆重影在一起，眼泪忍不住夺眶而出。周婆婆一下子慌了，说："娃娃，不哭，是不是想家了？"我抱着她，心里、眼里都是她，感慨颇多。我的同事王琨还调侃我说："盼姐，你是真性情！"

收拾好心情之后，我表达了这次看望周婆婆的来意，同时提到10月15日在高楼坪乡乡政府，周婆婆提着两瓶米酒感谢区委常委、高楼坪乡党委书记杨清林的事情。周婆婆一听，当时就激动了，不停地表达着自己的感激之情，她说："我生病了，家里的娃娃在医院照顾我，家里没有人，房子很破旧，我住院了一个月，等我回来的时候，我的房子大变样，你说我怎么能不感激呢"。包村干部杨磊解释说，周婆婆年纪大了，身体不好，在湖南省新晃县住院了一个多月，正好村里进行"五改一化一维"，区委常委、高楼坪乡党委书记杨清林带头，包村干部、驻村干部和村委会干部一起帮着把周婆婆的房子进行了完善和改造，周婆婆亲自酿了米酒，多次到高楼坪乡乡政府向杨清林书记表达自己的感激之情。

"未怕罡风吹散了热爱，万水千山总是情。"在各方扶贫力量的共同努力下，通过完善基础设施，龙田村较过去发生了翻天覆地的变化，群众的生产生活环境及物质文化生活得到了极大改善。扶贫要扶志，群众精神与物质"双脱贫"才能以更好的姿态拥抱新时代，实现乡村振兴。

兴中村刘芷伶的感恩之情

青山不墨千年画，流水无弦万古琴，风景这里独好。这就是我初到兴中村的直观感受。在驻村干部杨建的陪同下，我实地调研了梓木坪学校，据杨建介绍，目前学校内只有幼儿园，1名教师，1名生活老师，二三十名2~6周岁的儿童。

10月21日下午，我们对在校教师刘芷伶进行了一次人物访谈。刘老师作为一名“90后”，谈到自己的职业，无比自豪。她说，学前教育并不是她的第一专业，但她热爱它，并愿意为它倾力付出。刘老师提道：“我们这些农村幼儿教师，拿着微薄甚至可怜的薪水，从事着高强度的幼教工作，我们响应并认真实践着党中央‘从娃娃抓起’的号召。我们是区教育局按照志愿者岗位，统一考试，统一招聘，但没有人以合适的身份给我们一个名分。让我说，如果这种现状不改变，农村幼儿教育这块事业就留不住优秀的人才，基层幼教事业就难以得到发展。‘从娃娃抓起’将只是一句空头口号。”

在和刘芷伶对话的过程中，我能感受到她的坚定、感恩，还有些许的羞涩。当我问到她最喜欢什么颜色时，她说：“不知道为什么，在所有的颜色中我最偏爱绿色，或许是绿色的事物能给人清新的感受，或许绿色代表奉献、顽强和生生不息的生命力。”所以她钟爱那一片片绿荫。

2018年9月，她第一次担任幼儿园班主任的工作，有紧张、有忐忑，但最大的感受就是对孩子要有爱，没有爱就没有真正的教育。

“是啊，当幼儿教师很累，特别是班主任，事情更多，有的时候还会很心烦。既然无从改变那就认真追求所选，既然选择就应该认真体味选择后的快乐。我们因为爱而选择，因为选择而要更加地爱，只有爱才会更幸福。”正是凭着对孩子的一片爱心，全心全意地带好每一个孩子，不断地探索和实践，刘芷伶模范般地履行职责，无私奉献，坚持保育和教育并重的原则，忠于职守，严于律己，为人师表。在与刘老师的交谈中，我深深感受到她对幼师这份职业的热爱，也感受到她对工作以及幼儿园孩子的责任感，更感受到她对幼师这个职业的自豪之情。无论幼师这条路怎么艰苦和劳累，始终都保持着好心态和责任心，这就是我们要去尊重和信任幼师的地方。

在访谈结束的时候，她说了一句话让我感触颇深，她说："人要有一颗感恩的心，有了梓木坪学校才有了我自己，有了领导的信任、大家的帮助才有我今天的成长。”这正是歌中所唱的："万水千山总是情，聚散也有天注定，不怨天不怨命，但求有山水共作证……”

（作者系北京国际城市发展研究院特约研究员）

假如我是村主任

肖连春

谈到村主任，必然先谈村。在我国近70万个行政村中，我所能了解的、深入认识的，有且仅有一个，那就是我的家乡。七十万分之一，太少了。但是，作为研究工作者，我也是幸运的，至少还有一个，一个70万中的缩影。

近八年来，我常往返于都市与山村之间，不断地对比着它们的变化，也验证着国家的政策在农村基层的落实情况。这对我来说，是一个莫大的机缘，不断地帮助我窥见中国的全貌。但是，这里存在一个问题，那就是从特殊性到一般性的问题。解决这个问题，需要我去实地调研，深入基层，走访更多的农村，了解更多。所谓“自助者，人恒助之”，万山转型可持续发展大调研，就给了我一个解决这个问题的机会。

下村的八天，我共去了1个社区3个村，分别是老山口社区、林海村、赶场坝村和大树林村。而实际上，老山口社区从社会形态上讲，算不上城市里的社区，依然是一个村庄。所以我其实去的是4个村。这里为什么要把社区和村拿出来说呢？主要是因为村和社区有很大的区别。例如，村可以有集体经济，但社区一般没有；村民都有土地，社区居民大都没有。更深层次讲，村是农村社会，而社区是居民社会，二者在社会联结上，也截然不同。

为什么要谈村主任？因为不管是农村的社会关系网，还是农村经济发展，抑或是基层党组织建设运行，都离不开村主任的支持。村主任，是每个村庄正常运行和发展的核心，也是基层自治的枢纽，深入了解村主任，对把握我国农村现状，了解农村社会，促进“三农”发展均有重要的意义。那么接下来的问题就是，我该如何去观察村主任这个角色？思考良久，终于得出了答案：假如我是村主任，既是去调研，也是去学习。重点调研的内容，是每个村的发展思路与发展重点；重点学习的对象，则是现任或离任的村主任。

八天时间，我有幸结识了5位村主任，其中4位是现任村主任，分别是“一肩挑”的老山口社区书记兼主任田志昌，跑项目、有路子的林海村主任田茂凯，有想法、有路子的赶场坝村主任姚前发，行得正、有耐性的大树林村主任兼党支部副书记杨秀财。另一位则是32年就干了“小事”的原老山口村村主任、现任林海村村委委员的成朝富。这5位村主任，都有自己独特的特点，但他们有一个共同特点，那就是能为村里干实事。

那么，到底该怎样做好村主任，带领本村发展呢？观察下来，三点最为重要：首先，建设一个团结有执行力的团队；其次，开阔眼界、找到路子；最后，摆正心态，做好“小事”。而做好这三点，需要村主任真正了解农村和农民。

村委班子是一个村经济社会发展的发动机，班子建设得好坏，关系着这个村运转维系的好坏。一个团结有执行力的干事团队，对于村的发展至关重要。但是，村“三委”班子中，大家都存在竞争关系。具体来说，在村“三委”换届中，支委竞争较少，主要是由党员选出；村委选举竞争最激烈，因为没有是否入党的先决条件，全村拥有被选举权的村民都可以竞争入选，这是几百上千人的竞争，进入候选人后，还需要按实际得票最多才能成为村主任，也就是村主任。可以说，由村民选出来的村主任，是村“三委”班子中为村民接受度最高的人。但在我国行政体制中，支书的权力是大于村主任的，因而二者在农村也存在竞争关系，这种博弈关系处理得不好，一个村的发展就会受到最直接的影响。因此，处理好与支书的关系，是村主任在班子建设中必须做好的事。跳出两委说监委三人，监委也是村换届选举出来的，在村内也有不低的认可度，这些人都是可以干事的人，如果不能充分调动起其积极性，对于村的发展来说，也是浪费了资源。作为村主任，千万不能让监委人员觉得自己是局外人，不倚重其做事，否则班子建设就会缺胳膊少腿，行动不便。

在我所调研的4个村中，党员人数大都在40人左右，村民人数少则813人，多则2088人，可以想见，村委的竞争不小。进一步观察4个村村主任的姓氏，不管是老山口和林海的田姓，还是赶场坝的姚性，抑或是大树林的杨姓，这些姓氏，都是各自所在村的大姓，人口占比均在全村的30%以上，有的甚至高达70%。这也道出了一个事实，在万山甚至贵州的农村，以宗族为基础的基层力量是不容忽视的。一般来说，村内所有的大姓，也就是大的宗族，在村“三委”的班子中，必然会有一人。作为村主任，既要处理好家族与村“三委”班子的关系，为其他人做出榜样，也要巧妙处理好村内各大家族的关系，不然形成掣肘，拖班子前进的后腿。这其中，村主任首先要摆正的态度是：“我代表的是全村，而不是一个家族，即使自己的票区多在整个家族。”大道之行，天下为公。不护短，不优亲厚友，保持公平公正，对所有村民一视同仁，才能一直赢得村民的信赖。

值得一提的是，在老山口的三委中，换届后支委和村委是完全重合的，支委多出来的副书记，是换届后由乡镇直接下文后补的。这种配置，一方面，为了杜绝换届贿选的风气；另一方面，也凸显了人才短缺的问题。村委和支委重合，多任一肩挑，理应是过渡做法，或者说是处理贿选等问题的临时做法，不应长期如此。否则，先有支委，后有村委，必然把诸多后备人才挡在了村三委班子之外，不利于村庄的长期发展。

班子建设是基础，作为村主任，要把主要的精力放在谋发展之上，这也是村委的主要职责。比如赶场坝村主任姚前发，为村子谋划建设蔬菜大棚基地，计划通过古屋古树保护，凭借良好的生态资源，把赶场坝、来羊坪、学堂组等地域打造成万山的后花园，与朱砂古镇等景点连成片。林海村主任田茂凯，在林海谋划推进苗圃建设，自掏腰包促进村集体“生猪代养”，为村民打开了发展路子。总结起来，作为村主任，向上要能积极争取到项目和资金，向下要开阔村民的眼界；向前要紧跟时代前沿、紧随农村发展潮流，找到有前景的产业或项目，向后则要说服村民，大胆地迈出步子。

谋发展，不能一蹴而就，在具体的操作上，首先要摸清家底。这里的家底，主要是指村内拥有的自然禀赋，包括矿产资源、旅游资源、文化资源、人才资源和区位优势。例如，老山口具有良好的区位优势；赶场坝拥有良好的自然资源——来羊坪、学堂组所在地点仅一路可通村内，背靠相思湖，村内有上百年古银杏、古枫树、朴树50余棵，域内“阡陌交通、鸡犬相闻”，犹如世外桃源；林海则有约3600亩原始森林，内有白面等珍稀物种。当然，除了自然禀赋，还有村“三委”人员靠自身人脉积累的各类资源。例如，林海田茂凯在苗圃方面就有相当多的渠道，赶场坝姚前发在梅花鹿养殖方面有不少的渠道。

其次要找准比较优势，谋划优势产业。一个村的比较优势，可从两个角度来看：一是别人都没有但我有的，而且是有发展空间的；二是自己的优势，正好是周边村都有，同时是上级政府重点推进的领域。谋划优势产业这个过程，要发挥村“三委”班子集思广益的效果，也就是说，要充分讨论，让大家把想说的都说了，最终达成一致，找准发力点。村三委做出决定之后，不再争执、踟蹰不前，要根据每个人的才能、渠道和性格特点，分配具体任务。众人拾柴火焰高，团队作战，方显效率，也才能最大限度地带动班子、带动村民。执行的难点，是资金问题，这是任何村都会遇到的问题，要确定分步走的思路，不可贪大求快。在资金上，从4个村集体经济的起步来看，资金来源多为两个渠道：一是现有政策的项目资金，但为数不多；二是来自村“三委”人员自筹、村民自筹。这里存在的问题，还需要村主任改变思路，从招商引资，建管分离的角度去思考。

最后，作为村主任，在谋发展的过程中，不管成败，也要摆正心态，做好“小事”。这里提到的小事，是老山口的老村主任成朝富在回答我“您觉得这32年里为村里做过最大的事是什么”时，脱口而出的：“32年里做的都是小事。”他说，作为村主任，在国家的大潮中，要找准自己的位置，做好自己的工作。由此看来，不管村主任为村里谋发展能否成功，保民生，是最基本的事情。虽说农村的事都是小事，比不上国家大事，但“群众无小事”，百姓群众的事，都是关乎其生活的大事。要做好这些小事，村主任需要有仁人之心，体恤百姓。村主任，进须谋发展，退要保民生。

民生工作，千头万绪，是容易招致误会的工作，但这也是村主任积累德望、赢得民心的最佳路径。大树林村村主任在总结工作经验时，告诫我说，做好村主任，最重要的是三点。一是心态平衡，对上级、下级或同事，对村民都要一视同仁，保证公平公正；二是“思想要放得开”，不要听了村民的抱怨或否定，就泄气，要学会包容进取；三是直面任务，对的就要做好。只有行得正，才能坐得稳。是的，纵观许多老村主任，皆是如此。

作为村主任，做好了这三大方面的事，即可“仰不愧于天，俯不愧于民”了。但村主任作为人，也有自己的家庭，全身心投入村庄发展建设，那点微薄的工资，怎么能养活自己的家人，这是一个现实的问题。假如你是一名村主任，你又该如何抉择呢?

（作者系贵阳创新驱动发展战略研究院北京研发中心研究员，铜仁市人民政府发展研究中心特约研究员）

从小“家”到大“家”，看万山城乡变化

韦佳

2018年10月13日，北京、贵阳和铜仁三地研究人员相聚于万山，万山区转型可持续发展大调研拉开了序幕，在为期16天的调研过程中，我们调研小组先后调研了犀牛井社区、三角岩社区、解放街社区，开展了4场座谈会，深度访谈20余人，随机走访40余人。从老矿工口中的过去到孩童眼中的未来、从旧照片上的老房子到种满红枫的新街道，在所见所闻中，我深刻感受到万山从小家到大家、从旧城到新城的面貌与气象的巨大改变。

看农村基础设施优化，公共服务升级——“家更好了”

在三个社区的调研访谈中，无论是政府人员还是普通民众，在谈到转型发展最直观的改变时，万山人民都非常肯定地说：“最直观的改变是人们有房子住了，道路变美了，城市环境变得干净整洁了，我

们有广场可以跳舞、购物，走亲串巷有柏油马路，坐车出行方便多了。”由于我所调研的社区均处于原贵州汞矿矿坑所在地，汞矿职工居住所遗留的老旧危房居多。而如今，在万山转型发展过程中，易地扶贫搬迁居民有了更漂亮、更整洁的房屋，居住条件得以改善；并且道路硬化、亮化工程让街道更美丽、干净，人们的公共空间环境得到改善，整个城市形象随着房屋、街道的改变而得到提升，城市迸发出新的活力。

在调研犀牛井社区时，社区的李云华主任带领我们参观了两所幼儿园，其中万山区幼儿园的设施配套齐全，现占地7000余平方米，户外活动场地达4500平方米，建有运动场、大型户外游戏活动区等儿童户外运动场所，绿化面积达1000多平方米。幼儿园不仅是硬件水平与国内许多发达地区的幼儿园不相上下，还处处彰显了先进的教育理念，比如公共活动区域洗手池的设计、公共田圃的设置，这些细微处所体现的教育儿童从小爱干净、爱劳动的用心。在采访育苗幼儿园的姚茂莲院长时她提道：“市里不定期都会组织相关培训与学习，自己前几日还去了上海的幼儿园参观，学习了一些画报的制作、游戏的开展方式。幼儿教育的核心在寓教于乐，游戏的开展是幼儿教育的一项重要课程，能够有机会外出学习，将优秀的教育理念和方式带回来，让我们万山的幼儿也能感受到现金的教育方式，我感到此行非常有意义。”

教育的关键不仅硬件要好，“软件”也要跟上，在调研幼儿园的过程中不仅看到各种硬件配套齐全，更可贵的是从许多细节中看到与时俱进的教育理念，而这些先进的教育理念之所以能够跨过千山万水使万山的儿童受益，正是得益于国家各种基建的快速发展，使得信息、知识的流通更加便利。不言自明教育就是要有开放积极的胸怀，博采众花才能酿出蜜来。从姚茂莲院长那自信的脸上、那闪光的眼神中，我似乎看到了万山美好的未来，正是因为幼儿教育的领航者有与时俱进的认知，有开拓进取的决心，幼儿教育的未来可期，万山的未来可期。

从幼儿教育展望万山的未来，从养老现状看万山的过去。在犀牛井社区召开座谈会时，社区主任李云华在针对社区发展需求时提出，犀牛井社区老年人口接近一半，但老年人的公共娱乐场所设施不够完善，老年人没有地方休闲娱乐。在社区随机走访时我们也看见很多老人拄着拐杖独自在社区散步，或者坐在花坛旁看过往行人。同样的问题，在解放街社区也有。解放街社区作为人口较多的一个社区，仅有一个公立养老院，且养老院的设计规划仍不是很成熟，不少细节处仍缺乏人性化的考虑。比如将会议室设置在了一楼，却将老年病床设置在了二三层。提到这里，养老院院长梁兴芝非常有感触。梁兴芝院长在养老院工作了十年，为老人洗过脚、守过夜，甚至亲手接过老人的呕吐物，以心换心，老人们都对她非常信赖。梁院长提道："社区养老院的很多规划设施都很不合理，我希望能通过自己的努力有所改变。我在为老人服务的过程中虽然苦，虽然累，甚至很多时候还得不到老人的理解，但我有一个愿望就是再开办一个养老院，不设坎儿，不设限，只要是有需要的老人，我的养老院就是他们的家，这也是很多老人的愿望，我现在退休了没有在养老院工作，但很多老人都说，'兴芝啊，你在哪儿办养老院，我们就跟到哪儿。'这是老人们对我托付终身的信赖，也是对我个人价值的肯定。"梁兴芝院长朴实的话语，是对另一种亲情的全新诠释。上学期间，我曾在社区养老院做过义工，曾经与不下100位老人有过深度的交流与接触，但这是第一次有机会能够从养老院规划者的视角来看待养老问题，与梁兴芝院长的谈话让我受益匪浅，她的助老、敬老、爱老故事让我心生无限敬意。

如今，随着万山可持续发展战略的深入推进，居民各自的小家变美了，家门口的那条街道变美了，幼儿园作为儿童的家变可爱了，养老院作为老人的家变得更可亲了。总之，家的堡垒变得更坚固了。

看农村乡风乡情延续，乡村文化发扬——“家变暖了”

“家”按照字形的释义，上部的“宀”指房子，下部的“豕”则是猪（可代指食物）的意思。如今乡村的房子好了，生活衣食不缺，乡味却少了。游子在远方，家乡情是永恒的牵挂，走遍万水千山，仍不忘屋前的荷塘，阅过人事繁华，仍不忘故土的稻香。乡愁是最温暖的情怀，时下却显得有些苍白无力。在访谈解放街社区书记陈晓康时他反映道：“虽然在易地扶贫搬迁政策的支持下，很多人有了新房子住，但很多老人仍愿意住在老房子里，那里有院子可以种点蔬菜瓜果，有邻居可以拉拉家常。”毋庸置疑，对于易地搬迁居民，由于缺乏居民社会交往的平台与机会，人们日益成为疏离的“原子化”个人，从而在心理上缺乏归属感和心理认同感。

在与陈晓康书记谈到养老问题时，我们聊到了居家养老面临的现状。随着人口结构的改变，老龄化进程加快与养老基础设施不完善之间的矛盾日益凸显，居家养老成为更理想也更符合实际的选择，事实上居家养老并不是新名词或者新模式，只是在新的居住模式情境下出现了更多新挑战，陈晓康书记提道：“解放街社区作为两个居家养老示范社区之一，对养老问题非常重视，由于中国人传统的观念，居家养老的形式其实一直都在，但如今搬入楼房后，居家养老或许真的成为

‘居家’养老了，老年人之间缺乏交流，不仅体现在生活上，在心理交流上同样缺乏支持，如今关着门谁也不认识谁，说难听点，老人在家过世了或许有时候都没人知道，过去住在村子里可以依靠邻里之间互帮互助，我们也能够及时跟进每位老人的情况，而现在针对一些孤寡独居老人，只能依靠我们社区工作人员不定期的走访。”时过境迁，如今随着信息交流的便捷、教育程度的提高、视野的开阔，老年人对子女到大城市发展都抱着开放包容的心态，在总结入户访谈调查问卷“您希望您的孩子去哪儿发展”这项问题时，数据显示，多数老人仍支持子女到外谋求更好的发展，但问题是，老人们谁来照顾呢？所以，不难想象未来老人的养老更多的只能依赖社区，而这点在目前的城市居住空间设计模式下是较难实现的。城市居民之间缺乏交流，恰好将乡村间最宝贵的人与人之间联系紧密的核心打破了，乡村原来的建筑形式、布局规划是向心性的，从而更易提供一种群体向心力和情感依托，更有利于人的交往。总之，乡村文化的内核是一个“情”字：天地人共生，和谐之“情”；一树一花皆是生命，自然之“情”；邻里乡里皆是亲人，人伦之“情”。乡村原来的生产空间、生活空间和生态空间是融合一体的，从院舍搬入楼房后，空间被割裂，风景只是窗前的定格，温情也只是电视剧里的台词，过去采茶捕蝶、不改乡音、与自然为伴的乡情画面或许需要持续付出很多努力才能得以回归。

诚然，空间是社会关系的载体，生活空间的合理规划是乡情孕育的土壤，弘扬乡村文化，发展乡土风情，不仅关系到老年人养老问题，也不仅涉及建筑规划问题，更是乡村振兴最不能丢掉的核心问题。2015年1月，习近平总书记在云南考察时提出：“新农村建设一定要走符合农村实际的路子，遵循乡村自身发展规律，充分体现农村特点，注重乡土味，保留乡村风貌，留得住青山绿水，记得住乡愁。”毕竟，随着在外漂泊闯荡的人越来越多，对于家乡温暖的需求变得更浓烈了。

看城乡区域融合发展，分类推进乡村振兴——“家家兴旺”

新城欣欣向荣，老城百废待兴，这是当下众多城市发展过程中不可避免的发展不平衡现象。在万山区，由于多数行政机关多已搬至新城，距离较远，许多老城居民办事不便。在采访残疾人徐木生和养老院院长梁兴芝时，他们都反映了类似问题。徐木生的拐哥羊腿火锅由于出名，乡里很多人都模仿，徐木生希望能够注册专利商标，但需要跑许多部门开具各项证明，徐木生跟我们聊天时对此深表无奈。“我也是辛辛苦苦花了两年的时间才摸索出独特的味道，吸引了一批游客，以此勉强为生，但一些人利用我的名字开火锅店，我也不是不希望他们有所发展，只是一旦味道有什么问题，砸的却是我的牌子，我起早贪黑才有了这么一家店面，但商标问题实在难办，我腿脚有残疾，出门办事实在不便。”针对老城存在办事难的问题，调研组对万山镇党委书记杨尚英进行了深度访谈，杨尚英书记介绍，“由于旧社区遗留人口的规模偏小，考虑到人力成本等问题，没有在旧城设置服务窗口，但也有在其他方面努力跟上，比如开通乡村公交车打通城乡之间的交通。”

除了公共服务资源不平衡问题需要解决，经济产业发展转型也需要政策引领支持，访谈犀牛井社区李云华主任时，李主任希望社区能够发展休闲养老产业，这样既能缓解社区经费紧张的问题，又能解决一部分人的就业问题。从整个区域经济产业发展来看，转变乡村只能种地的思维是非常重要的，乡村振兴务必要科学划分乡村经济发展片区，在非农业经济发展片区积极引导产业创新，引领当地人根据不同村庄、区位条件、资源禀赋等，形成城乡融合发展的空间格局。乡村振兴需要坚持人口资源相均衡、经济社会生态效益相统一，打造集约高效生产空间，营造宜居适度生活空间，保护山清水秀生态空间，延续人和自然有机融合的乡村空间关系。这样，家的氛围才能变得更加和谐。

调研期间，我看到了一个人的改变、一个家族的改变，以及一座城市的改变。感恩这次调研，让我能够近距离观察、了解和感受一个城市的沧桑巨变，感恩时代，感恩国家，让万山人民的生活变得越来越好。从个体到群体，从小家到大家，万山的每一个人都在续写新的美好故事、书写新的时代华章。

（作者系铜仁市人民政府发展研究中心研究员）

调查工作的长期价值思考

赵灵灵

调研工作是解决具体工作领域存在问题的重要步骤，能明晰工作中存在的知识储备不足、理论水平不高、战略思维不够、创新能力欠缺等问题。调研工作耗时、耗力、耗财，能有这样一次机会是研究者的荣幸，在遵循调研主题的前提下，应该立足于对专业研究人员的培养，带着平时工作中的困惑寻找答案，放大调研工作的价值。

如果就调研主题——万山区转型可持续发展而言，这次调研应该是短暂的，但如果从长期研究工作出发，这半个月的调查实践将是自己学习工作生涯中一次重要的历练和积累，是一种自我升华，并会不断引导和创新自己未来工作中的思路和方法。当然，有些思考还尚不成熟，仍然需要在工作实践中不断深化。

有调有研引思考

要有问题意识。鉴于农经专业背景和工作性质，我有很多次调研经历，但接到调研任务时，内心仍然是惶恐的，两人一组的调研模式和各种紧凑的调研任务安排刷新了我对以往调研的认知。最开始，我通过搜索各种社会调查方法，了解万山尽可能多的信息，做各种调研前安排，以让自己心安。直到14日的动员大会，连院长提到社会调查是把理论思考与社会现象勾连起来，要带着问题去调研，才让自己顿悟，这才是社会调查最根本的遵循、研究工作的核心。那么，应该带着怎样的问题呢？调研主题是万山区转型可持续发展，“万山”是一种事物，要对事物有认识，需带着对万山区基本情况、基本现状的了解进行调研；“转型”是一种变化，要关注过程，带着从什么时候开始转、转了几次、如何转的、转型路径和效果等问题进行调研；“可持续发展”是一种预期，要关注未来，带着可持续发展的基础有什么、动力是什么和方向在哪里的问题进行调研。

要有辨别能力。调研工作的展开就是寻找答案的开始，对于问题，首先要有基本的认识和了解，需要通过文案调查对事物有初步认识。由于资料多是经过了加工处理的汇报材料，很多数据需要在调研过程中进一步核实确认，如为了体现产业发展良好，在规模、成绩等方面的数据会有夸大体现。在信息核实确认过程中不仅靠听，更要靠走和看。“建设完成一个500亩黄桃基地和年出栏8000头的生猪养殖基地，利用‘622’模式对精准扶贫户进行分红，去年总收入达500万元……”这一条信息提示自己在调研过程中要了解村集体经济产业发展的情况，要去基地实地看，用脚丈量规模，数数量，估收益。

要有分析能力。调查研究是掌握真实情况、发现问题的基本方法，要本着实事求是的态度，分析问题的原因，分析原因背后的利益关系，善于立足问题产生的背景，在这个过程中有些原因可通过调研了解，有些原因需要进一步深度研究分析。分析问题是工作中一项常规步骤，要抓住问题产生的根源，洞察本质因素。分析能力不是一蹴而就的，但在工作中要具备培养这种能力的意识。

要有战略思维。调研的终极目标是提供决策，这种决策基于事实，参考历史，引导未来。农村发展问题复杂，跨学科、跨专业性较强，如失地农民问题、民生保障问题、基层组织建设问题、环境卫生治理问题等，都不是通过单一知识和专业可以解决的，而如何基于我们有限的专业水平，提供专业的咨询建议？这就需要学会研究政策，培养战略思维。研究国家、省、市、区所有与问题相关的政策，用上级决策指导下级决策，用创新引导上级决策。

见人见物探需求

工作中服务的客户多是政府，而面向的人群自然是领导干部，不是每个研究人员都有和客户面对面沟通的机会的。因此，工作中会存在服务意识不强，工作方法还没有完全做到统筹兼顾，虽然也想提高服务质量，但是缺乏衡量的标准，找不准方向。而调查实践便是提升工作质量的一次最好机会，我们可以直接接触政府官员、领导干部，接触农民，接触各职业人员，通过访谈与合作了解他们所关注、所思考的问题，进而明确工作需求，对相应工作提出意见建议。

在乡镇调研期间，无意间看到了乡党委书记办公室资料架上的一本专报，这瞬间转变了自己对简报、动态等日常工作的认识。我们平时工作中更多是从论文、书籍中找思路，而在与领导干部交谈中，能深切感受到他们都有较高的格局，甚至村干部都不断提到“总书记批示”“乡村振兴”等字眼儿，在未来工作中我们应该更多关注国家大政方针，从政策中找思路、找方向。

看准历史转折点，读懂国家政策。工作中对政策的研究仅仅停留在理论层面，调研能真切感受到政策文件中提到的“一事一议奖补政策”“美丽乡村建设”“五改一化一维工程”等是真正落实到每一个农户、每一个农民的。这对理论认识是一种补充，也能发现政策实施过程中的不足和问题，对未来政策咨询相关工作提供新的视角，如有些群众对“五改一化一维”针对贫困户和普通农户的支持政策不同表示不满，这是由多种因素决定的，主要还是多数农村家庭条件相差不大，说明政策覆盖的边沿地带易发生矛盾。未来工作中关于政策研究和对策建议的思考要有立足点，站在政策需求者的角度，从细微处衡量政策的可行性。

知时知势把方向

“当尧舜而天下无穷人，非知得也；当桀纣而天下无通人，非知失也。时势适然。”时势是指时代背景下的社会发展态势，是中国人看世界与想问题的基本方式。从政治到伦理、从时间到空间都与时势有着关联。在时间维度上，调研是基于时间点的表现，由历史到当前的本位判断。在空间维度上，调研是在人群关系之间剖解社会结构。随着时代发展和政策推动，农村的社会结构已经发生重要变化，社会关系由宗族社会到熟人社会再到利益联结型社会变化，利益联结型社会是指摆脱宗族观念，由产业关系构建的新的利益联结关系，如农民与企业的关系，从事相同产业工作的农户之间的关系。

时代是思想之母，实践是理论之源。这次调研是在“新时代”“新思想”“新矛盾”“新目标”的宏大方略和创新部署下展开的，要通过实践感受变化、把握趋势。时势造英雄，通过筛选访谈人物，找准具有主观能动意志的人，从所见所闻感受时代变化。干净整洁的村落，整齐有序的民居，振奋人心的标语，这是新农村发展的变化；“感谢政府”“感谢共产党”“生活很好了”，这是干群关系的变化；“去山东学习”“要靠自己，不麻烦政府”“困难是暂时的，对项目有信心”，这是人们精神面貌的变化。透过变化后的人、事、物，看到未来发展的趋势。“构建美丽新农村，创建文明青年湖”“人人幸福奔小康”“多一点宽容，少一点抱怨”等各种宣传语体现了乡村文明的进步，表现出农村物质文明与精神文明并驾齐驱的趋势；在与乡党委书记、村支书、村主任交谈中，不断听到他们对未来的规划和期待，“增加高端民宿的建设，要留得住人”“我们村从一产转向三产，就是转向旅游业”“连接九丰农业和朱砂古镇”，这些方向指引便是未来农村发展的最大趋势，也是落实国家大政方针的鲜活案例。

知时势是社科研究工作的前提。无论是研究工作还是咨询工作，我们都应该具备敏锐的触角，站在时代的前沿，顺势而为。同时我们还需要在时代的潮流中保持清醒，深度研究，衍生新的理论和思想。

（作者系北京国际城市发展研究院特约研究员）

光明砂，中国红

王 琨

如同人的思想在不断凝练一样，每座城市的精神面貌也会随着生产、生态、生活的发展而不断积淀出更深厚的底蕴。从上古的“涂朱甲骨”到明朝的“为国戍边”，再到新中国成立后的“爱国汞”，如今万山已走上了由资源枯竭型城市向可持续发展的转型新路，而这片土地上的人们在新时代下又会展现出怎样的精神风貌呢？我满怀好奇踏进了这片依山傍水的“桃花源”。

丹砂光明

万山的独特在于朱砂，这已是大家公认的。而究竟独特在哪里，多数人却语焉不详。为此，我从北京赶了9个小时的高铁和一个半小时的大巴来到万山朱砂公园。那一夜，烟雨蒙蒙恰似三月江南，我坐在悬崖酒店大堂的长椅上，将欧阳黔森先生最近出版的报告文学《看万山红遍》以及一部《国红朱砂》宣传片看了又看。

那时候我才了解到，朱砂的开采和应用的历史，也恰恰是中华文明的发展史。在万山区高楼坪乡夜郎村村委会二楼的会议室，负责夜郎谷景区项目开发的总策划人、海龙城文旅公司的倪磊老师花了近6个小时和我分享了他在当地调研数月的心得。据倪磊老师讲，朱砂最开始称作“丹”，而“涂朱甲骨”指的就是把朱砂磨成红色粉末，涂嵌在甲骨文的刻痕中以示醒目。而关于万山生产朱砂的历史，则最早见诸《史记·货殖列传》，据司马迁所载战国七大富豪之一、秦国经济的最大贡献者巴寡妇清（本名“怀清”，驻地“巴蜀”，身份“寡妇”），早在两千多年前就已经掌握了丹砂的开采，她运用先祖积累下来的采掘制作丹砂技术，经营起“丹砂帝国”。

丹砂在当时是一种重要的矿物，用途非常广泛。既可用来制作颜料，又可用作镇静剂，外科还可用来治疗疥癣等皮肤病。加之，朱砂既有毒又防腐，因此古人认为用朱砂炼成金丹可以使人长生不老，常以朱砂作为炼丹的主要材料。秦始皇求长生不老，丹砂显得尤为重要，而死后墓葬中还制作了有名的“水银河”。根据文献记载和中国汞矿的地质分布，今天的川、黔、湘、渝，是春秋战国时期丹砂的主要产地，不少文献也证明了贵州的桐梓、思南、德江等地盛产丹砂的事实。据说，巴寡妇清这位女老板靠着丹砂产业，不仅养活了三千仆从，保一方平安，甚至还因为贞洁的品德与巨大的财力支持而受到秦始皇的尊敬，并在死后为其修筑了女怀清台。

此后，朱砂便一直是“皇家特供”产品，皇帝沿用辰砂粉末调成红墨水书写批文，就是“朱批”一词的由来。两千年来在全国的诸多矿产中辰州（古代万山地区的称呼）的朱砂品质最优，所以优质朱砂往往也称辰砂，而唐朝时期万山周边的黄道和下溪也分属丹阳县和丹川县，本地的“光明丹砂”被确立为皇室贡品。唐代吕颂层创作散文

《降诞日进光明砂丹等状》，称颂极品的“光明丹砂”在延年益寿方面功能奇特，从那时候起西部地区的唐卡也大量用到了朱砂。此外，朱砂作为“水墨丹青”中的重要一部分，伴随着中国书画一路绵延流淌，如李可染先生创作的《万山红遍》使用了大量朱砂来渲染画面，满目红山，意境非凡。

为国戍边

丹砂的经济、文化效益巨大，使觊觎者也很多。于是自明朝起国家采用了屯兵万山的办法，将“改土归流”的政策落实下去，并将朱砂资源也一并管理起来。

在夜郎村实地考察文物古建遗存情况中，该村所辖伍家田组的组长张小进是我们一行的向导，“在这前方的山头上，大大小小的石屯有11座，每个山头上一个”，他指给我看，“这些都是过去站岗放哨的地方，有的说是为了抵御湘西土匪，有的说是为了防御苗族，虽然不太清楚具体是干什么的，不过很早之前就已经在这里了。”此后我又询问了一些文物专家，也找了点材料，才弄明白这就是明清时期的屯哨，主要承载着军事防御性的功能。此外明朝到民国年间，有不同形式的农民起义，该地区多处于兵荒马乱之地，因此该遗址属于政府和民间合力建成的重要屯兵文化，这先按下不表。

回说起张小进，他是本村致富带头人并被刻画在报告文学《看万山红遍》中，也是当地朱砂公园的建设者和景观苗圃的供应者，还是当地张氏宗族的族长，以及附近山岭的护林员。我跟随着他在夜郎的林下、溪边、田中不停探索，一路下来黑色的运动鞋已在泥水中泡成了黄色，裤子斑斓，新买的风衣也被划了一道口子，而他的鞋底却始终是干净的。站在那座四百年的石桥边上我就在想，这些泥泞崎岖的山路他究竟来回奔波了多少，这些石碑、石桥、喀斯特岩石、国槐古树若没有他的悉心照料究竟能保存多久?

王琨："左手山坡上的那棵老树，是梓树吗？"

张小进："这棵是这里最老的树，叫国槐。"

王琨："这种树生长极慢，在我的家乡山西也有不少，有些在千年以上。"

张小进："是的，我父亲和我说，他小的时候这棵树就这么粗，这么多年过去了还是一样大。"

王琨："嗯，硬木，特别是就红木来说，生长得极慢，所以单凭粗细还不能完全判断树龄。"

张小进："还有，那是朴树，'简朴'的'朴'；还有那是椤木石兰，因为我是做园林绿化的，所以这些名字我都很清楚，这里还有榆树、核桃树；还有，这下面的是火麻草，这个叶子你不能摸，上面有刺，很疼，我们这里人经常采，洗洗一大盆，炒菜很香的。"

王琨："对了，我还听说您不光是伍家田的组长，还是张氏的族长，有这回事吗？"

张小进："当然了，我祖先'尚谷'就是从外地迁过来的，我给你看看我们的家谱。"

王琨："'始祖讳 尚谷 字文富系宗礼公第二子 宋徽宗靖国四年乙丑进士及第 政和九年侍贵州黎平府刺史'从家谱来看，您这一支从宋朝开始就一直在这里落地生根了？"

张小进："是的，我们祖祖辈辈就一直在这里。"

在翻阅他的家谱中，我还读到他们《张氏家规条款》，第一条便写着："一为祖国。为祖国四化建设是分内之事，务须父教其子、兄诫其弟，一遇国家召唤，慎勿观望不前，致于影响事业、国家受损、祸致于身，众应知之"。而自张小进成为共产党员以来，也在家族中发展了党员、入党积极分子四人，并主动奔走在村脱贫攻坚的最前线，足见家规不是虚言。

为国戍边，多少万山人的祖先千里迢迢来到这里、留在这里、守护这里，而他们的子孙也对这里的一砖一石、一草一木也都同样悉心照料，这让我想到了那句古语——"家有孝子，不绝其祀"。在万山，像这样守护一方土地的不在少数，如刘氏、吴氏、杨氏、谢氏等，国家的发展有赖于良好的家风传承、家国意识的熏染。

爱国汞

1963年10月，周恩来在接见万山汞矿的相关同志时说：万山汞矿生产的汞是"爱国汞"！于是，"爱国汞"三个字口口相传，而具体这个称号是怎么得来的呢？

在到访万山之前，我只是通过欧阳黔森先生的报告文学《看万山红遍》，以及万山公众号的一些文章对这个地方有一个大致的了解。近代以来，特别是在1899年起，英法水银公司在万山开采汞矿长达十年之久，生产朱砂水银700吨，获利400万银圆；而到抗日战争期间，汞成为重要的军工资源之一，为中华民族独立事业做了很大贡献；直到新中国成立后，万山汞矿才真正意义上收归国有，成为人民的财产。

2018年10月15日，我们调研组一行陪同连玉明院长参观了矿山公园的博物馆，讲解员为我们提供了悉心讲解。据说那段纷纭复杂的历史还要从中苏关系恶化说起。

1960年7月，苏联政府一纸命令，将当时在中国的所有苏联专家全部撤回，这是中苏两国关系恶化的一个标志性事件。而在此前的十年，也就是1950年10月5日，中国决定出兵朝鲜，抗美援朝，保家卫国。这场胜仗让美国两百年来第一次在没有胜利的停战协定上签字的战争，打破了美帝国主义不可战胜的神话，维护了世界和平，为新中国的经济建设和社会改革获得了一个相对稳定的和平环境，但同时也扎扎实实地欠下了苏联一大笔债务。

据讲解员所叙述，1960~1965年中国给苏联偿还了高达23亿元的债款。据当时的中苏联合公报指出，中国还债并非是用粮食，更不是传说的苹果、鸡蛋与黄豆，而是“供应苏联有色金属朱砂、水银、铅、锡和生铁、水泥、桐油、化工品、羊毛、生丝、茶叶、呢绒和绸缎、缝制品和针织品，以及其他工业品和手工艺品”。新中国万山汞矿成立之后，生产的朱砂、水银主要通过新疆口岸，担起了以物易物的还债责任，1959~1962年连续三年产汞上千吨，全部用于偿还债务，累计担负起了对苏还债的半数款项。

郡县治，天下安。我终于明白了，如果说万山朱砂有什么与众不同的话，那一定是纯粹而醒目的红色，毕竟这是世界上唯一产出朱砂晶体的地方。而这种红色，正和它“丹”的名称一样，是自涂朱甲骨、为国戍边、爱国汞而来，一脉相承、从未割绝的红色。

（作者系北京国际城市发展研究院研究员，铜仁市人民政府发展研究中心特约研究员）

我在万山的十五天

陈 贝

思来想去，我还是不能明确这篇随笔的核心词。平日里念叨没深入基层，无素材可用，但细细回味，慢慢思考，再结合本次万山的实地调研，才发现自己看了很多东西。在此，我仅从感性的角度出发，以“我在万山的十五天”为题，想涵盖两方面内容，一是概括我在下溪乡和鱼塘乡的所见所闻，二是表述我于本次万山之行的所思所想。

调研对我并不陌生，我去过普洱江城县1周，那是云南、老挝和越南的交界处；先后在滇、川、藏三省藏区交界处——云南德钦县羊拉乡待过3个月。羊拉乡是我驻扎时间最长的调研点，然后便是这次的万山区，恰巧这两个地方都有独特之处。以人生阶段为划分，羊拉乡是助我完成硕士毕业论文，暂别学业生涯的历程；万山区是助我开启智库研究，迎接研究工作的征程。另外，万山大调研于我又是陌生的，不同于学术性思维，是以政策性为导向看待问题。

走在万山忆乡愁

13~28日，我在万山待了16天，但严格说来，我的基层走访只有两天，一天去下溪乡，走官田、瓦田、青龙3村；一天去鱼塘乡，访新龙、旗屯、江屯、登峰4村；跟随连玉明院长，看乡村风貌，问产业经济，观百姓生活。这次调研看到了什么？我想，与其他调研组的同伴相比，我看的只是冰山一角，而从这冰山一角，我领略到万山之美，感受到万人之力，更看到了万山的“活力”与“希望”。

更重要的是，这次万山之行颠覆了我对贵州农村的认知。作为祖籍在毕节纳雍县、成长在贵阳市区的贵州人，于我，贵阳便是家乡。记忆中的爷爷家和外公家，少不了7小时山路的长途跋涉，沿途泥泞，设施缺乏，寒风刺骨；如果人多，连睡觉都没有铺位，进入青春期后，更是抵触。在外求学的几年，我先后到过云南的农村，那四季明媚的阳光让我倍感温暖，不免感慨贵州的凛冽；那七彩的乡貌令我沉醉，不免嫌弃贵州的单调。2017年回贵阳后，回爷爷家虽已是全程高速、2小时车程，但一直忙于琐事又未能前往。

10月的万山有些许寒冷，周围一片烟雨蒙蒙。在这里，沿朱砂古镇一路向下，我来到现代化街道——谢桥，体验万山的现代化服务；走进自然淳朴的下溪和鱼塘两乡，踏宽敞大道，吃高山葡萄，听扶贫故事，赏迷人乡景。这里仍有崎岖小道，还未完全实现四通八达，各方面依旧落后于大城市，但它呈现出来的样貌，焕发着生机与朝气——房屋建筑整齐划一，路面平坦干净，村容整洁，村貌迷人，农业蓬勃，干部作为，百姓安居。在现代化进程中，那些留存的传统显得格外可爱，引人深思。

走在乡间小道，看万山高涨的“返乡潮”，我试图回忆远方的家乡，虽勾不出它的轮廓，却模糊记得夏日奔跑在田野、嬉戏在溪流的欢乐，不禁暗问自己，那片我多年未踏足的乡土，那一方绿土，它的冬天还冰冷吗？是否也正以万山这般的态势向前发展？试问我愿意反哺我的家乡吗？我意识到，我感受的“寒冷”除去家乡自身落后的原因，更是我对年幼印象的不断回放。

这样的刻板印象不只是城市看农村的眼光，也是农村自己看自己的不满。“以前村里条件太差了，我和我爸我妈我姐一家人在温州打工六七年了；现在家门口就能找到钱了，交通便利，孩子上学、教育等各方面都能达到。”新龙村村民杨碑宝激动地说。由此可见，发展是掀起农村“返乡潮”的主要动力。

有位搬迁户说：“习近平总书记来过之后，我的梦想终于实现了。”很真诚的表达，我也很感谢习近平总书记，无论是在云南贫困的藏区，还是在贵州转型的万山，包括我还未回到的家乡，都让我感受到国家的温暖。走在万山，一草一木都寄托了我的乡愁之情，因为我们同属贵州。

透过万山看趋势

回想本次万山之行，虽说我的实地调研仅两天，却收获满满，既激发了上述的乡愁之意，又切实看到了当下基层干部的实干作风，亲耳聆听了万山转型的“前世今生”，亲眼看到了当前贵州农村发展的良好态势。如果做个总结，我想用以下六个关键词来描述本次调研我看到的亮点。

（1）“巾帼风采”——下溪瓦田村驻村第一书记罗丽青、养殖大户张冬菊；鱼塘乡副乡长汪琴；江屯村村主任王启菊。

（2）“文明青龙”——下溪青龙村：村貌怡人，村容整洁，院落干净；屋内地板明亮无瑕，摆设整齐划一；进屋先脱鞋，劳作再穿鞋。

（3）“最好午餐”——鱼塘乡老羊坪小学营养午餐。

（4）“高山葡萄”——下溪乡山地刺葡萄“农旅一体化”示范园：荒山流转再利用，科技引入促产业。

（5）“自强之气”——贫困户帮贫困户：下溪瓦田村养牛大户吴长林，竹鼠养殖户张绍安。

（6）“务实奉献”——无数日夜坚守在精准扶贫工作一线的第一书记、驻村工作队及其他干部。

六个亮点对其他调研组的小伙伴来说可能还不够，他们实地调研了十五天，一直住在乡里，走在村间，我看到的他们都看到了，而他们看到的我却不一定能看到，对此我很遗憾。当我在脑中反复回忆调研场景，总结六个亮点时，我对应了农村发展的四个主题。

（1）女性赋权。调研中，我看到四位不让须眉的巾帼英雄，她们不仅参与了精准扶贫工作，更奔跑在前线，一肩担重任，一手出成效。再想想，每到一户，男主人不一定在，但女主人一定在，从家务、农活，到育子，再到尽孝，都是每一位留守女性的工作，她们不仅做了，而且做得很好。女性是维持家庭和谐、农村稳定甚至社会平衡的重要力量，难道赋权女性参与乡村振兴不是新时代农村改革的趋势吗？

（2）绿色发展。踏进青龙村，看到那360度无死角的干净与整洁时，我意识到，这就是文明，这就是绿色。难能可贵的是，它的文明是一种习俗，是一种文化，是一种日常。城市缺乏“绿色”，因为现代；

农村拥有“绿色”，因为自然。于城市而言，恢复绿色是关键；于农村而言，发展是目标。但当农村发展时，绿色好像消失了，调研时看到，多家养殖场不重视环保，有的村落还是脏乱。因而，绿色和发展必须统一，而且绿色发展观要成为一种延续性文化，就像人要“吃饭”。只有做到绿色发展才能实现可持续发展，这不仅是城市发展、也是乡村振兴的重要指导思想，是新时代农村改革的必然趋势。

（3）农村教育。得知老羊坪小学是完小，鱼塘乡有四所完小，我很开心。以前去云南藏区的羊拉乡，乡里没有一所完小，村里只有幼儿园，从一年级开始，孩子们就要住到离家100多公里的学校，周末允许父母看望。对那些深度贫困的家庭来说，往返学校的路费、住宿及饭钱都是一笔很大的开支；对孩子们来说，他们受到了先进的教育，缺失了家庭关怀和家庭教育。关于教育，在万山我看到很多温情：同心社区的暑假班，老羊坪美味可口的营养午餐，上门伴读残疾儿童的爱心老师，现代化的教学楼以及有家人陪伴、每天滚泥的孩提乐趣。这些现象反映出农村教育的正向发展趋势，对教育的重视缓解了农村留守儿童的窘境，也对留守儿童起到了心灵的援助。一方面，教育资源，如师资力量、软件配套等方面的不对等仍是当前城乡差异的表现之一；另一方面，新时代农村教育中的主要矛盾表现为软件设施与教育需求的不匹配。

（4）“三农”问题。我国是农业大国，农业、农村、农民始终是社会安定、发展的基础和依靠。调研中，跟随连玉明院长的步伐，我们考察了高山葡萄基地、百香果种植基地、生猪养殖场以及众多大棚蔬菜基地，了解了土地流转、集体经济、规模经营等相关信息，访问过老人、第一书记、教师、脱贫户、非贫困户、易地扶贫搬迁户、致富带头人、大棚技术管理员、科技副乡长、驻村干部等，还到新龙村地质灾害频发的小组看遗迹。连玉明院长说，从下溪乡三村调研，他看到了三个变化：一是由分散经营向规模经营的转变；二是“打工潮”与“返乡潮”的逆转；三是基层政权由村民自治到多元治理。结合万山的实际，会发现其创新之举，如“622”分红模式、新龙村“飞地产业”、江屯村的“百香果”；同时，每户基本实现年底1000元以上的分红；农业提供科技支持。我不能定论“三农”问题是否已有效解决，因为它永久存在，但基于上述情况可以看出，不断发现并解决“三农”问题是农村改革一直且将继续践行的重要工作。

跳出调研表拙见

转型可持续发展是本次万山调研的主题，围绕这个主题，我也在尝试看万山转型。我想，如果让我来回答“你眼中的万山转型”，我的拙见是“让转型由刚及柔”。之所以说“由刚及柔”，实质是想剖析万山的硬实力转型与软实力现状。

（1）万山基本实现硬实力转型。调研发现，万山在村居环境、公共服务、产业发展、城市建设、基础设施建设、脱贫攻坚等方面，投入了大量物力、人力、财力，上到领导干部，下到基层百姓，都在作为，共谱万山新风貌。就硬实力而言，以“产业原地转型、城市异地转型”为指引，万山通过一系列扶持政策和创新举措已取得不错成效，切实提高了万山百姓的生活水平，降低了贫困发生率，实现了基本转型。

（2）让万山转型由刚及柔，实现硬实力与软实力的双赢。从长远来看，万山转型最终是要实现绿色发展，实现可持续发展，这就要求硬实力与软实力的双重平衡与有效衔接，不仅要在基础设施、产业与文化设施等方面下功夫，还要兼顾与硬件建设相配套的柔性项目，比如社区、村庄对资源的配置及管理能力，教育、医疗、卫生以及公共服务的均衡分配，城市功能区的配套服务，边缘人群与边缘问题的有效应对与妥善处理，村民文化、法制、道德与社会责任素质的提高，民俗与乡土文化的传承与活化等，借此打造万山优质的软实力形象。

（3）发挥创造性思维，让万山转型在“千篇一律”中做到“独树一帜”。通过调研可以预判，万山未来有很多发展方向——乡村旅游、观光农业、特色小镇、城市功能区，但全国很多地区也走这样的路，有的已经走了很远。如何在“千篇一律”中做到“独树一帜”，其根本在于“文化”精神的培育与文化品牌的塑造。

（作者系铜仁市人民政府发展研究中心研究员）

乡情

隽永

城市让生活更美好

秦坚松

2018年10月13~28日，北京国际城市发展研究院和贵阳创新驱动发展战略研究院组成联合调研组对铜仁市万山区转型可持续发展展开调研。第五调研小组历时10天，调研了谢桥街道的谢桥社区、谢桥中心社区、冲广坪社区、石竹社区、龙门坳村、瓦屋坪村、牙溪村和大坪乡的清塘村、柴山村、苏湾村，共计召开座谈会9次，访谈社会各界人士共计48名，收集各类资料55份，入户调研80余次，回收调查问卷80余份。本人参与了谢桥社区、谢桥中心社区、冲广坪社区和大坪乡苏湾村的调研，调研过程中给我印象最深的是发生在一个个鲜活人物身上的真实故事，从这些真实的故事里我们能触摸到万山转型可持续发展的脉搏律动，无论当年的风云变幻，还是如今平凡小事，都为我们展示着万山发展的美好未来。

阵痛、转型与重生

谢桥街道的冲广坪社区是少数民族“生态移民”试点社区，社区居民主要来自万山、大坪、鱼塘、高楼坪、黄道、敖寨、下溪等少数民族乡镇的“易地搬迁、水库移民、生态移民”群众。在这里住着许多原来的汞矿职工，他们见证了万山这个“中国汞都”的转型发展，感受了中国工业转型发展的宏伟历程，从他们身上我们也感受到了中国工业先驱们的家国情怀。我们采访的田茂文曾是贵州汞矿的老职工，也算是当年汞矿的风云人物。1958年，万山汞矿从湘黔汞矿公司划分出来。田茂文从普通工人做起，先后担任副班长、班长、值班长、副连长、党支部委员、后勤工会主席、党支部书记、纪检监察、团委书记等多个职务，万山汞矿政策性破产关闭后，通过社区服务管理局考试，担任居委会主任，现在是冲广坪社区“五老”巡视组成员。

1976年，他接班顶替父亲岗位，成为汞矿工人。他的父母经常被评为先进管理者。他的父亲是井下一线管理人员，早上六七点钟上班，晚上六七点钟下班，比别人上班早、下班晚。受父母教诲，他从小就认定了要努力工作。他工作一年后，就开始担任副班长，几个月后担任班长。1979年开始担任值班长，负责统筹协调破碎、机选、电工等工作，后来担任副连长，也是机选队副队长，负责值班、共青团工作。

1983年，他开始负责安全工作，担任民兵连副连长。当年3月入党。1986年，担任党支部委员，后来兼任后勤工会主席。1989年，从事政工工作，担任冲脚工区党支部书记。1992年，调往氯碱镁厂，负责纪检监察工作，当年9月参加成人高考，就读于北京有色金属干部管理学院，全脱产学习两年。1994年毕业后，返回氯碱镁厂，负责纪检监察工作，兼任团委书记。

1994年9月，调往贵州汞矿运输公司，担任直属党支部书记。贵州汞矿运输公司需要自负盈亏，他带领职工前往广西附近开展运输业务。

当时工作条件比较辛苦，早上出发时，煮一碗面条，配一点辣椒。到了中午，也是煮一碗面条，配一点辣椒。他作为领导，坚持言传身教，与职工共同奋斗在第一线。他提出“今天工作不努力，明天努力找工作”的口号，鼓舞广大职工努力工作。

1996年10月，组织上考虑他的家庭在1995年又增添了一个小孩，为了方便他照顾家庭，派他担任贵州汞矿科研所直属党支部书记。他有两个重要任务。一是稳住工程技术人员。由于贵州汞矿当时的待遇日益变差，许多工程技术人员离开贵州汞矿，而原来的高级工程师、享受国务院津贴人员的技术人员也已经退休。二是开发新项目。面对汞矿资源日渐枯竭的现实，需要开发新项目，创造新的利润点。田茂文根据国家研制生产无汞或低汞电池的政策要求，起初计划联合新疆大学、西南大学开展电池研究生产，实施“高校出技术，汞矿出资金”的合作模式。由于后来资金不足，合作未能成行。汞矿领导非常支持他们开展电池研制，卖出两台机器，获利40多万元，其中一半用于职工发工资，一半用于搞科研。在研发期间，全体参与电池项目的职工发挥吃苦耐劳的精神，五天没回家，把值班床搬到办公室。如果工作中碰到难以解决的问题，休息的人也会被叫醒，共同研讨解决问题。电池科研工作的初试已经成功，中试接近成功，只是试生产时总出问题。挽救贵州汞矿的目标最终并没有成功，随着汞矿的政策性破产关闭，电池研发项目也停止了。

2001年，贵州汞矿依法破产关闭。2002年5月，全面结束关闭工作。汞矿关闭后，田茂文通过考试进入矿区社区管理局，分配到杉木董分矿。后来矿区又整合成7个社区，他被分配在冲脚社区。冲脚社区是最大的一个社区，集体上访的人也挺多，当时，社区主要做维稳工作，按照“稳定是前提，发展是硬道理”的理念，积极做好维稳工作，让党员思想通，让先进人物思想通。抓积极向上群体的工作，抓落后群体的工作，带动中间的人。

2008年1月31日，时任中共中央政治局常委、中央书记处书记的习近平来到万山区冲脚社区，走访了杨通保和李来娣家。当时，习近平同志在杨通保家走访时，有两个社区居民也来到了杨通保家，他们用方言说道：“冷得很，盖了三床被子，还被冻得亢亢（音 kang）抖。”一开始习近平同志也没听懂这句话是什么意思，田茂文解释道，由于屋顶只是用席子盖了一层，然后上面铺的是瓦片，四周的墙用竹子围成，然后抹上黄泥巴，四面八方到处透风，比较冷。社区党支部成立了巡逻队，观察群众房子安危。成立了送水队，给空巢老人、75岁以上的老人送水。区政府还统一购买蜡烛发放给群众，巡逻队如果发现谁家半夜十二点后还亮着蜡烛，就会过去查看情况。还把民警、医生组织起来成立服务队。

习近平同志临走时，紧紧握住田茂文的手，强调说：“一定要发挥党的堡垒作用，不能冻死一个人，不能饿死一个人。”田茂文回答说：“请首长放心，一定保证完成任务，因为有党中央、省委省政府、市委市政府的坚强后盾。”2013年，习近平总书记对万山转型可持续发展工作做出批示。2009年，万山区入选全国第二批资源枯竭型城市。国家建设部也加大了对万山区的支持力度，加快了廉租房、经济适用房的建设，现在群众基本上都住上了楼房。2013年，贵州省政府发文要求各部门要支持万山发展。可以说，没有中央领导对万山的关心关怀，就没有万山的今天。

田茂文对贵州汞矿有着深厚的感情，他从小在汞矿长大，也为汞矿付出了自己的青春，也曾力图用自己的努力来挽救汞矿。他坦言，经历汞矿的繁荣、枯竭到倒闭是一个痛苦的过程，但是国家的发展也是一个从痛苦到转型再到涅槃重生的过程，如今的万山已经走出了低谷，正在转型可持续发展的道路上迈步前行。他相信万山的未来一定会越来越好。

2016年，万山区进入联合国世界遗产后备名单，排名第六。为了支持申遗工作，田茂文收集了许多当年汞矿的材料，采访了许多老干部、老劳模和老工人。访谈期间，田茂文激动地拿出了自己珍藏的《金秋九月〈情忆老同学〉》（暨贵汞子弟中学1975/1977届初/高中同学相聚美丽万山）画册，画册收集了大量的反映他们当年在汞矿生活青春岁月的老照片，向我们讲述了照片中一个个鲜活的、动人的故事。在这些鲜活的脸庞上，我们没有看到痛苦、无奈，都是美好的回忆与对未来的期盼，我想这就是万山转型发展的意义所在。

青春、热血与从容

钟建华是谢桥社区（原谢桥村）原村主任，在谢桥社区是一位传说中的英雄人物，提起他没有一位谢桥社区老百姓不竖起大拇指的。我们采访计划里本来没有他，但是听说他的故事后，我们决定要采访到他。当他穿着一件有型的呢子西服走进社区居委会大楼时，虽然表情淡定从容，但一看就知道是有故事的人。

钟建化是一名退伍军人，1970年还只有17岁的他就参军了，他在沈阳军区当工程兵，学会了开车和电焊。部队的生活对他影响很大，他至今还保留着当年部队的生活习惯，每天6点或6点半起床，衣服自己手洗，直到最近才开始用洗衣机。

对钟建华一生影响最大的是一次偶然的机会接触了照相机，1973年他从沈阳回家探亲，一个亲戚的照相机坏了，他拿到昆明去修理，照相机修好后，他拿起相机开始拍照，从此欲罢不能。从部队复员后的第二天，他就开始走街串巷给人拍照，每天都能拍光十几个胶卷，后来他从退伍补贴的500元中拿出100元买了一辆自行车，跑遍了铜仁的大街小巷。1982年，他和妻子开了谢桥街道的第一家照相馆——谢桥照相馆，包揽了当时谢桥办事处办理身份证和城关镇中南门社区身份证照相的业务，可以说是当时谢桥街道有名的摄影师。1982年，他买了谢桥的第一辆摩托车，开始去铜仁师范学院、铜仁农校、铜仁卫校、铜仁教育学院等高校给学生拍照，由于骑着摩托，身材魁梧，被学生们称为“雄狮”，这个外号至今流传，许多当年的学生现在见到他还以“雄狮”相称，可见钟建华当时的飒爽英姿。当年由于条件有限，彩色照片都需要去广州洗，每个星期都需要去一次，去一次就得两三天，比较辛苦，但是钟建华没感觉到累，只是觉得那是一个激情燃烧的岁月。

回忆起当年的激情岁月，钟建华两眼放光，但是说到后来他为谢桥村做过的事却轻描淡写。现在社区居委会的大楼是他在任时建起来的，方便谢桥与龙门坳来往的友谊桥也是他在任时筹资建起来的。当时为了建设友谊桥他专门找到了一位美籍华人来投资，还自掏腰包奉献了3000元。惠及谢桥社区所有居民的自来水管道也是他在任时筹资30多万元建成的。

钟建华对谢桥社区、万山区有着深厚感情，至今挂在社区居委会的“万山特区谢桥村大坝全景”图是钟建华拍摄的，照片清晰地记载着拍摄的时间——2011年2月28日，这一天具有特殊重要的意义。这一天正是谢桥街道的管辖权由铜仁市正式移交万山特区，谢桥社区正式划入万山区管辖的日子，他觉得必须记录下这个特殊的日子。于是，他花了三个小时，爬上少有人迹却能够拍到大坝全景的山头拍下了这张珍贵的照片。为了拍到这张照片，钟建华的手机都弄丢了，直到下山之后才发现。

钟建华是一位性情中人，在谢桥他挥洒自己的青春热血，也算是叱咤风云的人物，是老百姓眼中为民办实事的带头人，他就像是一瓶烈酒，经年之后却变得淡然醇香。城市的发展也是如此，真正的美丽是在绚烂之后，让人能够流连忘返、细细品味的生活细节，万山的转型可持续发展一定也会让在万山生活的人像钟建华一样更深沉地爱着这一片土地。

知足、发展与希望

当我问到居住在谢桥中心社区的环卫工人杨再文“您对政府还有什么期望”时，她回答说："只要我有工作，有稳定收入来源，我就知足了！”可以看得出来，她对现在的生活很满意。杨再文现在是谢桥中心社区监委会的委员，这位前半生生活坎坷、总是笑对人生的女人看似柔弱却有着坚韧的内心。

1994年，杨再文毕业于贵州都匀供销学校，1995年到万山区供销社工作，主要工作是卖肥料和农药，但没想到的是1996年，粮食供销系统改制，刚参加工作一年的杨再文就下岗了。下岗之后，杨再文一直没有工作，1998年杨再文去广东惠州的一个工磨厂打工。当时工作非常艰辛，每天工作8个小时，晚上要加班加3个小时，早上8点上班，一直工作到晚上8点，白天工作一小时工资1元，晚上加班一小时工资1.5元，扣除生活费，每个月只能挣二三百元。打工两年之后，杨再文回到了万山，由于当时她丈夫也下岗了，两人最终离了婚，儿子判给了丈夫。

2000年左右，她经人介绍去了浙江金华武义县，嫁给了当地的一个农民，生下了一个女儿，慢慢地日子逐渐好了起来。可是谁能想到2003年6月，女儿只有2岁的时候，丈夫因为车祸去世了。于是杨再文只能带女儿回到了万山。回忆这几段辛酸的往事，杨再文不禁红了眼眶。但是说到回到万山后的生活，她又破涕为笑。她回到万山后，谢桥中心社区居委会的干部知道她的经历，把她介绍到谢桥街道办事处做饭，还当过招待所服务员。居委会干部还积极为她女儿申请学费减免，自己的女儿从小学到初中都没有交过学费，女儿也很争气，现在在万山最好的学校铜仁市第八中学读书。居委会又给她和女儿安排了住处，现在还给她安排了环卫工作，2011年开始她开始担任社区监委会工作。

作为一名环卫工人，从她朴实的话语中我们能感受到万山区这几年的变化不仅仅是城市建设的日新月异，还有居住在这里的人们的精神面貌的变化。杨再文说，万山原来的马路只有现在的一半宽，现在河两边都建成公园了，路两边都有绿化带了，树也多了，开车的人也多了。现在万山虽然是在大建设，但是由于治理得当，路上的沙子反而比以前少了。环卫工作是辛苦的，每天早上6点就得开始打扫，7点前必须打扫完自己负责的路段，有些负责主干道的环卫工人早上三四点就得出门，一年365天，无论刮风、下雨、下雪，天天如此。但是她觉得这是值得的，不只是有了稳定的收入来源，她的这个平凡工作还赢得了人们的尊重。最令她感动的一次是，有一天早上，一个晨跑的人跑过她的身边，对她竖起大拇指，说了一句："生活因你而精彩！"当时她特别感动。

杨再文说，她对现在的工作生活是满意的，虽然自己前半生比较坎坷，但是随着万山区发展，自己的生活正变得越来越好，现在就是希望女儿能够考上好的大学，有一个好的发展前途。听完她的这番话，我在想，这不就是一个城市发展的目的所在吗？哲学家康德说过："人生幸福有三个原则：有事做，有人爱，有所期待。"城市发展就是要让生活在这座城市里的人能够充满希望，知足的人能够自得其乐，不知足的人能够奋发图强，人们能够各尽其才，各展所能，找到属于自己的幸福。

（作者系首都科学决策研究会副会长兼秘书长，铜仁市人民政府发展研究中心战略咨询委员会委员）

精英回流：乡村振兴战略中不可忽视的重要力量

张俊立

十天的大坪乡的调研之行，我们调研小组往返于谢桥街道万山红酒店与大坪乡之间，“谢桥—乡政府—调研村—乡政府—谢桥”是我们十天的一贯行程。十天来，我们走访调查了大坪、龙门、黄花三个村，尽管已经把调研节奏尽可能地安排紧凑，但是我也深知对于这些天的所见所闻多是碎片，所思所想也多浮于表面，所感所悟更是由于个人能力在高度、深度都无法有太多见解。但是，作为一个从小生长于华北农村地区的人，第一次以研究者的身份深入西南山村，还是有很多感触。我所生长的农村，大到自然环境、产业形态，小到一砖一瓦、衣食住行，与大坪乡都存在明显的差异，这种差异甚至大到我二十几年的农村生活经历在我此次的调研中并没有发挥太多作用。通过调研我发现，外出精英回流已经成为一种新的趋势，并成为或者即将成为实现乡村振兴的重要力量。

乡村精英：致力于乡村建设的精英阶层

精英并不是一个新的事物，甚至可以说在任何时代，精英都是社会发展的领导者、推动者和带头人。在以往的研究中，关于乡村精英的界定，主要是“在乡村社会中，某些在经济、能力、资源等方面拥有优势，并利用这些资源取得了一定的成就，在为乡村做出突出贡献的同时被赋予一定权威，能对乡村本身乃至其成员产生影响的乡村成员”。乡村精英之所以是精英，关键在于其能够整合更多的社会资源助力乡村发展，能够作为村民的榜样和模范，给群体带来更多的利益。

对于乡村精英，无论是乡贤还是老板，人们一般都会认为其来自乡村，与村庄有着天然的联系。但是在此次调研中，我发现在精准脱贫阶段的乡村，外部力量的支持必不可少，甚至可以说起到了决定性的作用。从踏入万山区的第一天、第一次接触到万山区“5321”的帮扶机制开始，我就一直在思考这一帮扶机制从本质上说是一种什么机制。特别是我们访谈的第一书记和驻村干部，这群体他们多没有农村至少不是所帮扶农村生活的经历，在帮扶之前与这个乡村也未必有多少联系，他们因为精准扶贫、精准脱贫这项历史工程，离妻别子来到驻村，一待就是三年。他们在脱贫攻坚过程中到底发挥了怎样的作用？“我们的驻村干部想方设法争取资金和项目”“我就和我们单位反映想办法解决”，这些都是在调研中了解到的普遍现象。这些驻村干部在助力乡村精准脱贫中真的是“八仙过海、各显神通”。这些“外来人”，从实际工作来说，是通过自身的努力在为其所帮扶的乡村整合各方资源，在乡村发展中起到了重要的作用，不应成为被忽略的群体。

精准扶贫、精准脱贫是一个阶段性的工程，但乡村发展是一个持续推进的过程，乡村的振兴更不可能一蹴而就。在城乡融合发展的时代，城市与乡村之间的鸿沟正在缩小，城里人与乡村人之间的差异也在弱化，乡村精英的界定也应该淡化区域和空间的区分，无论是农村人还是城市人，无论是村里人还是外来人，无论是长期还是暂时留在农村，只要具有精英的特征，只要热爱乡村、致力乡村建设，能够带动包括更多的社会资源来服务乡村发展，只要能够为村民树立良好的道德标准，他就是乡村精英。

精英回流：从农村到城市，从城市到农村

改革开放40多年的快速发展史，某种程度上可以理解为一部城市发展史，这部城市发展史中最核心的要素就是人口从农村流向城市、从西部流向东部。但是近年来，随着国家不断重视农村的发展、重视西部地区的开发建设，一部分心系乡村、心念故土的精英开始重新回到农村，返乡创业、精英回流正在成为这个时代一股新的潮流。这些曾经外出的乡村精英，在城市生存与生活，城市为其拓展了视野，在客观上他们扎根城市，却心系乡村，充满着难以割舍的故土情结。这个群体因生于乡村、长于乡村，更了解乡村的整体根基，也更清楚乡村的未来发展方向，将会成为乡村发展的重要力量。

龙门村的致富带头人舒祥恩今年40岁，2001年到苏州务工，2013年回到铜仁。他对调研组说：“我应该早几年回来，当时真的低估了铜仁，想不到铜仁变成了这个样子，最后我就安心在铜仁了。”2016年以来龙门村开展的“五维一改一化”项目，全部是由舒祥恩和他的团队负责。在龙门村的“五维一改一化”项目上，舒祥恩就已经垫付了500

多万元，在问到这笔垫付资金的时候，他态度很坚定，“国家就像一个大家庭？只是有老板来投资，以后慢慢来跟你还，钱总归不会少你的”“如果还有这样对村子好、对老百姓好的项目，我还是要干的，哪怕是垫资也要干”。大坪村的致富带头人刘霞曾经是一名下岗女工，在经历了最艰苦的创业之后，她现在兴办的采石场解决了村里十几个劳动力就业。与一般的企业家不同，乡村精英返乡虽然有利益驱动的因素，但也有一份对家乡的情感。

与快速推进的城市化发展进程相一致，目前大坪乡的各个村里，很多年轻人都外出务工，农村的空心化问题依然突出，从外出的精英返乡创业中我们可以更客观、更全面地认识这一问题对农村经济社会发展的影响。外出务工，在提高自己收入、改善生活水平的同时，也在倒逼着乡村产业结构的转型发展，而这又在客观上为精英返乡创业提供了机遇、创造了条件。农民涌入城市，在客观上为农村培育了大量的后备精英。

精英治理：一种亟待破题的乡村治理模式

乡村精英回流是城乡发展的必然趋势。但是如何发挥乡村精英的作用，或者乡村精英在未来乡村治理中应该扮演什么样的角色却没有真正破题。

在与大坪乡主要领导干部的交谈中得知，现在乡镇层面在村干部的选举任命上还是具有一定的发言权或者是有意向的，他们更希望村里的致富带头人（多为返乡精英）能够参与村干部的选举并获选。而对于刚刚脱贫不久的村民来说，也把能否带领他们“发家致富”作为选举村干部的重要标准。在政府认可、村民认同的背景下，无论是从城市回归农村的精英，还是从城市来到农村的精英，一旦参选，获胜率极高。从目前大坪乡各个村村支两委，特别是村支部书记和村主任的情况来看，有其他经济收入的占比很高，而在有其他经济收入的人中，曾经有外出务工经历、返乡创业或者带着企业返乡的占绝大多数。一旦回流的乡村精英与传统乡村的权力精英合二为一，精英治理模式就已经形成。如何在发挥其精英正功能的同时，有效规避权力腐败等精英治理的负面影响，成为乡村治理中亟待研究和破解的问题。

如上所述，第一书记、驻村干部以及各种返乡的致富带头人等乡村精英，他们所发挥的作用不仅仅是经济功能，把其在以往工作学习中所积累的新理念、新知识传播到乡村也是乡村精英的重要职责。精英治理在本质上就是一种能人效应，让其参与乡村治理，本身就是构建党委领导、政府负责、社会协同、公众参与、法治保障的现代乡村社会治理体制的重要组成部分，无论是以村干部还是以社会公众的身份。

当前乡村社会治理的核心任务是维持社会稳定与推动经济增长。“精英治理”是一种模式，只要能探索出一条规避风险的体制机制或者方式方法，它亦不失为现阶段我国乡村治理模式的有益实践。其关键就在于要推动精英治理更加公开透明、民主法治，避免过分依赖精英个人力量的人治模式。要探索建立自治、法治、德治相结合，以自治为基、以法治为本、以德治为先，在健全和创新乡村党组织领导的充满活力的村民自治机制的同时，进一步强化法律权威地位，以德治滋养法治、涵养自治，让德治贯穿乡村治理全过程。要把民主化作为乡村精英治理的重要方向，做到民主选举、民主决策、民主管理和民主监督，明确村民与乡村精英的权力授受关系，使乡村精英全心全意为农民服务、受农民监督，让乡村精英的价值在民主治理和依法治理中得以实现。

费孝通先生在《乡土中国》中指出，影响乡村秩序的因素有礼治、横暴权力、同意权力、长老权力、时势权力等。在现代农村社会越来越开放的情况下，农村与城市的各种人才流动也越来越频繁，农民的思想观念也变得越来越开放，家庭宗族的控制力量逐渐减弱。乡村精英正是时势权力在农村中的体现，是顺应社会的需求而产生的。但与传统的精英不同，乡村精英是多元化的精英，对于更好地整合社会资源、增强农村发展的整体实力具有重要作用。

乡村振兴的根本和关键是人。农民外出，精英返乡，农村的人口结构正在经历前所未有的调整和重构。对于乡村精英来说，从农村到城市，原因归结起来无非都是为了谋求更好的生活，而从城市到农村，是为了让更多的人获得更好的生活。通过乡村精英的回流，影响和带动更多的农民，培育更多的精英，使其主动、积极地参与乡村治理、助力乡村发展。我相信，只要有更多的精英回归乡村，有更多的社会人士愿意扎根农村，我们的乡村振兴战略一定能够成功，未来的乡村，一定是一个产业兴旺、生态宜居、乡风文明、治理有效、生活富裕的地方，一定是一个比城市更美丽、更生态、更文明的地方。

（作者系北京国际城市发展研究院副院长，铜仁市人民政府发展研究中心战略咨询委员会委员）

丹青绘万山

胡 凯

历时半个月，覆盖全区10乡95村的万山区转型可持续发展大调研已画上句号。这是一次难得的学习机会，更是难忘的人生经历。回顾半月历程，心起阵阵涟漪，大坪之秀美，下溪之旖旎，黄道之神韵，敖寨之肥沃，鱼塘之幽深，茶店之祥和，仁山之宜居，谢桥之繁华，所到之处，各有精彩。

两万张影像照片，数百分钟视频文件，定格、记录了万山山水怡人的桃源景致。依山就势的古镇、镶嵌山间的特色村落、遍地开花的山地产业，在阡陌繁华之中，绽放着乡土的美、乡愁的纯。

好山、好水与好人

因山好而名

万山因山而名，大部分面积为山地和丘陵，是典型的喀斯特地形地貌。进山、上山、穿山、绕山，成了每日调研的高频词。沿途中的千山万壑，让来自平原地区的我惊叹不已。青山如屏、水鸣如琴的山形水貌，演绎着“仙境佳阙落人间，鬼斧神工尽眼前”的醉人美景。

因水好而灵

万山的村落中，几乎都有河流小溪穿流而过，房屋依山而建，百姓傍水而居，应了“近水楼台先得月”的说法，有河即有景，有水即有物。因此，尽管地处西南边陲欠发达地区，但物产相对丰富，土地相对肥沃，加之扶贫政策的利好，百姓生活过得自在、安逸。

因人好而善

《山水贵客》歌中所唱：“玉露琼浆，请记得我的欢颜。好年华，当有知己逢知遇。”我对万山的感受亦是如此，从一开始的神秘陌生，到熟悉亲切，再到对万山人的“逢知遇”。容光焕发的青龙村92岁寿星郭珍云老人，神采飞扬的锁溪村85岁老党员彭彦松老人，是长寿福地最好的代言人；长坳小学校长蒲祖松40年如一日的默默耕耘，让我重新理解了奉献的意义；耄耋之年的梅花村村民杨道光夫妇，演绎着相濡以沫的真情；含蓄内敛的官田村驻村干部蒲金保，恬淡之中蕴含着智慧；多才多艺的瓮背村艺术爱好者杨昌陆，把田园生活过得有声有色……这些善良可爱的村民，保留着浓郁的乡音，固守并传承着乡土的文明和文化。

铭心、齐心与初心

难忘铭心之累

算上8月的预调研，综合组共调研1镇6乡3街道，走进12社区31村

89个考察点，访谈96人。每日调研时长10小时，步行近20公里，睡眠却不足5小时……这一串串数字，是对体力的考验，更是对意志的磨砺。研究院不怕吃苦、不怕麻烦的作风在调研工作中体现得淋漓尽致。“合抱之木，生于毫末；九层之台，起于累土。”对调研工作而言，路走得不够，访的户不多，研究就不可能深入。这也应了研究院的一句口号：“到位不到位，相差一百倍。”这一路，苦并快乐着，累并收获着。

感悟齐心之力

86名调研人员、13个调研小组，如此庞大的调研力量，如何精心策划行程、合理安排工作、高效完成任务，是综合组的首要任务。作为小组一员，亲历了从初期筹备、预调研到大调研的全过程，受益匪浅。连玉明院长的坚毅与坚持，新江院长的沉着与执着，是我学习的榜样；江岸的才貌双全，婉玲的才思敏捷，闻婧的才华横溢，远慧的才气过人，让我为之仰慕；陈贝的专业角度，婷婷的专注风格，令人钦佩不已；志强的不怕麻烦，乐天的不怕辛苦，储越的不怕折腾，给我带来了极大的触动。正是每位组员不计回报的付出、劲儿往一处使的态度，调研工作才得以圆满完结。

回归初心之途

不忘既往才能开辟未来。作为长期深耕于城市研究的智库机构，研究院的发展经历了打基础时的苦与累，收获了快速发展时的甜与乐。如今，对基层研究的重视、对基层工作的关注，正是研究院回归本源、不忘初心的深刻体现。基层工作是社会发展的缩影，关注基层、研究基层，用脚去丈量土地、用心去聆听百姓，这既是城市研究的重中之重，也是每一位智库人的责任使然。身处日新月异的新时代，这种责任感给了我更加积极进取的状态，形成了一脉相承、永恒不变的原动力，驱使我在这条路上越走越坚定。

原色、底色与新色

赶大坪、上下溪、入黄道、进敖寨、赏鱼塘、访茶店、穿仁山、走谢桥，每到一处，都能领略到别样的景致和风情；每入一户，都能收获满满的热情和暖意。袅袅炊烟，木质屋舍，青山碧水，肩荷锄头的村民在梯田上播种希望，天真烂漫的孩童在小径上嬉戏疯闹……如果把乡村美景比作山水素描，那如何给美丽乡村这幅“素描”上好“色”、上准“色”，是我在调研中一直思考的问题。

护好美丽乡村“原色”

挖掘文化底蕴，找准乡土“原色”。丹阳村的黄道乡愁馆坐落在有着620年历史的刘氏宗祠内，在保留了宗祠原始风貌和功能的同时，利用图＋景、虚＋实的展示手段，将黄道的历史文脉和侗族民俗文化展现得生动有趣。综观万山区所辖乡村中，大都文化底蕴深，艺术价值高，特色村落也不在少数，只有对村落的风土人情和文脉历史进行更有深度的挖掘，对文化遗存进行更有效的保护，对损毁遗迹进行抢救性修复和数字化还原，才能真正提升乡村的精神文化价值，让历史遗存与当代生活共融，让村落景观与人文内涵共生，让传统文化与时代精神共鸣。

活化民俗文化，还原乡愁“原色”。城市化的推进让逆城市化的趋势越来越明显，越来越多的城里人向往着吃柴火饭、干农家活、唠乡土话的田园生活。连玉明院长在参观新龙村时说："住农民的屋，睡农民的炕，和农民做邻居，才是最原汁原味的乡村体验。"只有将乡村民俗、农事文化"活化"成可参与、可体验的旅游产品，才能逐步打造有品质、有口碑、有游客黏性的乡村旅居品牌。在长坳村，我们有幸参与了村民们组织的鼟锣表演。鼟锣是侗族最独特、最古老、保存最完整的民族文化艺术之一，两队人拉开阵势互相鼟锣，一比锣多鼓多人多，二比声音洪亮整齐，三比拍子多。这种热闹欢快的民俗节目，让我切身感受到了"活"着的民俗文化。我认为，乡村民俗的"活化"关键是人的活化，只有让越来越多的本土工艺人、非遗传承人、土生土长的村民留在乡村，在这里传承文化，在这里举办民俗活动，在这里创造生活，才是最美的风景、最浓的乡愁。

上足美丽乡村"底色"

用生态"底色"提升乡村"颜值"。"江南可采莲，莲叶何田田。"古诗中出现的场景，在谢桥街道的龙门坳村也可看到。苏灵原生态农业产业有限公司门前原本是泥坑，通过改造成莲花池，在改善生态环境、扮靓村貌的同时，也增加了农户的收入，实现了生态与经济双赢的效果。时节虽已深秋，荷花早已凋谢，但走在村道上，依然能感受到沁人心脾的芬芳。而素有"长寿福地"之称的"铜仁南郊花园"挞扒洞是让我最为惊艳的。青山碧水，让人迷醉。挞扒洞社区支部书记蒋秀林介绍说，挞扒洞核心区森林覆盖率达85%以上，水质已达到国家饮用水标准。自20世纪60年代起，挞扒洞就制定了村规民约，其中最核心的两条就是"保山护水"和"尊老爱幼"。正是因为侗寨人深知

“绿水青山就是金山银山”的道理，才换来了“水多、林多、长寿老人多”的宜人环境。

用幸福“底色”提升乡村“气质”。“钱袋子”鼓不起来，住在花园里也不“甜美”，而要拥有“甜美”的幸福，仅靠居住环境的改善是远远不够的，还必须让村民逐步富起来。我在苏湾村看到，在产业大户欧安军和吴兴树的带领下，按照“622”的分配模式，生态葡萄种植示范基地和车厘子种植示范基地让200余户贫困户获得了土地流转资金、就地就近务工收入和集体经济收益分红三份收入。这种收益分享模式既整合了扶贫政策资源，放大了扶贫投资效益，又建立了农民稳定增收的长效机制，实现了“富民又富企”的双赢发展，得到了村民的广泛认可。在调研官田村蔬菜大棚的沿途中，我们也巧遇了“农村贫困劳动全员培训班”的学员们，村里通过设立培训班，邀请农业大户、种植老师进行实地培训，让学员能及时掌握科学高效的生产技术，带动就业致富。乡村“颜值”需要美景作底，乡村“气质”更需要幸福作底。只有把产业富民、发展惠民融入美丽乡村建设，才能实现美丽与幸福的“互补”和“双赢”。

刷靓美丽乡村“新色”

从“千村一面”到“千面千村”。作为一名久居城市的人，我也去过不少古村古镇，有意思的是，有些村落人头攒动、车水马龙，有些村落却是门可罗雀、宾客稀少。我觉得关键原因是村落差异性不大、互动性不足、体验性不佳，与大众理想的乡村图景相去甚远。这次走访的乡村中，无论是风景怡人的黄花寨，还是景如其名的桃花寨，又或者山清水秀的牙溪村，风土人情虽各有特色，旅游环境却是大同小异，多以静态观光为主，旅游产品形态缺乏创新，农旅主题缺乏卖点，有形无神，包装推广难度较大。因此，我认为，在乡村的建设过程中，既要刷出乡村的新“颜色”，更要刷出乡村的新“特色”，既要营造便捷的旅居生活环境，更要通过修旧如旧去复原乡村自然风物，去挖掘乡村的独特之处。丹阳村村民罗松香、肖桂玉夫妇的木制住房已有百余年历史，70岁的罗永清老人家门前就是一栋侗族百年老房遗址，如果因年久失修无人修缮而被彻底拆除，将会对乡村旅居环境营造造成极大的破坏。

从“修生养身”到“修心养性”。道家谈修身，以身体修养为主，儒家言修心，以心灵净化为魂。乡村旅游需要从旅游到旅居的蜕变，更要从养神到养生再到养心的升华。随着城市资源逐步稀缺、空间趋于狭窄、环境越发恶劣，城市人迫切需要一个缓解压力、释放身心、修身养性的生活空间。穿粗布衣，用手工作坊物品，吃自己种的有机粮蔬，已经成为时尚高端的生活方式。这种回归与反转，已经从“多走多看”的观光旅游向“留下长住”的高端旅居转换，这是社会的一种根本性进步。当我漫步在横山村懒寨的田间小径上，欣赏白云如絮，感受清风拂面，丝丝泥土气息钻入鼻腔，浸润心脾，林木间的三两木屋，鳞次栉比……心中惊叹，这不正是梦里寻觅的养心之所吗！如果万山在乡村的规划建设中，不受“要政绩”“走形式”“重利益”的劣风影响，不生搬硬套美丽乡村的成功案例，做到“宁可荒、不可慌”，在保护中适度开发，按自己的节奏和速度，打造主题动人、生态怡人的养心居所，那将拥有当今时代最为稀缺的资源。当休闲成为常态，旅游就成为一种休闲方式；当乡村旅游成为时尚，旅居就成为一种生活方式。旅居模式的呼之欲出，反映了城市人对修心、养心的极大诉求。万山的美丽乡村，一定能承载物质和精神空间存续的重任，追求人与自然、生态、文化的共融，营造出心灵有处安放、精神有所寄托的世外桃源。

（作者系北京国际城市文化交流基金会副理事长兼秘书长，铜仁市人民政府发展研究中心战略咨询委员会委员）

逆看人生，别有所获

李明环

趁着记忆带着温度，感知还能呈现画面，写下这篇文章，希望为自己的工作、为自己的人生留下一次记录和一段回忆。

格局与经历的原因，在以往的人生中我似乎只对“人”感兴趣，人类、人权、人生都是常与人交流的话题。从家庭经历中感悟的观点，大多是利己的任性言论；从陌生人事件中感叹的言论，常常是律人的狂妄之谈。若不是这次调研，我很难有机会近距离地接触陌生人，耐心地听他们讲自己的故事，客观记录他们生活的一段经历，感性勾连他们人生的一番境遇。

老人与风车：休闲与休息

在谢桥街道瓦屋坪村走访的过程中，无意间在墙外看见正在打牌的三位老人。从面相上看，三位老人之间有一定的年龄差，但这丝毫没有影响三位老人在一起休闲的兴致。走进院子，老人们并未因我们的突然出现惊扰，简短问候后，继续抽着烟打着牌。这时候，老人身旁的木质农具引起了我的好奇，这是生长在北方农村的我不曾见过的器具。村支书瞿政文讲，这是风车，舂米用的风车，还和村主任李建军一起演示了风车的工作原理。原本以为木质风车是农业现代化的淘汰品，但瞿书记告诉我并非如此，收稻过后木质风车仍然是舂米大军的一员。离开时，我拍摄了这张照片，休闲的老人、休息的风车，在同一个画面中，有种说不出的和谐，也让我陷入一字思考——老。

现在，村里已经有了电动舂米工具，相信随着时间的推移，木质风车终将被现代化农具完全取代。作为人类智慧的结晶，作为这一代人劳作生活的见证，它将成为老物件，成为下一代书本里、生活体验里的一道闲趣。老人亦是如此，在精力旺盛的阶段为家庭、为社会创造财富，在不复力壮的余暇里打打牌、聊聊天也算惬意。我想“老”字只能形容一种不复巅峰的状态，如何待老才是真正需要研究的课题。老物件可以安置在生活体验区、农耕文明博物馆等地方，展示文明传递文化。那老人呢？调研走访过程中发现，村里七八十岁的老人大多能照料自己的生活起居；与子女生活方式的差异，也使得他们不愿意与子女生活在一起。传统家庭里没有人人平等的概念，作为孙辈的我立场很尴尬，既希望父辈回家照顾老人，又无法对父辈为了孩子在外打拼加以辩驳。

无论南北，老人的心态与境遇大抵相同。在为了孩子、不给孩子添麻烦的心态中，大部分老人过着自顾自的简单生活。这种现象在农村更为显著，也更显胶着。我无法将老邻居间相约聊天打牌看作农村老人的怡然自得，也无法想象正在老去的父母将以何种方式颐养天年。作为农村在外务工大军中的一员，我与父母的生活似乎在重复现在的老路子，对父母的关怀无外乎视频通信、买些礼品与团聚年节，也急迫地想要找到能够让父母真正休闲养老的方式。

中年与言语：生活与期许

这次调研，在村里见到的中年人不多，但言语间能充分感受到他们对生活的态度和对未来的期许。瓦屋坪村的田春凤、张超、张绍刚，清塘村的杨昌国、吴玉昌，柴山村的杨武俊、杨通桥、罗水仙，对生活都有坚毅的态度。这些人身上，我看到了自己中年将至却将要殆尽的拼劲儿，与生活拼，与自己拼。调研这些天，“没想过放弃”“一定能成功”是村里中年人说的最多的话。

如果说中年人是撑起发展大任的中坚力量，那么“全力以赴讨生活”就是他们担此重任的态度决心。在这里，“讨”字更多意味着研究、推求，而“讨生活”业已超脱了殚精竭虑寻求生存的单薄，承载着对命运这一说辞的蔑视与对生活这一状态的恳切追求。养猪养牛的张超讨得生活的眷顾，在养殖创业过程中没有受到挫折；做辣椒种植加工生意的杨通桥讨得生活的认可，在蔬菜种植失败后终于找准标的辣椒；准备做竹鼠养殖生意的杨昌国讨生活的期许，相信也可以心想事成。对于讨生活而言，能够自食其力当然值得肯定，可得以援助才讨得生活也值得褒奖。因患小儿麻痹造成终身残疾的杨武俊对依靠养牛摆脱贫困有充足的信心，身为残疾人无法办理贷款成为他讨生活路上的障碍，村里得知情况为他办理了贷款。“自己 + 帮助”，杨武俊自此有了富足的生活，成就了养牛事业，也得以娶妻生子，生活有了盼头。

看着他们，听他们的故事，我感到十分惭愧。渐入中年，更多的迷茫与怅然若失，为自己这把年岁找不到生活的方向迷茫，为与曾经意气风发的自己渐行渐远感到懊悔。对于中年，我似乎中了一个心魔，不再言语激励自己，放弃多于争取，假装安逸多于寻求帮助。从心底里认为朝气、蓬勃、奋斗、拼搏是年轻人的事儿，过早地放弃了对生活的热爱与追求。可是，在潜意识里，或在不经意间还存留对生活的一丝期盼。这似乎是一个难以逃脱的中年定律。可在这里，我找到了这个定律的破绽。曾以为“出名要趁早”一言道出年纪是生活要素的真理，现在才领悟它阐述的是年纪是起点的真谛。如此看来，所谓的中年恐慌也只是无稽之谈，经不住推敲。

如果不是来到这里，大抵时至今日我还在一边为曾经的自己惋惜，一边继续过着漫无目的的日子。尚未来得及与其他人交流，只对于我自己，老乡们的“没想过放弃”“一定能成功”颠覆了我对中年的刻板印象，也更深刻地明白了中流砥柱的含义。人生无处不惊喜，在人生的关键时刻，在工作之中获得人生启迪，不胜感激。

孩子与墙贴：希望与慰藉

中国人重视教育有目共睹。在北方，每当介绍自己来自河北衡水，总有人问知不知道“衡中”。我以为这只是北方人才懂的教育默契，没想到在西南也同样适用。尽管本次调研的是几个山村，但他们对于孩子教育的重视程度绝不低于任何地方。我曾对山村如此重视教育问题表示诧异，但乡亲们都表示，对于村里的孩子来说，上学读书仍然是改变命运最好的途径。

老乡习惯把孩子们的奖状与得意作品贴在墙上。孩子们学习得来的奖状、精心所作的画作，父母都会精心贴在墙上，向客人展示自己孩子的优秀，也供自己欣赏。在我的记忆里，这与北方农村家庭别无二样。让我惊奇的是，从几名老乡处听闻，为了孩子上学，他们放弃在外务工，选择回家讨生活。这种对孩子心理的关心，对亲子家庭的重视，是我所不曾想象的。我很小的时候父亲便开始外出打工，逢年过节或是农忙他才回家。我与他不甚亲近，见他与见陌生人一样。在我的记忆里，北方的孩子大多过着这种生活，父母与孩子像有固定分工似的，一个忙着上学，一个忙着养家，父母与孩子之间鲜有交流，更不用说平等的交谈。尽管很难得出这里的孩子都有这样开明父母的结论，但部分老乡的做法足以让我惊叹。我们足够重视甚至过分重视孩子的教育问题，但我们是不是关心过孩子的情感需要?

惊叹之余，老乡们在某种程度上表露出的重男轻女思想让我有些惊讶。查看贫困户四卡合一表时，发现有些老乡家里有四五个孩子，向随行的村干部抛出疑问，他反过来问我，最小的孩子是男孩吧？心想，重男轻女的老思想。于是继续问道："咱们之前没有计划生育吗？"村干部模棱两可的回答让我确信，"生儿子"或许才是主导生育的主要思想。可在进步文明中成长的孩子不理解并颠覆传统观念、强烈要求平等，遵从传统思想的父母可曾认真对待?

对于孩子，我们总是寄予厚望，熟记他们点滴的成长，珍藏他们大大小小的褒奖，但是关于"成长"，我们似乎忽略了情感需要与心理健康。我们总是说孩子是花朵、是栋梁、是希望，滋润花朵、培养栋梁、实现希望，除关注什么时候开花、多久成材、何时实现希望之外，我想我们也应该同样关注怎样让花朵开得更美、如何让栋梁更有力量、用什么方式让希望支撑一个人、一个家、一个民族的成长。

我们习惯了正向看人生，习惯了用成长的视角、用鼓励的方式展示人生所获，积极有余。现在逆向看人生，从老看到小，用追忆的视角、用归纳的方式总结人生所失，给生命、给人生再补给，也不失为推动后来人、推动新社会的妙策良方。

（作者系北京国际城市发展研究院特约研究员）

义务教育是乡村振兴的筑梦根基

高桂芳

此次万山调研，我们去的是较为偏远的大坪乡，在大冲村、川硐村、瓮岩村调研的7天行程中，每天要赶100多公里的往返路程，入村后又大多为较窄的盘山公路，对于生长于东部平原地带的我来说，确实是道路险阻且长，但也都没能掩盖住这里的山林水草、农家小炒、淳朴民风给我们带来的美好印象。我们眼中的这些珍宝，在当地老乡的眼中就是日常家常并不稀罕，绿水青山就是金山银山，并不必然等于乡村富有，关键还在于思想和理念的转变，而思想和理念的转变离不开教育。中国农村普遍有一种观点——学习改变命运，乡村教育尤其是义务教育是当前和未来很长一段时期内乡村振兴全局中的重要短板，将农业农村优先发展和教育事业优先发展融合起来是实现乡村振兴的必由之路。

乡村百姓对未来的美好期待寄托在孩子身上

我们调研走访的三个村都是贫困村，但适龄儿童入学都得到了有效的保障，在国家扶贫政策的支持和帮扶下，每个乡村家庭认识到，不管孩子学习成绩怎么样，以后上中职、高职、普高或是其他，义务教育是必须要上的，而且毫无压力，只是出于家庭条件和父母文化水平的不同，对义务教育重要性的认知有所不同。外出打工的父母，把孩子留给老人照看，为的也就是给孩子创造更好的学习条件和环境，而且上学既可以给长辈们腾出更多的时间干家务和农活，又能保障孩子们的人身安全，我们在调研中了解到有的村民小组距离学校太远，孩子们大多由高年级的带领低年级的一起上下学，路上耽搁的时间较长，如大冲村的石家寨组到村建行希望小学得走一个半钟头；有一定文化水平和思想见识的父母，都希望孩子能够考上更好的中学，最好去市里面的中学就读；年轻一些的家长，更加不想让孩子输在起跑线上，他们想通过自身的努力让孩子能够在小学教育阶段就得到多方面的培养，瓮岩村的舒亚亚在本村的小学食堂做饭，她想给孩子报英语辅导班，但村里并没有这样的资源和条件。百姓们对未来美好生活的期待都寄托在自己的孩子身上，对孩子的希望又都放在了教育的投资上。

乡村教育工作者对教育的些许期盼

我们对大冲村高级教师罗君章、川硐村人民教师吴远保、瓮岩村耀华春珊小学校长舒梦奇，或进行访谈，或与之座谈。他们几十年如一日扎根故土，把自己的青春奉献在教育事业上，具有很深的反哺情怀。就乡村小学教育来说，目前在教育资源方面较为缺乏，川硐村只有学前班、一年级和二年级，其他高年级要去相邻的苏家湾村，大冲村和瓮岩村虽然都是完小，但基础设施配套较为滞后，大冲村建行希望小学计划明年完成学校的搬迁和新建工作。师资力量的缺乏是乡村教育存在的突出问题，尤其是缺少年轻、优质的专职教师，普遍存在的问题是特岗教师留不长。瓮岩村的舒校长提到自他任校长以来，来校的特岗教师教学最长时间为4年，都没能完整地带完一届学生。此外，在学前教育这块更为薄弱，不仅在基础设施和专职老师方面存在明显缺口，而且在教学管理和在校午餐、午休方面更缺乏有效保障。扎根于乡村的教育工作者大都来自乡村又回到乡村，他们对教育改变命运有着深刻的感悟，尽可能地为孩子创造更多的学习机会和发展空间，不让贫困影响孩子们的学习和成长，但是城乡教育差距的现实又让他们很无奈。

关于提升乡村义务教育质量的一些思考

党的十九大报告指出，“推动城乡义务教育一体化发展，高度重视农村义务教育……努力让每个孩子都能享有公平而有质量的教育”。义务教育是乡村振兴的基础工程和先行工程，做好乡村义务教育，就必须解决“不平衡”和“不充分”的问题，提升乡村新生代的整体素质，才能使他们真正成为实施乡村振兴战略中的主力军。

改善办学条件是实现教育均衡发展的重要基础

改善办学条件离不开政策和资金支持，同时也要符合现阶段乡村教育的发展需求，不断推动优质教育资源向农村倾斜。

按照“小而精”的办学理念，优化乡村学校布局。与城市教育格局不同，通过学校撤并整合提升教育资源在较为偏远的山区和乡村并不适宜，如大冲村石家寨组的孩子去学校上学要走一个多钟头，而且山路较陡，没有合适的交通工具只能靠步行。我们不能因为生源少、资金少、办学条件差等问题而不重视乡村学校建设，不认真落实教育工作。必须因地制宜、合理布局学校资源，确保偏远地区的孩子上学有保障。

灵活拓展资金来源渠道，加强基础设施建设。在充分利用好国家脱贫攻坚资金、政府教育资金、对口帮扶部门资源的基础上，通过规划好的项目争取上级经费支持，探索建立乡村义务教育扶持基金，鼓励社会力量参与办学，打破按照学校规模和人员编制的局限，积极发挥当地扶贫企业集团、社会爱心人士的力量，共同办好乡村教育，如瓮岩村耀珊春蕾小学就是由新加坡著名歌星何耀珊女士捐建的。要规划和管理好资金使用，把资金使用在刀刃上，按照国家规定的标准完善学校寄宿条件 ，尤其是加强网络教学设备和教学仪器的配备，为促进学生的全面发展和落实素质教育提供基础条件。

随着办学条件的逐步改善，要进一步鼓励和引导乡村学校结合自身实际，发挥自身优势，积极发展富有个性的学校文化。遵循教育发展规律和人才培养规律，在教育制度和管理层面上转向自主发展、特色发展和多样发展，为不同的孩子提供多方向、多层次、多类型的教育选择，打造丰富而优质的教育资源，使学生的天赋、个性和才能得以全面发展、充分发展和自由发展。

优化乡村教师队伍建设是提高教学质量的基本策略

孩子是乡村未来发展的希望，是实现乡村振兴的后备力量，而当前乡村义务教育在师资力量方面与城市相比还存在很大的差距。教师队伍质量是决定一所学校办学水平和教育质量的最重要因素，因此，通过采取综合措施充实乡村师资力量、优化乡村教师队伍、提高乡村教师待遇，是提高乡村教学质量、实现城乡教育均衡发展的基本策略。

实施多种培训帮扶方式，加强乡村师资队伍。加大在职乡村教师的培训力度，探索乡村教师培训的新机制、新模式和新方法，采取集中培训、远程研修、进城跟岗、送教送培上门、结对帮扶支教、省外研修等多种途径开展乡村教师培训，提高教师专业水平和教书育人的能力；实施中小学“名优教师”培养工程，成立名师名校长工作室、乡村工作站，加大优秀教师评选活动向乡村教师倾斜的力度，鼓励和培养更多的乡村名师、乡村骨干教师；推动梯队纵向帮扶，由县城学校和镇中心学校分别派出骨干教师形成支教队伍，通过开展分片教研指导、教师走教等方式开展县帮镇、镇帮村，解决农村教师整体素质不高和学科结构不匹配的问题；搭建中小学教育远程研修平台，统筹推进“三通一库”建设（校校通、班班通、人人通、网络教学资源库），加强对乡村中小学教师信息技术应用和校长教育信息化领导能力的培训，通过线上线下互动交流，分享优质教育学习资源，实现共同进步，有效解决偏远乡村教师工学矛盾、培训机会少、经费困难等问题，推进乡村教师专业化发展。

利用好国家引导城市人才反哺乡村教育的相关政策，充实乡村教师力量。随着我国乡村地区的发展和乡村振兴战略的实施，乡村地区在经济发展、基础建设、脱贫攻坚、农村治理、文化教育等各个方面都需要人才，而与此同时，城市人口过于集中、人口老龄化问题日益凸显，城市人口特别是退休人员回流乡村地区的需求日益强劲。在此背景下，乡村义务教育的发展要抓住城市人才回流的重要契机，不断创新城市人才反哺乡村教育引导机制，有效充实乡村师资力量。为有选择、有针对性地优先引导城市大、中、小学校教师到农村去，进一步加强农村教师队伍建设，提高农村教育质量，在现有的农村义务教育阶段学校教师特设岗位计划的基础上，教育部、财政部等部门又联合印发了《银龄讲学计划实施方案》，按照“中央引导、地方实施，统筹规划、整体安排，因地制宜、注重实效”的原则，从2018年起，面向社会公开招募一批优秀退休校长、教研员、特级教师、高级教师等到农村义务教育学校讲学，发挥优秀退休教师引领示范作用，为农村学校提供智力支持，帮助提升农村学校教学水平和育人管理能力，缓解农村学校优秀师资总量不足和结构不合理等矛盾，促进城乡义务教育均衡发展。

做好配套的政策措施和制度保障，提升乡村教师的归属感、获得感和荣誉感，让乡村教师愿意留、留得住。针对年轻的特岗教师，要提高工资待遇水平，在财政允许的条件下增加乡村教师岗位生活补助、乡镇工作津贴；完善乡村教育激励机制，拓宽乡村教师晋升渠道，为实现城乡教师双向流动提供更多机会，建立城市优秀教师支持乡村教育的任教机制；试点推行“市管校聘、县管校聘”；加强普教系统教职员编制和岗位的统筹，提高编制使用效益，制定好公办、民办中小学（幼儿园）教师配备和管理指引，进一步规范编制外教师管理。在人才引进方面，可设立“城市退休教师支持农村学校专项基金”，规定凡城市大、中、小学校退休优秀教师自愿服从分配到农村中、小学校任教，当地政府可给予津贴、落户养老、提供免费公寓住房等优惠政策。此外，应尽快修订相关法律政策，为城市人才合法有序流向乡村创造条件，如按照2004年《国务院关于深化改革严格土地管理的决定》“禁止城镇居民在农村购置宅基地”的规定，可能会给想要进入农村地区工作并长期居住在农村的城市人才带来制度障碍。

（作者系北京国际城市发展研究院研究员，铜仁市人民政府发展研究中心特约研究员）

乡村振兴探索转型发展路径

黄晓洁

遇桃源——访良田美池桑竹

长到这么大几乎没有农村生活的经历，乡村于我而言只是书本中、影像中、话语中的存在，是列车飞驰中车窗外的田野、房屋、牛羊，是北方的旷野千里、江南的青瓦婉约、闽南的梯田纵横，是阡陌交通、鸡犬相闻的桃源，是黄发垂髫、怡然自乐的日常，但也是远方缥缈的陌生……在没有调研之前，乡村只存在于“我以为”的主观臆想里，十天的调研十分有幸感受乡村生活，触摸百年的吊脚楼、院坝的枇杷树、山脚的庄稼地，品尝农家腊肉、山涧清泉、林间松菌，置身于炊烟袅袅、山林沙沙、鸡鸣犬吠，感动于大山深处人家的淳朴和善良，是一场心灵和思想的修行。

入户访谈时村民的热情好客让我一扫最初的担忧，没有城市里的冷漠，是“莫笑农家腊酒浑，丰年留客足鸡豚”的其乐融融；古稀老人依然田间劳作，告诉我，“在村里，不劳动会被人说笑话的”，这是勤劳努力的世代传承；年迈的母亲照顾残疾不能自理的儿子，晚年丧子的老夫妻扶持度日，单身妈妈供养多个子女上学，他们说，“日子，总得过，总得活”，这是苦难打不倒的坚强；村小学里教书四十余载的老校长说，“我呀，这辈子没打算离开这个小学，看着娃娃们考出去是我最大的心愿”，这是“春蚕到死丝方尽”的坚守；回乡创业的致富带头人说，“我们不能忘了根和本”，“当年我考大学出去的时候就想着有一天我一定要回到村里带着大家富起来”，这是心怀乡土的赤诚；村间道路上背着大书包的小小背影，欢声笑语、书声琅琅，这是村子里未来发展的希望……

午饭后，坐在院坝里，闭上眼睛，闻着农家午后的炊烟味道，耳边偶有几声鸡鸣，仿佛时间都会静止，这里满足了我对田园农家生活安逸恬静的许多向往，但是这里也印证我曾想到的农村会存在的诸多问题：那个父母外出务工、自己在家带着弟弟的小女孩说不想上学，也想出去打工时，那迷茫的眼神；村里年迈没有子女照顾的老人谈到以后的生活时，那一声声叹息；看着小学里很多老师待个三四年就会想办法调走，老校长语气里的无奈；村里的集体经济由于管理、技术等原因盈利困难时，村干部紧缩的眉头……留守儿童、农村教育、劳动力不足、人才短缺、素质不高、思想保守、耕地荒废、环境问题、产业困境、动力不足等各种问题交织，构成当代农村发展的困境，也是农村实现脱贫攻坚道路上的障碍。谋求转型发展，寻求农村发展的新路径，是实现农村从脱贫线上富起来到强起来的必然选择。

谋转型——寻柳暗花明又一村

从大坪乡目前各个村子的发展情况来看，2018年刚刚通过国务院贫困县退出专项评估考核，产业发展处于起步阶段，要先夯实发展基础，着眼区位特色、资源优势和未来趋势，在此基础上，统筹全乡发展规划，推动产业富村，进一步改善基础设施，加大人才培养和引进力度、结合“互联网 +”等因素的融合，实现优化转型发展。

重规划，做好顶层设计

从目前我国农村的发展情况来看，乡村更多侧重执行的层面，其发展需要政府从顶层做好设计，有力加强政府宏观引导，促进乡村协调地进行转型发展，可以说，越是贫困落后地区，政府的推动性作用越大，对政府的期待也越大。

村与村之间、村与乡之间的发展不是孤立的，也不是对立的，“乡”“村”的振兴需要理顺其关系，村是乡的细胞，村的和谐发展才能实现乡的振兴，乡的统筹引领是村顺利发展的重要前提。市、区、乡三级政府要做好统筹，制定乡村未来5~10年发展规划，规划要具有现实性和前瞻性，为乡村未来发展提供基本遵循。乡村经济结构是由相互关联的多个有机体共同组成，地方政府促进乡村转型发展即调整乡村结构使其不会严重失衡，或者打破低水平的完全平衡优先发展一类产业，从而带动整个地域的经济增长。

大坪乡及下辖各村集体经济产业如蔬菜大棚、经果林、林下养殖等都是上级政府统一规划，并出资扶持，一方面由于农村能发展的产业项目有限，统一规划发展能够扩大产业规模，形成规模效应，有利于未来打造品牌，避免了分散小规模经营对资源利用的不集中；但是另一方面，需要上级政府的科学研判，综合分析，长远规划，避免由于决策失误或者政策不稳定性损害农民利益。同时，贫困村的发展最重要的制约因素是基础设施落后，贫困村自身对于基础设施建设无力承担，需要政府财政出资，完善交通、生活等基础设施，比如，大坪乡“五改一化一维”，实现了全村道路硬化，达到“村村通”“组组通”，再如统一对全村垃圾进行处理，保证村容整洁等方面的完善，为各村“走出去”发展提供了重要的条件。

重方向，坚持党建引领

习近平总书记指出：“要把扶贫开发同基层组织建设有机结合起来，真正把基层党组织建设成为带领群众脱贫致富的坚强战斗堡垒。”树立“围绕扶贫抓党建，抓好党建促扶贫，检验党建看脱贫”的理念，大力传承弘扬右玉精神，抓班子、强队伍，树导向、增活力，充分发挥基层党组织的战斗堡垒作用和党员的先锋模范作用，为打赢脱贫攻坚战提供坚强有力的保证。要坚持以党建为龙头，抓班子、强队伍，树导向、增活力，加快脱贫攻坚步伐。

目前大坪乡的白果村、地慢村、铜锣村党员普遍年龄过大，65岁以上党员占60%左右，“90后”党员人数很少，有的村甚至没有，基于严格选拔的要求，符合标准的候选人数量不足，村民入党积极性不高。农村党建活动内容单一，在村子建设各个方面先锋模范作用发挥不足，没有把党的工作贯彻到村民自治的各个方面。未来发展要进一步加强基层党建，在决战脱贫攻坚的这场战役中，要认识到坚持党的领导是打赢脱贫攻坚战的根本保证。只有坚持党的领导，加强党的建设，充分发挥党的政治优势、组织优势和密切联系群众优势，才能打赢脱贫攻坚战。

重产业，实现路径转变

产业富村是农村转型发展的必然选择。农村产业结构的优化调整能够带动农村经济发展活力，为农村劳动力提供充分的就业岗位和获利机会，从而有效扩展农村发展空间。加大资金技术投入，延伸农业产业链，加强农业与工业、服务业的有机融合。加快农村绿色产业发展，将农业技术与生态技术、农村发展与生态建设有机结合起来，根据地区实际大力发展生态农业、观光农业、有机农业等，构建现代化的农业产业结构，增加农产品附加值，为农村发展夯实相应经济基础。实施农业供给侧结构性改革。农产品销售不对路是制约农村经济发展的问题之一，面对供求错位、供过于求的现象，地方政府应根据全国市场情况对农产品结构进行调整，提升农产品供给的有效性，避免资源浪费，同时提升农民生产积极性。加快新兴产业开发与发展。农业虽然属于传统产业，但发展空间广阔，可以借助多种途径、手段促进农业现代化，带动新的消费热点。在“互联网＋”时代，农业可以通过与电商、人工智能等相结合，增强竞争力，形成智能农业、电商农业等，推动农村经济稳步发展，增强对资金、资源的有效吸引。

对于大坪乡来说，乡村转型发展结合农业特色优势产业因地制宜发展，注意加大环保力度，不得以污染环境为代价促进乡村经济发展，同时促进三产融合发展，形成特色农业产业链，获取农业发展规模效益。大坪乡通过脱贫攻坚工程实现了各个村集体产业培育，但是产业发展基础本身薄弱，目前来看，产业发展还存在诸多问题。如白果村、地慢村的大棚蔬菜，由于技术、管理、规模、市场等问题，产量不够、销路不畅、效益不好，通过集体产业发展带动村民致富的作用还未发挥。同时，由于农村本身能发展的产业内容有限，并且相对低端，以家庭为主的养殖业发展具有分散性，同时也会造成环境污染等相关问题。农产品质量低下、区域优势不明显、农业经济规模化程度不高、产业经济模式过于分散等问题在目前农村经济发展中逐渐暴露。

重人才，敢于探索创新

人是发展的最重要因素，农村发展更需要人才的回归和引进，要敢于探索、敢于创新。习近平总书记曾就农村人才和“三农”工作发表重要讲话，指出人才是推动农村经济社会发展的关键因素，要充分发挥人才在引领农村产业发展、推动农村精神文明建设、带领群众致富方面的积极作用，不断提升农业经营效益，要让农民成为令人羡慕的职业，让农业成为有发展前途的产业。必须从战略高度上重视农村基层干部人才队伍建设，从战术层面深入推进农村基层干部人才培育，促进这支队伍健康、可持续发展。另外，要吸引务工人员返乡参与农村建设，尤其是通过在外务工已经取得了一定成就的人，这部分人既有资金又有更开阔的眼界，对市场的敏感度也更高，通过这一部分人的返乡创业推动乡村经济的发展。

大坪乡贫困村较多，在政策上扶持的力度也比较大，有些贫困村的村干部倾向于依赖政策扶持，思想保守、缺乏创新意识，想引得凤凰来，却没有先栽好梧桐树。比如，大坪乡有些村的村干部年龄偏大，一直专职村干部，既没有创业经验，也缺乏对外界市场发展的敏感度，产业发展上有畏惧心态，只被动执行上级要求，缺乏自主创新。由于大部分劳动力都选择外出务工，大坪乡农村的发展缺乏人的要素十分迫切，要通过组织政策层面，选拔优秀的农村工作干部，提高村干部带动村民致富的能力。同时，也要通过发展吸引农村外出人员的回归，实现返乡创业，拉动农村经济发展，要做到引得进、留得住，为乡村的发展提供人才支撑。

短短十天，不足以全面了解农村，但是这段经历却是工作生涯一次很有价值的实践，也让我更深刻地去认识农村，认识到脱贫攻坚工程的伟大。一直以来，脱贫攻坚在我的眼里就是一条条政策，是与我不会有任何交集的名词。而这次调研，让我在心里与这个伟大的工程建立了一丝联系，这份联系来自对大坪乡、对万山区发展的牵挂，这份牵挂让我看到了农村发展的困境，也看到了农村实现转型发展的迫切，同时，我也对乡村振兴充满希望。这份希望，让我充满期待，我期待着那些我们走过的村庄在不久的将来真的实现从脱贫线上富起来、强起来，到那一天，我们可以说，看，万山红遍了！

（作者系北京国际城市发展研究院特约研究员）

能人带动谋发展
凝心聚力振乡村

陈名彬

2018年10月17~26日，我有幸跟随万山区转型可持续发展大调研组进驻万山区谢桥街道开展调研。调研小组历时十天，下牙溪、进石竹、上龙门、入苏湾，踏访3村1社区14组，入户40余家，重点访谈14人。其间，调研组入基地、听介绍、进企业、访能人、看农户，调查乡村脱贫攻坚成效，聆听脱贫攻坚最美故事，提炼万山转型发展新模式，研讨乡村转型发展新对策。10天的深入调研，我们对牙溪村、石竹社区、龙门坳村和苏湾村的基本情况、脱贫攻坚、产业转型和农旅一体化发展等有了深刻的了解。这是一次“读好书、见世面、交高人”的机会，也是一次身与心的历练和洗礼，还是一次乡村产业发展的探索，更是一次关于全面落实乡村振兴战略的思考。

尽忠、尽孝与尽职

牙溪村地势低洼，形似“宝盆”，有着老百姓世代相传的“东山轿顶、西陵猿猴、猛虎跳杆、岩鹰捕鸡、鸡捕蜈蚣”等群山环绕。潺潺溪水穿村而过，踱步小溪边，看山顶云雾缭绕，感山下静谧祥和，听张兴科书记的传奇故事，品人生哲学。

张兴科书记，地道的牙溪村人，1990年入伍当兵，当过卫生员、助理、参谋，享受副团级待遇，将自己的大好青春年华奉献给了那一身戎装，为国尽忠二十载，2010年退伍择业，为尽孝母亲选择回家。生活中，张书记跟母亲做朋友、当玩伴，让她有一个舒心快乐的晚年生活。由于在部队时间太久，村里很多老百姓对张书记都不是很了解。闲暇之余，张书记就带着89岁高龄的母亲在村里走家串户唠家常，“走到哪里黑了，就在哪里歇了；走到谁家饿了，就在谁家吃了”。村里的老人都羡慕着说：“我怎么没有这么好的儿子。”陪伴就是最大的尽孝，张书记是这样说的，更是这样做的。

在退伍回来的三年时间里，张书记带着母亲深入基层、熟悉村情、了解政策。2013年，在牙溪村村民的极力推荐下当选为村支部书记，任职期间，张书记秉持“为好人、做好事、崇德向善”的理念，“孝敬好父母、教育好子女、干好自己的工作”就是他的实践佐证。工作中，张书记“守住底线、不越红线、筑牢防线”，不参与村里的项目建设，也不准身边熟悉的人参与项目，真正做到了自身正、身边清。2014年，牙溪村完成了从负债3万元到结余4万元的巨大转变。2015年，牙溪村遭受洪灾侵袭，道路不通，凌晨4点，张书记从谢桥街道走到牙溪村田坝组，13公里的路程也阻拦不了他关心乡亲们的脚步，其中一个乡亲说：“书记，在这么困难的时候，能够看到你我心都软了、热和了。不管多大的困难，只要书记你在，我相信我们都能度过。”2016年，全村零犯罪，牙溪村因此荣获了“贵州省法治示范村”荣誉称号，其个人也当选为万山区党代表、铜仁市法治监督员。

谈到工作中的一些感悟，张书记妙语连珠，他用了非常形象的比喻，说：“工作中要管好自己的心，少一点心猿意马；管好自己的眼，多一点清晰、少一点迷茫；管好自己的嘴，牢记病从口入、祸从口出；管好自己的耳，兼听则明、忠言逆耳；管好自己的手，莫伸黑手；管好自己的腿，少涉足不该涉足的场所。”像张书记这样的能人还有很多，牙溪村的“85后”村主任张茂水、石竹社区以赤子之心带领群众脱贫致富的“弄潮儿”刘永奇书记、身家千万却心系龙门坳村的公司老总刘云书记……他们甘于奉献、乐于带头，把自己的全部身心都投入当地的脱贫致富工作，很好地诠释了新一代农村致富带头人的风采和价值。

自尊、自立与自强

詹长江，石竹社区坪和屯人，身材瘦小，没有什么辉煌的过往，就是社区里一个普普通通的居民，最大的标签就是“社区以前最穷的贫困户”，但是他有一个不一样的现在。第一次见他是在石竹社区的座谈会上，他坐在刘永奇书记旁边，衣着朴素，黝黑的面孔，洁白的牙齿，看起来是那么从容与质朴，时不时迸发出光亮的眼睛似乎在告诉我们一些不一样的东西。作为家里的顶梁柱，曾经的他没有一技之长，问他当时有没有想过出去干点杂活，他说：“我个子小，没有力气，怕人家看不起、不要我。”

1995年，坪和屯组遭遇火灾，房屋全部烧毁。1996，洪灾来袭，良田受毁，无地可耕，全组人因灾致贫。“脱贫攻坚战一打响，村里第一个就想到了我。”2017年，在驻村干部的多次走访、慰问及对扶贫政策解读和宣传下，詹长江开始转变观念，萌发了养鸡的念头，并于9月8日在帮扶干部走访之际主动说起要养鸡之事。“每只鸡政府补贴10元，‘精扶贷’5万元，有了补贴和前期资金，我一次性购买了2000只肉鸡，年底共获利4万元。2018年，我以每只8元的成本价共买了7000只蛋鸡，并在几个月后以每只14元的价格卖出5000只，现在每天还能产三四百个鸡蛋。”但是养鸡的过程也不是一帆风顺的，詹长江说：“鸡跟人一样，它们也会生病，有感冒的，有痛风的，甚至还有得白血病的……”看着鸡一只一只地倒下，詹长江倍感压力，但这也激起了他那股不服输的劲儿，更加坚定了他那种想改变的念头。他与养鸡达人探讨，向铜仁职院资深教授请教，甚至找专业机构对鸡进行解剖化验，最终突破了养鸡的技术难关，成为谢桥街道附近最出名的养鸡专业户。谈到下一步的打算，詹长江说：“接下来准备成立专业的养鸡合作社，整合周边的养鸡散户，打造品牌、规模经营、集中管理、统一销售，带动贫困户发家致富，让石竹的鸡蛋进超市、入学校、出铜仁。”说起自己的养鸡经历，詹长江脸上洋溢着幸福的笑容，那是咬定目标不放松成功之后的喜悦与感慨，那是苦干实干脱贫致富后的自豪与自信。

“人不能始终待在贫困中，我不想一直当贫困户，以前别人总是看不起我，说你做什么都做不来。现在有了自己的事业，收入提高了，不愁吃、不愁穿，‘茅草棚’变砖房，也得到了大家的尊重。”人穷穷一时，志穷穷一世。正是这种积极的思想，激发了他脱贫致富的欲望。“我想要富起来，自己富了，孩子的压力也就小了，将来也就有想法去创业。”詹长江的家境依然是不富裕的，但是他坚持把孩子送进市里最好的小学读书，这不正是“扶贫必扶智、阻止贫困代际传递”的主动践行吗？说起国家的帮扶政策，詹长江的感激之情溢于言表，他激动地说："虽然我不知道用什么话来形容，但是我就觉得国家的扶贫政策就是好，非常好，对于政府的帮扶政策，我们是打心眼儿里感激政府。有了政府的帮助我家从去年开始日子好过了，但是我相信日子肯定会越来越好过。"

"纵有疾风起，人生不言弃。风起云涌时，奋力求生存。"听完他感人肺腑的述说，我相信未来万山区的发展一定会越来越好，老百姓的日子也会越过越幸福、越过越滋润。

守护、耕耘与希望

鲤鱼跃龙门，荷塘澄月色。秋天的龙门坳格外凉爽，到处都是丰收的味道。10月22日下午，我们驱车赶到龙门坳村云南坡组开展入户调查，见到了80岁的脱贫代表刘大国。看着老人家迎面走来，一只手提着草药，一只手拿着烟斗，解放鞋上还粘着褐色的泥巴，卷起的裤脚，挽起的袖子，显然是刚刚劳作归来。我赶紧搬出凳子和他在院坝里坐下，一边唠家常，一边开始调研任务。

"老人家，您这手是怎么了？怎么不去医院看一下，咱们贫困户可以报销的啊。""肿了，无眼无孔（没有伤口）无缘无故地肿了。年轻人生病了才该去看，我老了，就不用去浪费国家的钱了。""您这不是浪费，也不是负担，现在咱们国家富裕了，老百姓也看得起病了，您有空还是去医院看看吧。""国家，是一个大家，每个人都守着国家要钱，国家也负担不起。"他说这段话的时候那种淡然与坚定，使我眼眶湿润，这是一个80岁老人发自心底的对国家的热爱与支持。他们生怕给国家添麻烦，愿意有事自己扛着，虽然都是平平凡凡的老百姓，做的都是普普通通的事，但他们不就是我们在书本上读到过的“最可爱的人”吗?

告别云南坡，我们来到了龙门坳小学，映入眼帘的是“锦水荡漾藏满江鲢鲤跃龙门，白璧耕耘育一代天骄兴华夏”，在这里我们见到了刘云校长，看着操场和教室都没有垃圾桶，刘校长仿佛看穿了我的心思，他说：“咱们这儿，教育学生从小事做起，从小就告诉他们要讲卫生、爱卫生、乐于做卫生，因为劳动是最简单的，却也是最难的，只要你肯动手就是最简单的，但是你要是不愿意动手，它就是最难的。”我当时就在想，这不就是习总书记说的“每个人的生活都是由一件件小事组成的，养小德才能成大德”吗?

看着小学生们冲出校园的那一刻，我仿佛看见了美好的未来在向他们招手，脖子上那一抹飞舞的鲜红便是乡村振兴的希望所在，就如总书记所说：“少年儿童是祖国的未来，是中华民族的希望。实现我们的梦想，靠我们这一代，更靠下一代。”

……

随着汽车缓缓启动，我们逐渐远离了龙门坳村，结束了10天的实地调研，但我的思绪却还在牙溪群山间回荡，在石竹河边徘徊，在龙门坳的池塘边逗留。看着车窗外的一片片果林，我相信有乡村振兴战略引领、有肯干事有资源的“能人”带领，再加上村民的无私奉献和拼搏精神以及未来人才的保障，乡村振兴指日可待。

（作者系铜仁市人民政府发展研究中心研究员）

那路，那水，那人

洪羽婕

2018年10月13~28日，北京国际城市发展研究院、贵阳创新驱动发展战略研究院组成86人的联合调研组，对铜仁市万山区转型可持续发展进行了深入的调研。我很荣幸能在刚接触工作不久，就参与这样大型的调研工作，让万山在我的记忆里划下了一道重重的痕迹，特别是最近的谢桥街道和最远的大坪乡。

从最近的街道里最远的村，到最远的乡里最穷的村

说来也巧，我所在的调研小组虽调研的是处在城中心的谢桥街道，但由于工作安排，我们参与更多的是万山区最偏远的大坪乡的调研。在谢桥街道，我们去到的瓦屋坪村是谢桥最偏远的村，而在大坪乡，我们则去到了大坪乡的深度贫困村——清塘村。除此之外，我们还去到了大坪乡的苏湾村和柴山村，每一个村都给我留下了深刻的印象。

从最近的街道里最远的村，到最远的乡里最穷的村，给我留下印

象最深的是那里的路。俗话说，要想富、先修路。老话说得没错，路的好坏、路的远近很大程度上影响着一个地方的发展。不论是在哪个村，我们每天都需要在山路上坐着“过山车”飞驰，这是万山留给我的第一印象——“万山”，一座座山，一座座山川。而山路难行，“坡多、弯多、路窄”是山路留给我的印象，有时遇上会车，驾驶员还会向后或向前开几步，寻找稍稍开阔点的路段让对方先行。所以，对于最远和最穷村子的村民来说，路是他们的烦恼之一。

清塘村和瓦屋坪村一样地处偏远，交通不便。首先，对于村集体经济产业发展而言，运输是个极大的问题。由于山路十八弯，较长的大货车无法进出村寨，运输只能依靠小型货车来回，无形中提高了成本，降低了收益。特别是对有着生猪养殖场的清塘村和瓦屋坪村来说，这是很关键的一个环节，不论是送仔猪进场，还是送成猪出栏，运输都受到了很大的制约。

其次，有的村民组通组路尚未完善，严重影响了村民的交通出行。特别是在瓦屋坪村，山上与山下均有村民组，然而由于山上山下没有直接的通组路，只能绕道敖寨乡，路途较远，山上村民出行极为不便。

再次，路途远成为村子发展的一大阻碍。瓦屋坪村同周边几个村寨一样，打算逐步打造农旅一体化，故在各村之间存在一定竞争。目前，最远的瓦屋坪缺少独特的“亮点”吸引游客的到来，同样是城中心的后花园，同样有秀美的自然景观，游客为什么要选择一个最远的村子度假呢？清塘村由于地理位置较为偏远，招商引资难度较大，在大力发展香榧种植业的基础上，清塘村还需吸引更多的相关产业来完善产业链发展，逐渐向农旅综合体转型发展。

从洪灾被淹的村落到极度缺水的村落

我们每天往返大坪乡的路程耗时约为3小时，所以在这段时间里，除却路给我留下深刻印象之外，在我脑海里挥之不去的，就是村里的水。清塘村两岔溪的水，给我留下的印象是极为深刻的，风吹碧波荡，那一池清水宛如一颗翠绿的宝石镶嵌在山间，那源头的水更是解决了清塘村和柴山村两村的自来水供水问题。瓦屋坪的河面宽而平静，完全想象不到洪灾发生时它肆虐的样子。

2016年7月4日是很多村民难忘的一天，特大洪灾给沿河村民造成了极大的损失，良田被毁，房屋被淹，家具被洪水冲走，有的村民更是痛失亲人……水带给村民们的不仅仅是生活，有的时候也是悲痛。

盐井片区是清塘村的4个地质灾害点之一，洪灾过后，盐井整组进行了易地搬迁，那里还是清塘村唯一没有砖房，全是传统木屋的村民组。那一排排木屋见证了洪灾带来的灾难，见证了村民重建家园的汗水，是脱贫攻坚的一处小小的缩影。

洪灾过后，修堤成为清塘村和瓦屋坪村灾后重建工作的重要环节。然而由于资金短缺，两村的堤坝均未全段修成，仅仅修缮了直接危害村民生命安全的一段，对瓦屋坪村来说，河边的良田依旧会在灾情发生时受损，修缮堤坝依旧是村内下一步工作重点。

与瓦屋坪村和清塘村完全不同的是，柴山村和苏湾村则是两个缺少水源的非贫困村。特别是曾经的柴山村，水资源极度缺乏，村民饮水和农田灌溉只能看老天爷的脸色。所以，水资源是制约两村经济发展的一大瓶颈。以前，村民要想用水，要走很远很远的路，才能打水挑回来用。而现在，柴山村从清塘村引水，与清塘合作修建自来水管道等设施，解决了村民生活用水的难题。苏湾村建设了一个集中式安全饮水点，大体解决了村民生活用水问题，但在农田灌溉等生产用水上，两村仍然用水紧缺。虽然柴山村与苏湾村没有水源，但有着区位优势，一是距离乡政府较近，二是村内田地较为平坦、可大规模成片发展。柴山村与苏湾村利用自身优势发展产业，成功做好自身经济发展，我想这也是两村并非贫困村的原因之一。

从踏实肯干的村民到为民解忧的干部

在我们走访期间，我学会了一个词“空坐”，就是说你来他家里就坐了一下，什么也没吃就走了。只要去到村民家里，他们都会热情地招呼你坐下，再拿点吃的给你尝，每次去都能感受到村民们的淳朴真挚和热情好客。

有的村民不太爱说话，常常只会腼腆地笑笑，瓦屋坪村的张超就是这样。他是村里的脱贫户代表，是村里养牛大户。当我们问他养牛有什么经验时，张超有些不好意思：“我心里头晓得咋个喂能喂得好，但是喊我讲，我也讲不出来，尽管我觉得我养牛养得成功得很。”而在谈到成功的经验时，张超同样不善言辞：“经验也没什么经验，就是敢做、有耐心，对自己有信心。还要看个人爱好，我就喜欢养牛，但是这个养牛又脏又累，好多人吃不到这个苦。”村民大多都是这样，他们踏实肯干，却不善言辞。

在我们小组访谈的众多人物里，68岁的浙商周传连是唯一的外地人，一位为了事业不断奋斗的老人，他的创业精神令人敬佩。他在清塘村成立了万山区香榧牧业有限公司，先是种植了香榧，为了香榧的有机牛粪肥料，又自己学起养牛，为了牛的高品质饲料，现在又种植了牧草，就这样一步一步地，逐渐形成了一个小型的产业链。

对于香榧种植，周传连这样说道："我现在就是想把这个产业搞好，有一个交代就行了。我也希望政府支持我，但他们有他们的困难，我不能依赖他们。主要还是要靠自己把这个东西搞好，我只晓得对得起新农村，对得起政府，对得起一些领导对我的关心，只要我咬咬牙把困难挺过去，把这个弄好了，新农村富裕了，我也高兴了。我给他们做一个样子，做一个示范，他们只要跟着走就行了。这个地方最适合种香榧了，因为海拔也好、地理环境也好，都是最适宜种香榧的地方，如果成功，每户人家跟着种了，老百姓富了以后，就不用像现在靠政府支持了。"

2016年3月，清塘村的驻村干部龙琳开始了清塘村的驻村工作，驻村期间，他经历了"7·4"特大洪灾，不仅受了伤，还留下了后遗症。

"当时，突然下大雨，我们都措手不及，我在救灾时自己也受伤了，现在留下了后遗症，有时候是瘸的，本来我身体的尿酸就高，这个骨头打破了，一到下雨的天气就难受。"龙琳说道，"当时在盐井受灾的一个是秦秀芳家，一个是杨顺权家，在那种情况下，他们有很大的情绪。我当时虽然伤了，但是我仍然去医院看他们，人心都是这样的，你说说我拄着拐棍去看他们，他还有什么说的呢？"有了这样的驻村干部，从村民角度出发，为村民解忧做实事，所以村内的干群关系十分和谐。虽然洪灾、山体滑坡等自然灾害给村民们的生命和财产造成了巨大损失，但也正是这些灾害与困难燃起了村民重建家园、追求幸福生活的希望。

在万山的这10多天里，储存在我记忆里的不仅是通往村庄的山路、山上山下的河水、实干为先的人们，还有这座城市未来的希望与活力。

（作者系贵阳创新驱动发展战略研究院研究员，铜仁市人民政府发展研究中心特约研究员）

农村妇女儿童心理健康也需“扶贫”

陈淑琴

2018年10月13日，随着万山区转型可持续发展大调研队伍驻扎到铜仁市万山区，还没来得及欣赏这个城市的美丽风景，就和自己所在调研六组的小伙伴们开始了一天的工作，我们早上在大坪乡分别、傍晚于大坪乡相聚，疲惫而又美好的七日调研时光，成为今后美好的回忆。每天穿梭于村与村之间、组与组之间一条条硬化过的乡间小道，围坐在农户家的烤炉边，天气好时在院坝上聊天访谈，对一个成长于青藏高原的西北人来说，很快就喜欢上了绿树河涧、青山木屋、天然纯朴的云贵乡村。

从大坪乡在万山区的地理位置上讲，这里地处偏远，而偏远也阻碍着村里的产业经济发展，在我们走访大坪乡的大坪村、龙门村、黄花村三个村子中，龙门村就属于一类贫困村。在国家大力度的扶贫政策下，在包村领导、第一书记、驻村帮扶干部、村干部等脱贫攻坚战务实、扎实、真实的扶贫攻坚工作中，大坪乡各个贫困村基本上在2016年、2017年脱贫。在精准扶贫、精准脱贫的工作过程中，各村的基础设施与公共服务都得到了明显的改善，村集体经济积极寻求发展特色产业，有了稳定的经济收入。同时医疗、教育、住房等方面通过一系列的扶贫优惠政策也解决了因病致贫、因学致贫、无安全性住房等问题。

有了基础性的保障，寻求产业经济发展成为重点，然而，农村的产业经济结构调整难度很大，虽然喀斯特地貌风景美好，但地表崎岖，连片的平地不多，田土面积小，不利于发展种养殖和其他产业。同时，很多村民在看到有人外出务工回来后改变了家里的经济状况，像看到了新的希望，撇下幼小的孩子，奔向发达地区务工、经商。而留下的这些小孩，自然而然也就成了所谓的“留守儿童”。这些“留守儿童”绝大部分都是由爷爷奶奶、外公外婆抚养，还有些寄养在亲戚及朋友家中。而这些监护人大多数年老体衰、知识文化水平不高，无法辅导孩子学习，重“养”不重“教”，只能保证他们吃饱穿暖，至于思想文化教育则交给了学校老师，较少关注孩子们的精神滋养和心理健康。

这些留守儿童正处于成长发育的关键时期，但由于远离双亲，缺乏来自父母的倾情关注与呵护，在情感上缺乏关爱，无法享受到父母在思想认识及价值观念上的引导和帮助，极易产生认识、价值上的偏离和个性、心理发展的异常，从而使留守儿童在思想、行为和心理上都偏离健康成长的轨道，容易产生某些方面的心理障碍。农村留守儿童的心理健康问题正日趋严重，已经成为一个不容忽视的社会问题。1993年中共中央、国务院印发的《中国教育改革和发展纲要》指出，我国中小学教育改革与发展应由应试教育转向提高国民素质的轨道上来。而心理健康教育是实施素质教育的重要途径，是我国素质教育的内在要求。因此，提高农村儿童的心理健康教育，重视他们的心理健康问题，提高他们的心理健康水平，势在必行。

农村妇女儿童心理健康现状

留守妇女

在外出务工队伍中，一部分是夫妻双方一起外出务工，还有一部分是丈夫外出务工，妻子在家里参与生产劳动、料理家务、照顾老人、养育孩子，而这部分留守在农村的妇女，从某种意义上说，也可以称为“留守妇女”。丈夫外出务工，她们大都在家里参与生产劳动、料理家务、照顾老人、养育孩子，上有老、下有小，基本上没有时间看电视（扶贫工作队为有的贫困户配备了电视，但她们几乎不开），也没有传说中农村聚在一起打牌的活动（调研中只看到一次全是男性老年人在一起打牌），更没有太多娱乐活动，至于看书和上网的则更少。

在家既要带孩子、干繁重的农活，还要伺候老人。她们要承受物质上与精神上的双重压力，长时期地与社会脱轨，没有交流。她们内心那根弦始终紧绷着，找不到任何的倾诉对象，大部分的妇女只能照顾好孩子的饮食起居，而对于孩子自身的心理健康，她们无法关注。

在各个村走访调研时发现，很多农户家里基本上是妇女在家带孩子，印象比较深的是一家贫困户，也是易地搬迁户，暂时还未搬出农村。户主丈夫外出打工，还未出月子的24岁的杨金梅带着3岁的二儿子以及还未满月的小女儿独自在家。她还有一个4岁的大女儿，因为是和前夫所生，被寄养在姥爷家。当我们看到她的时候，她正抱着刚睡醒泪迹未干还未穿戴完毕的3岁儿子。杨金梅母亲去世，父亲早早就让她出嫁，她也早早成为母亲，24岁的年华大多数女孩儿也许正在恋爱，她已经是三个孩子的母亲了。

39岁的龙芳华，已经是1 岁多小男孩的奶奶。

袁映金，曾外出打工，见过外面大世界的她，迫于农村的种种压力，返回农村老家草草结婚，生活上的巨大反差，让她对现状极其不满，却又无力改变。

其实不论在农村还是城市，她们的少女心都始终存在，她们也渴望自由、向往平等，但农村女性迫于社会、家庭压力，这些都成了奢望。因此，农村留守妇女也需要社会的关怀与关爱，让她们在社会的大家庭中找到存在感。

留守儿童

农村小学生的自身因素是导致心理健康问题的本质原因。大部分心理健康问题的产生是由遗传因素造成的。当然，也有一些是小学生的个体生理机能障碍或疾病因素导致的心理健康问题，而且还有一些小学生是由于心理障碍、性格缺陷等造成的心理健康问题。

学校里的校园文化和班级文化、教师道德水平、教学环境、教学方法以及学生之间的人际关系都会或多或少地对小学生的心理健康产生影响。良好的校园文化及班级文化是一股无形的力量，让学生产生积极向上的凝聚力，而就家庭而言，应该积极配合学校的各项工作，实现家校共育。

在我国农村地区，小学教师的角色始终处于知识的传授者，忽略了孩子的心理健康，对于问题学生，没有很好地进行沟通，自然无法知道孩子的真实所想。

由于经济所迫，农村留守儿童大都由爷爷奶奶照顾，长辈的过度宠溺，让他们习惯以自我为中心。而互联网的诱惑，加上孩子自制力有限，导致心理健康问题层出不穷。

心理健康对农村妇女儿童的重要性

目前社会关注的重点大多是进城务工男性和“留守儿童”问题，而对“留守妇女”关注较少。“留守妇女”心理上的压力更重，更易发生各种心理问题。农村“留守妇女”的心理健康不仅关系到其自身的身体健康、人格健全，更关系到和谐家庭、和谐社会的构建。因此，对农村“留守妇女”心理健康“扶贫”关爱，具有重大现实意义。打造积极乐观、自信勇敢的良好心理品质，才能打败生活中的困难。心理健康是一个人的根基，一个自信乐观的人才能赢得社会、家庭的肯定。

心理健康对小学生健全人格的形成有促进作用。儿童的个性心理特征就是他在日常中所表现出的行为和心理方面的特征，通常包含性格、能力及气质，他们拥有强烈的参与意识和思考能力。部分小学生在日常生活和学习过程中存在心理问题，心理承受能力相对比较差，缺乏足够的自信。这些心理方面的问题严重制约了他们的身心健康发展。对农村小学生进行心理健康教育能够促进他们的身心全面发展。儿童在小学时期是塑造健康心理的关键时期，也是促进小学生健康发展的重要阶段。在小学阶段对其进行心理健康教育，为他们的全面发展打下良好的基础，能够使他们朝向更好的方向发展。

加强农村妇女儿童心理健康教育

经过调研发现，农村妇女儿童心理健康问题不容小觑，有必要进行一些有效的、常规的、科学的心理健康教育。

一是深入地对留守儿童家庭现状、学习成绩、学习态度、性格类型、心理状况以及家长的教育方式进行记录，这样才能随时了解儿童的心理状况，有针对性地进行辅导。

二是加强与孩子家长的沟通。通过家长会、家长座谈会、电话联系、家访等方式，重视家庭教育环境，实现家校共育。

三是通过开设心理健康活动课，集知识性、趣味性、参与性和操作性于一体，全面提高全留守儿童心理素质，建立心理健康教育阵地，使心理健康教育常规化。

四是采用小组辅导和个别辅导相结合的心理教育方法。小组辅导，是一组儿童在辅导教师指导下讨论训练并有效地处理他们面临的共同问题的辅导方法。其成员多为同级、同龄同学，且有类似待解决的心理困扰。小组内大家讨论，各抒己见，共同寻找解决问题的办法。采用小组辅导方式易于解决人际关系方面的问题，同伴之间也更容易相互影响。而个别辅导，则是对存在心理问题或出现心理障碍的留守儿童及时进行认真、耐心、科学的、一对一的心理辅导，帮助学生解除心理障碍。

感谢这次难得的调研机会，让我的很多观念都发生了变化。调研的日子里，累并快乐着，短暂的十多天时间，会成为我一生珍藏的回忆，让我对铜仁市万山区大坪乡这片土地有了深深的眷恋，对大坪村、龙门村、黄花村充满了期盼，愿这片土地上的人们生活自在、幸福安康、快乐无忧！

（作者系北京国际城市发展研究院党政办公室副主任，铜仁市人民政府发展研究中心特约研究员）

仙乡别有洞天

蒋承恭

飞驰在云雾缭绕的群山之间，山路晃荡着我的神思。从谢桥向西驱车近60公里，我逐渐拨开了这座位于云贵高原东部的小乡村的面纱。汽车缓缓驶入，只见青山与木屋相映，泉涧与花鸟和鸣，恍如闯入桃源仙乡。1957年，为响应国家号召，根据“大跃进”精神，以大步冲锋之意，这里被赋予了“大冲”的名字。粗犷的名字中，是绿水青山保存完好的生态环境，是质朴热情、勤劳踏实的民风民俗，却也是刚刚摘下贫困帽子的窘迫之境。

2018年10月17日，我作为万山转型可持续发展调研组六组成员，深入大冲村进行产业转型、精准扶贫等方面的调研工作。独特的喀斯特地貌，造就了这里的别致美景，也成大山里与外界的层层阻隔，让“贫困”和“落后”成为大冲村的标签。不过，近几年在政策的大力扶持和他们自身的不断努力下，曾经的一类贫困村终于在2017年打赢了脱贫攻坚战。大冲村党支部书记吴战成告诉我们，“大冲村产业经济也是这几年才开始发展的，以前也就是个‘空壳村’，现在大家都在盼着黄腊溶洞开发起来”。我不解地问道：“这溶洞的开发能带来什么，为什么大家都这么期盼？”吴书记兴奋地说道：“至少村内600人的就业问题解决了！”提到“黄腊溶洞”，大家无一不露出兴奋的神情，我们决定到现场去看一看。

别有洞天——黄腊溶洞造就大冲村的小康路

黄腊溶洞是地质运动形成的“河上有河、洞中有洞”的独特喀斯特地貌景观。周边群山环抱，生态保存完好，水质可达到饲养生物活化石娃娃鱼的要求。2016年，在经过多次实地考察后，铜仁市通过招商引资，由山东龙冈旅游集团投资5.72亿元打造开发，计划建成4A级的具有民族特色的复合型旅游景区。

由于溶洞景区正在施工，我们只能在游客中心的施工现场看到工人们和挖掘机在加班加点地工作。大坪乡人大主席、大冲村包村干部张志指着山上的洞口告诉我们：“那就是黄腊溶洞，也就是我们的一期工程，预计明年国庆节就可以开门营业了，你们到时一定要来参观参观！”

一期工程，也就是溶洞的主景区。整个旅游区建设共分为三期，二、三期分别是温泉度假项目和蝴蝶谷观赏科普建设项目。根据相关负责人介绍，项目全部建成后预计每年能接待游客约200万人次，可解决2000个就业岗位，带动沿途三个乡镇的经济发展，撬动经济30亿元以上。看来这里不仅有别致美景，还有这浩大的工程建设和脱贫后欣欣向荣的气象。

2014年1月，中共中央办公厅、国务院办公厅联合下发的《关于创新机制扎实推进农村扶贫开发工作的意见》提出，到2020年，扶持约6000个贫困村开展乡村旅游，带动农村劳动力就业。2015年，时任国务院副总理的汪洋同志在湖北恩施集中连片贫困地区调研旅游扶贫工作时曾强调：“乡村旅游是基层和群众的创造，旅游扶贫是贫困地区扶贫攻坚的有效方式，是贫困群众脱贫致富的重要渠道。”站在黄腊溶洞旅游景区的施工现场，看着这片还未开发建成的地方，让我不禁联想到同在贵州武陵山脉地区的西江千户苗寨、镇远古镇等景区。千户苗寨2008年开始走上旅游开发的道路，近十年来旅游产业发展迅速，2017年接待游客数量超过600万人次，旅游综合总收入达49亿元，村民大量融入旅游建设项目，极大地享受到了旅游产业带来的红利，家家户户实现了脱贫致富。大冲村是否也能走出这样的路子，靠着黄腊溶洞带着大家脱贫致富呢？我想，未来可期。

我们随后来到距离游客中心施工现场不到200米的村民吴春梅家里。丈夫与大儿子的相继去世，让吴春梅不得不独自抚养小儿子长大成人。我们惊讶于在这么艰难的情况下，本可以依靠社保兜底的她并没有因此“等靠要”，而是靠着勤劳的双手喂猪、种地，平时在工地上还帮忙干着水泥搅拌的工作，终于在2017年顺利脱贫。看到我们的到来，她热情地招待了我们。她说在党和政府的关心下，现在的日子好过了，自己新建了楼房，住得也舒服了！我们参观了她的二层木屋，全部都刷新了一遍，漂亮而精致，每个屋子里还摆放着好几张床。我问道：“怎么摆了这么多张床？”吴春梅说：“这样以后就可以住很多客人啊！”村支书吴战成告诉我，以后等旅游景区建好之后，她这里就可以发展成民宿，游客们住在这里又舒适、又方便，脱贫致富奔小康再也不是梦了。我们站在吴春梅的家门口，一眼就可以看到那即将建成的游客中心。确实，对于刚刚脱贫的大冲村来说，“黄腊溶洞”担当着当地产业发展、精准脱贫、转型升级的重任，确实是带领大家脱贫致富奔小康的及时雨。

仙乡困境——乡村旅游带来社会与环境重构的思考

2016年，《关于印发乡村旅游扶贫工程行动方案的通知》（旅发〔2016〕121号）提出，在“十三五”期间，力争通过发展乡村旅游带动全国25个省（区、市）2.26万个建档立卡贫困村、230万贫困户、747万贫困人口实现脱贫。众所周知，旅游产业是富民产业，但乡村旅游能否有效挖掘贫困群体的自我发展能力、精准对接极度贫困群体、解决扶贫道路“最后一公里”的问题呢?

对于拥有独特地貌景观——黄腊溶洞的大冲村来说，在乡村旅游产业上有着与大坪乡其他村寨难以比拟的优势，它为这个产业基础薄弱，刚刚脱贫的村子喊出“要在大坪乡冲刺到前列”的口号奠定了信心和决心。村支书吴战成告诉我们，景区建成后，需要大量的保安、保洁、导游等劳动力资源，同时大量的游客还能极大地带动村里的餐饮、住宿等行业的发展，这些都是不可多得的财富。根据黄腊溶洞旅游景区的建设规划，三期工程确实涵盖了自然风光、人文体验还有科普文化等方面，这不仅为大冲村，甚至为大坪乡、整个万山的全域旅游上提供了巨大的辐射效应。但是，大冲村目前基础设施依然薄弱，产业起步相对较晚。在大力发展乡村旅游的背景下，不仅仅是大冲村，多数村寨都不得不面临着整个乡村环境的重构，环境问题严重制约着乡村的发展。

我们在整个大坪乡走访了10天，我的同事们一直面临着一个大问题，就是语言沟通有障碍，连我作为一名土生土长的贵州人有时都难以完全听懂老乡们说的话。作为4A级景区，景区的健康运营和优质服务方面需要大量的高素质、高水平人才进行匹配。景区即将建成开业，但是由于目前大冲村整体受教育水平较低，在景区运维、服务引导相关专业水平上，还有普通话水平等方面的综合素质是否能跟得上景区的建设、满足对外旅游的需求，我心里不禁打了一个问号。旅游产业带来了“趋利性”，如果当地村民的综合素质难以匹配旅游产业的发展，乡村旅游就难以反哺整个村镇，所带来的经济利益只能流入少数群体或者外人的“腰包”，而多数村民却只能面临着作为“弱者”被“挤出”的困境。

除了劳动力水平目前难以匹配景区的建设开发外，大冲村驻村第一书记徐一帆还告诉我们现在村委领导班子年龄结构偏大，思维转变也比较困难，缺乏大量的专业技术和管理人才。在乡村旅游产业的开发上，眼界跟不上，发展的思路就不够清晰。大冲村目前还无法摆脱自给自足的小农经济模式，而在大冲村走访的三天里，给我们的感受是大多数人将“黄腊溶洞”当成了救命稻草，却没有意识到乡村旅游带来的不仅仅是一个产业的发展，而是要进行多产业的融合、重构才能形成更好的辐射和反哺效应。缺乏专业的技术管理人才，缺乏高水平的顶层“设计师”，缺乏长远的规划思路，乡村旅游不仅有可能变成“昙花一现”，而且无法打造“农旅一体”的健康发展模式。

大冲村的娃娃鱼养殖基地，突破了我们“娃娃鱼无法人工养殖”的认知。我们听说吴书记多年前在村里发现过野生娃娃鱼，当地的生态和水质保存得如此完好，而旅游开发建设如何保障这薄弱的生态环境承载力，也让我们在心里泛起担忧。通过规划我们看到，景区开放将带来大量游客，以及住宿、餐饮等相关产业的发展，而这些都必定对当地的自然环境产生影响，而且大冲村垃圾、污水处理厂还在规划建设之中，处理和循环设施尚不完善，也未见到明确的措施和规定。习近平总书记在2018年全国生态环境保护大会上深刻指出，我国生态环境质量持续好转，出现了稳中向好趋势，但成效并不稳固，稍有松懈就有可能出现反复，犹如逆水行舟，不进则退。在森立覆盖率超过55%的贵州大地上，大多数乡村依山而建，傍水而居，生态保存程度良好。在乡村旅游开发的背景下，如何在实现经济效益提升的同时，保护好当地的生态平衡和自然环境、实现可持续性的绿色发展，是每个乡村都亟须解决的首要课题。

春暖花开——乡村旅游是一条浪漫的发展之路

大冲村监委会委员、致富带头人代芳军，20世纪90年代就到浙江温州务工，在累积了一定的建筑工程的知识和资本后，主动回乡，利用自己的资源，帮助村里修路通电，带动村民一起脱贫致富。他说："人就要敢拼敢闯，我跑遍了万山区，为万山的发展感到十分自豪。现在我把钱看得很淡，我只希望把万山发展的理念带回大冲村，为村民办实事，也为全村的小康生活而持续奋斗。"谈到黄腊溶洞，代芳军告诉我们，在大家都还没意识到黄腊溶洞的价值的时候，他就亲自带队前往考察，并学习其他景区经验，积极参与黄腊溶洞的开发和规划。现在他正带着村民参与景区河道治理的建设工程，希望奉献自己的力量，把黄腊溶洞打造好，打造成大冲村的骄傲，他对这个很有信心!

乡村旅游建设不仅是精准扶贫的重要战略手段，也是产业转型发展的重要路径。贵州大地，虽然因独特的喀斯特地貌导致交通不便、经济落后、宣传不足、发展缓慢，却也因此让生态环境得到了良好的保存，自然环境十分优越，反而成为在后工业时代难得的后发优势。一个黄腊溶洞，不仅给基层干部带来信心，也给当地村民带来一阵春风。村民们不仅抱着期待，而且也乐意参与建设。景区的开发，为小小的村子带来了大量资金和社会资本，为当地农业发展、招商引资提供了巨大动力。

为大冲村奉献了31年岁月的吴战成书记表示，黄腊溶洞的开发让村民们的“志”扶起来了，自己坚守着这一份乡土情怀没有白费。“要输只能输这一代，不能输在下一代”，我相信吴书记做到了他对自己的承诺。

在即将落笔之际，我在想，为什么乡村旅游的建设是浪漫的。除了有浪漫的风光、浪漫的文化给当地描绘出了一幅幅浪漫的蓝图，同时还有一群深扎乡土，具有浪漫乡土情怀的人。我想起的是村小学里，不用再走泥泞山路的孩子们的纯真笑脸；我想起的是等待游子归乡，父母殷切的期盼；我想起的是吴战成书记为自己写的一副对联，上联“为教育付出二十三载”，下联“当支书牺牲半生俸禄”，横批“无怨无悔”！

本次万山转型可持续发展大调研，我们走遍了万山的所有街乡、社区、村寨，虽然我的足迹仅仅只是大调研中的一个小小缩影，却是我第一次如此亲近乡村，站在一个研究工作者的角度去看、去听、去思考；作为一个看惯了山山水水的贵州人，第一次如此靠近自己的家乡大地，去见山、见水、见人物；也是第一次从普通人的视角，融合在乡村生活里去说、去写、去经历，经历大坪乡的变化、万山的变化、贵州的变化。我很荣幸能成为一个亲历者，亲历这样的变化，亲历这样一次难得的人生体验。

（作者系贵阳创新驱动发展战略研究院北京研发中心研究员，铜仁市人民政府发展研究中心特约研究员）

乡村生活

PERUSE OF
WANSHAN

让资源流向乡村

邢旭东

在脱贫攻坚、乡村振兴的时代背景下，在城乡一体化的趋势下，对于我们这样的服务地方党委政府的智库型城市发展研究机构来说，从研究城市转向研究城乡已经成为内在要求和必然使命。这也顺应了乡村振兴中要素市场从城市流向乡村的供给导向，并为智力下乡做了新的注脚。作为一个土生土长的农村人，我很期望看到国家的决策、政府的行动、全民的参与能够使农业变得更强、农民变得更富、农村变得更美。乘坐高铁离开北京西城区，远赴铜仁万山区，进驻鱼塘乡开展调研，使我有幸感受到脱贫攻坚给鱼塘乡带来的巨大变化，感悟到要素资源从城市流向农村对振兴乡村的决定性作用。

我组负责的鱼塘乡全称鱼塘侗族苗族乡，处于云贵高原向湘西丘陵过渡的斜坡地带、武陵山脉主峰梵净山和湘西台地之间，位于万山区西部，地势南高北低，沿东北方向呈斜梯走势。鱼塘乡政府所在地是鱼塘村，位于全乡中心位置和心脏地带，向北沿旗屯村、大坡村方向，向东经槐花村过茶店街道，均可抵达万山区政府所在地。受地理位置和交通条件影响，鱼塘东部、东北部的村庄经济基础相对较好，贫困区域多集中在南部的江屯村、云山村、高峰村、登峰村一带，最北面的新龙村因地质灾害频发，不再适宜居住和发展，被列入深度贫困村，纳入整村易地扶贫搬迁范畴。

近年来，在中央、贵州省、铜仁市扶贫政策和万山区广大基层干部的带动下，一大波资金、资源、人才、项目向基层下沉，落地农村，遍地开花结果。2018年9月，正值金秋收获时节，万山区与碧江区、江口县、玉屏县同时通过国家验收，成为武陵山集中连片特困区率先脱贫摘帽地区。我们所到之处，村庄的基础设施、村组的生活环境、村民的精神面貌有了巨大的变化，许多村庄实现了产业零的突破、集体经济零的突破，全乡各村出现了“群雁”回归、返乡创业的良好局面，农村基层政权不断夯实、生态优势不断强化，绿色发展、强农兴旅已经成为人们的共识。

鱼塘乡有着丰富的生态资源和厚重的人文资源，这在各村都有体现，为发展农旅文融合的全域旅游创造了条件。最让我依恋的是云山村的空气、山泉水和村支书自家种的绿叶菜。那天，我们在蒙蒙细雨中来到云山村，鱼塘全境的最高点就挺立在谭家寨背后坡，海拔为975米。行走在山间，村舍掩映在翠绿的山林和朦胧的雾气中，或隐或现，构成了一幅绵延起伏的山水画卷。深吸一口气，富含负氧离子的空气淘气地在体内四窜开来，清爽湿润、充满力量。“没错，这就我想要的空气，”我和第一书记开玩笑，“如果能做成空气罐头，那一定是个好产业，在北京一定很受欢迎。”我们沿着土垅小心登上屯兵古泉的水源地，打开洞门，山泉水从洞底汩汩涌出，捧一口泉水，清冷甘甜，怎一个“爽”字了得。中午时分，村支书为我们做好了饭菜，听第一书记说，在村里工作两年来，支书家已经成了驻村工作人员的“第二个家”。村支书早已从院坝前的地里拔了自家种的茼蒿、小白菜，经屯兵古泉煮好的汤水烫过之后，十分鲜嫩可口。由于没有了食品安全的顾虑，我们吃得特别安心、舒心、开心。干净的空气、放心的水、没上化肥农药的蔬菜，不正是人们最需要、最想要的吗？

说起人文资源，最吸引我的还是鱼塘乡的屯兵文化和宗族文化。这可以追溯到明代朱元璋实行屯田插旗、以屯养军的历史。据明朝万历《铜仁府志·食货志·田土》记载："铜有田，国初尽以供屯戍。"洪武二十三年，朱元璋在思州宣慰司所属的清浪（今镇远县青溪镇）设置清浪卫指挥使司，其守卫的地方包括今天的镇远、铜仁等地。卫所是明代军事的编制名，下设五个千户所，每个千户所下设十个百户所，每个百户所又下设两个总旗、总旗下再设五个小旗，每小旗10人。卫所中拖家带口世袭为兵的军户每看中一个地方，便在那里插上一面小旗，安排10户人家到那里居住耕种，据说这一带共有48屯、72旗。鱼塘乡所在的地方原名为余旗屯，指的就是插有剩余最后一面旗的屯兵之地。这些军户们生产出来的粮食，除了满足自己生活需求外，还要交一定数额给军队作为军饷。这就是朱元璋较为得意的屯田制，“吾养兵百万，不费百姓一粒米”。但到了明朝中期，一些军官吞蚀屯田成为地主，很多军户破产，这些地方逐渐成为地主军官们的一姓天下，有些地名也改用他们的姓氏命名，一直沿用至今。宗族文化也在这一过程中逐渐形成并传承下来。据团山村村主任介绍，陈基屯原为陈姓地主治地，“为暗中保护吴三桂大老婆，吴手下都督姚得职购得此地，隐居于此。姚氏一族就在陈基屯定居下来，目前已形成拥有313户1187人的大家族。而葬于‘玄武岛’的一品诰命夫人就是姚氏太公的母亲徐氏”。据说隐藏于“玄武岛”对面牟家坡峭壁上的悬棺，也有各种故事传说。

与吴三桂历史息息相关的，最著名的莫过于团山村向南不远的岑巩县水尾镇马家堡旅游景区，这里是晚明闻名的陈圆圆归隐之地。我们对此地进行了实地考察，整个景区包括狮子山墓区、陈列馆、荷塘、戏楼、思圆广场、练兵场等，建筑风格很有特色，但与周边苗寨、侗寨样式迥然不同，2018年9月景区已开门迎客。然而令人遗憾的是，一些景点建筑缺少细节设计、建设粗糙，特别是没有与陈圆圆归隐文化很好地融合。缺少了文化的支撑，一些景观小品显得十分突兀，使景区品质骤然失色。可见，如果没有了文化这个灵魂，旅游开发注定是一张经不起检验的皮囊，终究是无法吸引人的。

其实，农旅文融合也好，乡村振兴也罢，资金、人才、力量、项目、服务、管理向农村流动才是硬道理。但是，如果忽视“市场之手”的作用，仅仅依靠政府之手来配置资源，这样的流动由于源自外部力量，则注定是不可持续的。因此，必须强化“市场之手”的作用，让市场在资源配置中起决定性作用。而这个关键就是让农村变得有魅力、有吸引力，从而激发资源流动的内生动力，从根本上实现动力转换。那么，怎样让农村更有魅力呢？首先，必须像爱护生命一样爱护生态，在产业发展中，始终不能触碰生态并坚守“干净的空气和水、安全的食品”这个底线。其次，要运用好市场杠杆，积极采取PPP模式，优先完善乡村基础设施和公共服务设施，提升农村公共服务能力和水平。最后，要强化自治、德治、法治水平，加强乡村环境治理，挖掘和传承优秀传统文化，提升农民素质和乡风文明程度。总的来说，我们最需要做的，就是全力营造美丽乡村，为要素资源向农村流动创造一切可能的条件，从而让本地的人不愿走、让外乡的人愿意来、让来的人肯停留。

（作者系北京国际城市发展研究院院务委员，北京社会发展研究中心主任，铜仁市人民政府发展研究中心战略咨询委员会委员）

放牛娃的春天

宋 青

2018年10月13~28日，北京国际城市发展研究院、贵阳创新驱动发展战略研究院组成86人的联合调研组，对铜仁市万山区的转型可持续发展进行了深入的调研，我有幸作为其中的一员，实地考察了万山区的仁山街道。这是万山区最年轻的一个街道，处处展现着勃然生机，空气中都弥漫着奋进的味道，翻天覆地的城市发展背后支撑的是一群渴求发展、投身发展的人，以三位“放牛娃”为代表的太多的人和事深深地感动着我，他们是这座城市转型可持续发展的思考者、践行者、奉献者，也是奋进中的中国最基层的砥柱。

社会转型下的短暂迷茫与持续奋进

周化望：小时候心中最渴望的，就是盼望着有一天能够走出大山，现在最大的心愿就是做好山里人，带着村里的人向前走

周化望，41岁，铜仁众望实业有限公司董事长，用40万元的拆迁款创业，名下有已文化主题酒店和众望原生态农庄等，是本次大调研

访谈的仁山街道贵苑社区致富带头人代表，黝黑脸庞上的笑容真诚而朴实，双手一直紧扣在胸前凸显出严谨谦逊内敛的性格，但言谈间能感受到他内心的那股强大力量。“我们今天说话的这个位置，原来是我小时候放牛的地方”，这是一个地道的放牛娃，“小时候心中最渴望的，就是盼望着有一天能够走出大山”，他说的是能够代表千千万万个生在大山深处的孩子的心声。

“原来这里都是泥巴路，不穿水鞋没办法出门，经常是两双鞋出去，脚上穿一双，手上拿一双。没想到这么快，几年的时间就大变样，马路这么宽，到处是高楼”，说到城市变化的时候他掩饰不住内心的欣喜。“但是，城市发展了，我们的土地被征收了，村里的很多人现在都在迷茫，离开土地不知道干什么了，很多就在家里闲着，没有一技之长，也没有未来的方向，他们都享受了城市发展的物质红利，但是越来越缺的是精神”，说到这里，他默然的惆怅。是的，调研组随机走访一些由农民刚转过来的新居民，很多青壮年都闲散在家中，用他们的话说就是“找不到事情做，也不知道做什么，坐吃山空”。或许，这就是转型带来的短期之痛，这个群体需要集体调整心态，每个个体都需要快速适应社会发展的节奏。

当问及周化望“您为什么这么拼命地去做事情？”，他说：“小时候家里很穷，但父母都很勤劳，他们靠捡木柴养活我们兄弟三个，正是他们的这种勤劳让我也不能停下来。在现在很多村里人都迷茫的时候，我觉得有责任带动他们就业，帮他们找到前进的方向。”“您的酒店为什么叫已文化主题酒店？”“已就是自已，就是我们中国人自已的传统文化，我们铜仁万山自已的地方文化，我们做实业的人一定要坚守这种文化，这是根。”“为什么选择做农庄，并且取名叫众望呢？”“还是想念小时候脚踩在泥土上的感觉——踏实，现在我几乎每天都要去农庄，在地里种种菜拔拔草，就是喜欢这种感觉，身边的人也都喜欢，我的40多个员工都是我们村里的人，在农庄里他们精神上有依靠。取名叫‘众望’是因为我们是兄弟三个，共14口人，一直没有分家，三人为众，我名字中有个‘望’字，意思是齐心合力，才能不负众望。我们公司的精神是诚信、孝道、感恩、奋进、反哺，公司员工评比的第一条标准就是感恩孝顺，第二条是勤劳质朴。”秉承中华民族朴实的精神，遵循父辈踏实的足迹，以从精神层面引领同村人迈向新生活为己任，这就是中华传统文化给生长于斯的儿女最强大的力量。

城市转型下的乡愁文化保护与发扬

沈海军：虽然原来的村庄变高楼了，但我们的村落文化根脉不能断，我就是要做这个事情

沈海军，42岁，贵苑社区的监委会主任、沈家组组长，是一个结实的苗家汉子。一见到我就迫不及待地说："你们是来调研万山发展的，我一直想自己拍一部微电影，展示这些年万山的变化，原来饭都吃不饱，现在吃完饭还能跳跳舞；原来是荒山，现在变成了公园；原来要人工单程30分钟从山那边背木材和瓦片建房子，现在到处高楼大厦……"谈到万山的发展，他滔滔不绝，兴奋不已。

我们了解到，沈海军是一个心肌炎病人，在前段的脱贫攻坚战工作中，走访精准扶贫户时突然晕倒在楼梯上，几经转院送到外地抢救，刚刚出院回来就马上投身社区的工作。"身上有那么多事，我没办法休息。""为什么这么拼命？""没办法，这是一种传承吧，我父亲一直是

沈家组组长，当了12年。沈家组原来很穷，我父亲带领他们用一年时间开山建渠，从那以后，沈家组每家都有余粮了。我从小就想当沈家组组长，担起这份责任，就想着如果哪一天我过世了，我希望能够为这里的人有所贡献。”他说这句话的时候充满了骄傲，一脸的坚毅。

“城市开发是好事，但是现在面临的最大问题是文化的遗落，现在一征地拆迁，人散了，原来的乡情味道也淡了，很可惜。老一辈人为什么很多不同意拆迁，最重要的就是舍不得离开这个地方，舍不得原来浓浓的味道，我们这里原来有宗祠、有龙灯、有茶灯……你看现在，到处高楼大厦，钢筋混凝土一搭，沥青一铺，原来特别有味道的文化也给盖在地下面了，老一辈心里接受不了。所以，我现在要做的事情就是尽量保留住原来特有的文化，把这根绳牵牢，乡情才不会散。为什么沈家组征地快，就是我想尽办法建了沈家乡村公墓，又修了礼堂办丧仪，老一辈觉得心里有靠的地方了，他们的感情有寄托的地方。”

“农民在城市发展中做了很大贡献，他们必须离开自己从小生活的土地和家园，就是担心因不能继续住在一起而淡化了亲情。原来的村庄的确变高楼了，但我们的村落文化根脉不能断，我就是要做这个事情。”沈海军这样说。他给我看他手机中珍藏的沈家组拆迁前的老照片，葱翠的梯田，错落有致的民房，他的眼中充满了对村落文化的眷恋。

经济转型下的瓶颈与突破

唐仔岩：我是开砂厂卖水泥的，城市在转型发展，我现在就是要带动全村人进行产业转型

唐仔岩，50岁，唐家寨社区支部书记，是一位当了13年村干部的

老支书，始终把眼睛眯成一条缝地笑，憨态可掬的背后是一颗年轻睿智的心。“我最早拿的工资是250元，这个数字特别适合我，开会的时候报工资，我举手，说我是250，大家都大笑，不过那时候也就是凭着这250的劲头做事情的。以前的唐家寨很穷，姑娘都不愿意嫁过来，卫生也是全市最差的。2004年，我从外面回来后，就动员大家合资建桥，因为路不通没办法发展。我个人投资了三四万元，这个桥修好后，还修建了一条大路连通外面。然后我们买了4台砂机开建砂厂，这一下就盘活了村里的600多人，还带动了周边其他村落发展。一天24小时的运输，那时候是灰尘漫天，但是没办法呀，要发展。砂厂开了七八年路通了以后，村里的人就开始搞运输、搞重型机械，大家慢慢都富了。2012年，因为修这条金鳞大道砂厂关闭了，但是这很好，又修了高速公路，又起了这么多楼盘，木杉河也改造了。现在我经常骄傲地说我家住在公园里，这才像一个真正的城市。”唐仔岩掩饰不住内心的骄傲，无论是对过往的大干苦干，还是对现在家乡的发展。

“现在讲转型发展了，我们就不能还停在原来，这个脑筋就要跟着变。原来为了发展没办法才开砂厂，但是那个污染太大，又有噪声，现在我们要朝着可持续发展的产业转型。我现在的想法是带动全村人一起搞旅游、搞民宿，这和大政策是符合的。我们原来都是农民，现在变成居民了，我很早就注重这个工作，就一直给大家讲我们将来都是居民，原来的习惯和思想要改。我们文化程度低，不会城市管理，将来得让会城市管理的人来做社区工作，但是我在这里一天，就得让自己的思想转变，尽量往前赶，不能拖后腿，以前并不太理解‘为人民服务’，现在理解这分量很重。”最后一句话唐仔岩是一个字一个字很重地说出来的，他真的懂得身上这副担子的分量。

……

他们都是这片勤劳踏实的土地上孕育出来的孩子，是这里千万个放牛娃的缩影，他们感恩这片土地，他们现在要竭尽全力为家乡贡献出自己的全部能量。相信，随着万山的发展，这些放牛娃们的理想都会逐一变为现实，就像他们小时候在山头放牛时望着无尽的大山所许下的美好愿望已然实现一样……

（作者系贵阳创新驱动发展战略研究院党委书记、执行院长，铜仁市人民政府发展研究中心战略咨询委员会委员）

对祠堂文化价值的初步认识

张志强

16天的万山区转型可持续发展大调研和3天预调研，综合组走访了1镇6乡3街道，共12社区31村89个考察点。调研期间，发现有祠堂的村民组为数不少，谢桥街道牙溪村张家祠堂墙上的张氏祖训“笃忠敬言，急公守法。完粮息讼，营生业言。士农工商，各执其业。慎丧祭言，慎终追远。宜尽诚敬，慎婚姻言……”引起了我这个张姓家人的极大好奇心。

祠是我国乡土建筑中的礼制性建筑，祠堂是家族的象征和中心，是乡土文化的根。朱熹在《家礼》中规定：“或有水盗，则先救祠堂，迁神主遗书，次及祭品，后及家财。”祠堂被视为高于一切，为家族命运之所系，具有神圣不可侵犯的地位。一座祠堂就是一部宗族历史，一个村落地标，更是一座文化宝库。祠堂文化，既包含了一定的物质文化，如古代建筑、牌匾雕刻、堂额联号等，又蕴含了相对丰富的精神文化，主要有宗族家训、经法制度、风俗礼仪以及人们在长期的祠堂活动中所形成的精神信仰、审美情趣等，这是中国传统文化的重要组成部分。

祠堂是万山乡愁记忆的文化遗存

调研组通过实地走访了解到，万山区还有很多散落在各村的原住房，其中不乏上百年的老房屋，但有的因年久失修逐渐破败，有的在房屋维修过程中遭到破坏，还有一部分因为易地搬迁政策的要求将要被拆掉，这对于搬离农村的农民和在外地、海外的人来说，祠堂更是其精神归属的重要载体。

几千年来，中国的家族制度一直交织于田园风味的生活理想中，这种生活理想、田园情怀以趋福避祸的方式，诠释着中国人的清淡幸福。随着社会历史的演进和发展，每个人心目中那份源于祖先的骄傲和“家族之长存”的愿景，是一股神奇的精神动力，汇集起来就形成了中华民族强大的生命力和创造力。

中国人对于祠堂的感情不可扼制、无法割裂。祠堂是传统中国人心中血缘崇拜的圣殿，是灵魂皈依所在。中国人讲究叶落归根，年轻在外漂流闯荡，就算是千里万里之遥，临到老了，都希望能回到故里，站到祖宗牌位前，跟先人唠唠嗑，对对话，聊聊家事国事天下事以及难言的心事。这样的时候，该有多少追思之念、尘世之想、家园情怀在心头荡漾啊！应该说，爱国家爱民族之情并非无源之水、无本之木。没有对亲人的爱，哪来对别人的爱？没有对家族的爱，哪来对民族的爱？可以说，每一座祠堂背后，都凝聚着世世代代中国人的情感。这种情感天长日久，延伸成为一种文化、一种博大精深的中华民族文化。

“家之有谱，犹国之有史”，毛泽东说，“收集家谱、族谱，加以研究，可以知道人类社会发展的规律，也可以为人文地理、聚落地理提供宝贵资料。”家族文化是中国祠堂文化的呈现。一个家族可以通过多种方式形成凝聚力，但是修谱建谱是最有凝聚力的途径之一。通过修撰家谱过程中的反复登门拜访，不断了解情况，追根溯源，寻祖问宗，加强了家族内部人员和家庭之间的交流沟通，增进了家族内部的彼此了解和信任，凝聚了人心。在实现祖国统一的今天，族谱承载着义无反顾的民族凝聚力。做好侨乡族谱的普查和整理工作，特别是将其中出洋族人的世系沿革、居地变迁、人口流动、族人业绩等有关内容汇总成编，进一步为海外侨亲寻根谒祖提供方便，无疑具有重要的现实意义。家族文化缩小了就是小家文化，放大了就是民族国家文化，祠堂文化所具备的尊敬先人、教化后人、凝聚人心的作用，与建设和谐社会一脉相承。家和则国和，族兴则国兴。祠堂里的祖训族规，那些教人学好向善、爱国兴家的内容，是具有永恒价值的。

祠堂很好地反映了一个地方的乡风民俗和建筑特色，实属难得的文化遗存。没有这些具象的东西，传统文化也就少了依附、少了说服力，时深日久，一个国家、一个民族陷入文化荒漠也就不是危言耸听了。所以说，祠堂文化是中华民族历史文化中不可小视、值得传承的一笔财富，也是社会主义新农村建设中不可或缺的乡愁记忆。

祠堂是万山乡村振兴的文化支点

“生产发展、生活宽裕、乡风文明、村容整洁、管理民主”是构建社会主义新农村的主要内容，当前在开展社会主义新农村建设进程中，万山各级政府应重视祠堂这个特殊“载体”。充分利用祠堂资源，挖掘祠堂文化积淀和传统道德积淀，让祠堂文化作为农村公共文化服务体系建设的重心引领农村先进文化的发展，演绎现代文明。

一是加强功能拓展。让祠堂传统文化中嫁接现代文明，通过增添新的设施，实施新的管理，拓展新的功能，使祠堂展现新的风貌、焕发新的生机活力。比如，黄道侗族乡丹阳村的乡愁馆在保留刘氏祠堂原本功能的基础上，对整个空间区域进行规划，通过实物、图片、文字和实景等静态与动态相结合的方式，展示黄道历史、侗族建筑、鼟锣文化等风貌。文化内涵的深度挖掘，增添了黄道乡愁馆的人文魅力，这是对老建筑保护的典范，也是新时期对祠堂文化的重新定义。

二是突出乡贤引领。乡贤文化根植乡土、贴近农民，蕴含着爱国爱乡、见贤思齐、崇德向善的力量，曾为中国社会的稳定、中华文明的传承起到了重要的作用。塑造乡贤文化，充分发挥优秀基层干部、乡土文化能人、德高望重的贤德人士等新乡贤的引领作用。

三是保留古老的乡村祠堂风貌，发展旅游和休闲观光业。随着城乡经济社会的发展和群众生活的富裕，对年代久远、保存较好、具有一定建筑文化价值、体现地方特色的农村祠堂加以保护和整修，在一些条件成熟的地方，以祠堂为中心进行旅游景点开发以及展览馆、博物馆的改造。通过媒体宣传报道、图片、文字展示等，让民众加深对祠堂历史、文化、建筑审美价值的认识，同时增强村民对祠堂的保护意识。其合理的利用与开发不仅有利于文物的长久保护，并拉动当地农村经济的发展。

在当今社会主义新农村建设中，正确认识祠堂文化的历史意义和现实性，继承和弘扬祠堂文化，成为研究当代农村建设的新课题。

（作者系北京国际城市发展研究院党政办公室主任，铜仁市人民政府发展研究中心特约研究员）

拓底蕴、转新业与拔穷根

贺 羽

探寻“长寿村”的美与妙

2018年10月17日，车子从仁山街道城区驶出，进入万绿丛中，我们的目的地是素有“铜仁市南花园”“长寿村”之美誉的挞扒洞社区。为适应万山区的城市发展，挞扒洞社区从行政村改为城市社区。

优质的水资源

挞扒洞的主干道基本都是弯曲的，在山中央盘绕着。大概20分钟车程，我们就来到了挞扒洞社区的道路终端，也就是长寿村的核心区域。这里的环境很幽静，空气很好，全是水泥硬化路，周围环境并不是脏乱差，而是到处干净整洁，车子停的地方还是刚修好的崭新的停车场。远处看到有一家门口还挂着一面锦旗，随行的仁山街道办事处农业中心主任（包扶干部）说：“这是搞环境卫生评比，只要屋前屋后卫生打扫干净的，可以获得奖旗和100元钱奖励，现在各家周边的卫生维持得都还算好。”

在长寿湖边，可以看到湖水清澈无比，两岸的青山倒映在这潭绿水中，美丽如画，像是来到了一个世外桃源。湖边上有很多农家乐，可品尝农家饭，可畅饮清泉水，可探讨老寿星的奥秘！这里竖立着“万山区长寿湖国家湿地公园”的牌子，湿地公园内丰富的植被及水文资源为野生动物特别是鸟类栖息、停留和繁殖提供了良好场所。“垃圾必入桶，违者罚款拾元”等木板标识牌，说明了周边居民保护生态和维护周围环境的意识很强。

包容大度的心态

在收集挞扒洞资料的时候得知，2000年，挞扒洞还没“村转居”的时候就被国家老龄委评为长寿村，50年来，挞扒洞社区出了21位百岁以上老人。看到这样的介绍，内心就十分想去探寻一下这里长寿的奥秘。在采访了挞扒洞社区塔寨组一位80岁的老人喻再德后，得到了答案。他身体很健康、精神很好。我问他身体这么好是怎么做到的？他告诉我：“心态上放宽，凡事多一些包容，少一些抱怨，我现在每天都还量力而行地种点蔬菜当锻炼。”从一个长者嘴里听到了最好的告诫。所以，除了我们感受到的生态、水质的外部环境等，长寿的秘诀关键在于适量运动和好的心态。

尊老敬老的文化

在挞扒洞可以看到一堵围墙，墙上有长寿榜和尊老的图画，体现着挞扒洞的长寿文化和尊老文化。还能看到醒目的“党的政策好、人居环境好、社会风气好、干群关系好”“扶贫攻坚、党心所向、民心所依，全面建成小康社会，打响脱贫攻坚战”等宣传语。我注意到，这里很多房子周围有很多老旧的木房子，以前居住的老旧木房大家也舍不得拆掉，只是在旁边建了新砖房。来到“百岁老人户”蒋国成家，67岁的他告诉我，他的父亲蒋绪松是这里最长寿的人，2017年去世，享年112岁。他依然记得2000年被评为“长寿村”的情景，热心地跟我分享着，90年代他们这里70多岁的老人到城里，看到其他70多岁的都行动不便，要拄拐杖，而他们都还能下田种庄稼，身体都很健康，慢慢地大家发现整个村的老人都很健康，而且还有很多90岁、100岁以上的老人，相继有人过来考察，后来国家老龄委把这里评为长寿村。如今的挞扒洞社区，“长寿村”的品牌逐步被大家知晓，社区利用独特的生态资源、避暑优势和长寿文化发展乡村旅游，夏季来避暑、游泳和度假的人越来越多，日均游客达到几千人。

感悟事业发展的苦与甜

2018年10月20日，外面下着小雨，我们来到离鱼塘乡政府13公里的金盆村。贵州金盆农业发展有限公司，由福建省福清市生龙养殖场股东投资成立，占地面积500亩，是集繁殖饲养无公害肉鸡、蛋鸡、散养土鸡和种植有机蔬菜为一体的现代化综合农业服务型企业，是2016年鱼塘乡的重点招商引资项目之一。

得天独厚的气候条件

这家公司负责人何桂祥、俞融敏都来自福建。他们看起来很纯朴，早上刚对鸡做了防疫工作回来，脚上还穿着带着泥土的雨鞋。他们很难抽空回家，需要全身心地投入工作。我问他们为什么想到来这边投资养殖？他们说："福建台风灾害比较严重，当地的种养殖业基本没有了，都在其他地方发展。选择这里的主要原因还是贵州发展农业的支持政策比较多，当地村干部特别关心农业的发展。选择金盆村，主要还是因为自然条件好，温度适宜，远离人口聚集地，鸡的发病率也较低。"贵州在发展种养殖业方面具备独特的气候、地理条件，乡村振兴在农业发展方面具备条件，因此，更需要开放发展理念。

专业先进的技术带动

我问何桂祥们他的鸡蛋有什么特点和优势时，他说："主要是保证鸡的质量，疾病防疫从不使用西药抗生素，都是使用中药，一定周期还要淘汰一部分鸡，喂养的饲料也是通过专家指导自己收购玉米来调配的，只有保证了鸡的质量，才能保证鸡蛋的质量，鸡蛋的口感也是基本接近于散养鸡鸡蛋口感的。"俞融敏打了两个鸡蛋给我看，看到鸡蛋比普通鸡蛋多了一层蛋白凝固层，这就是保证鸡蛋口感的关键。发展农业背后需要强大的专业技术支撑，实时更新发展模式和方法，培育自身优势特色，将技术兴农的理念贯穿于整个发展过程。

勤勉坚毅的职业精神

当问到下一步鸡场的发展有什么想法时，俞融敏说："还是希望走精品化道路，逐步打开市场。提升一下鸡场的机械设备，尽量减少人工，走现代化养殖道路。重点是耐心和专心做好疾病防御工作，养殖的防疫是关键，不得马虎，必须勤勤恳恳，按照专家的指导意见严格执行，每天都要按照规范进行防疫处理。"对于养殖业来说，防疫是每天不能缺少的工作。在他的身上看到，无论是做哪一行都需要精通、勤勉坚毅的职业精神。

见证脱贫致富的艰与难

2018年10月22日下午，穿过鱼塘乡金盆村，从山顶一直往下走，来到万山区三个深度贫困村之一 ——新龙村。新龙村地处深谷，这里因连年来的地质灾害，一方水土已经养不活一方人，被评为整村易地扶贫搬迁村。

自力更生、创业致富

我们来到了鱼塘乡新龙村的第一站——聚友兴农种养专业合作社的养鸭场。负责人叫石云飞，2016年初，从外面回到新龙村，与广西一个懂养鸭技术的人合伙在新龙村与金盆村交界的山坳中创办了养鸭场，并于同年7月成立了万山区聚友兴农专业合作社，流转了45亩荒山荒地，与23户农户签订了土地流转协议，先后搭建了3个鸭棚、3间简易住房和1间仓库。建设期，石云飞全部聘用村里的贫困劳动力，平均每天用工6人，每人每天工资120元。2017年初，正准备进第一批鸭苗的时候，禽流感爆发了，禽类产品禁止流通，禽货市场一派萧条，养鸭之路还没开始就似乎走到了尽头，但是他感激地说："国家实施精准扶贫，挽救了我的养鸭场。区扶贫办和区农牧科技局也给养鸭场帮扶了1.5万元，2017年11月，区级贫困户产业发展补助，按每只鸭10元的标准，获得补助6万元。"他一项一项地列举着。养鸭场通过"精扶贷"政策，带动贫困户3人，入股扶贫资金15万元，每人每年分红1000元。

石云飞通过学习大量养鸭的科普书籍，多方请教养鸭的方法，经过不断钻研，如今已经熟练掌握了养鸭子的技巧和门道，2018年收益很不错。这是通过政策帮扶、搬迁贫困户自力更生创业致富的典型，真正实现了脱贫不返贫。

易地扶贫搬迁任重道远

随后我们来到了新龙村村委会，驻村第一书记黄文灯是区公安局下派干部，2017年8月来新龙村驻村工作。他今年已经55岁，说起易地扶贫拆迁工作，他打开办公电脑，给我们看如何进行核定的流程、登记信息和申请资格等电子材料。还拿来了已经定位易地扶贫搬迁户的申请书、摸底调查表、审批表和旧房拆除复垦协议等纸质资料，足有两大盒。这都是他们驻村干部、帮扶负责人和村两委挨家挨户摸底调查核实、辛勤劳动的结果。通过他们的努力，新龙村易地扶贫搬迁216户715人（其中，2016年搬迁100户347人，2017年102户312人），贫困户搬迁率达84.84%。下一步，将全村除了野猪岔、塘头溪两个村组以外的其他户全部搬迁，可见，搬迁任重道远。

把握转型可持续发展的根本

转型可持续发展的根本是坚守生态保护与经济发展两条底线，整村易地扶贫搬迁村——鱼塘乡新龙村就是实证。新龙村导致贫困的主要原因是，土质松散，洪涝灾害不断。新龙村从1995年洪水过后，每年雨季都会遭遇不同程度的洪涝和山体滑坡，尤其是2016年7月4日，整个村90% 的基本良田被毁。可以说，这里真的是一方水土养不活一方人。在实地察看灾害点的时候，我们了解到，这个地质灾害也有人为历史的因素，在20世纪80年代，这里种植了大量桐树，产桐油，后来因为桐油市场不好，大家都走出大山外出务工了，当地村民将大面积的桐树全部砍掉当柴烧了。原本地质松散的山体再没有桐树的保护，土质变得越来越松散，山体变得十分脆弱，一遇洪水非常危险。现在回想起来，这可能也是脆弱的地质受不了一点点的洪涝侵蚀的一个原因。在听到这一段历史时，我真正感受到了不合理发展带来的惨痛教训，真正的转型可持续发展应该是建立在生态理念之下的，保护好生态才是每个人应该坚守的底线。

（作者系贵阳创新驱动发展战略研究院综合二部部长，铜仁市人民政府发展研究中心特约研究员）

转型可持续发展中的乡村脱贫路

张 清

铜仁市万山区鱼塘乡调研之旅启程于朱砂古镇，一路蜿蜒崎岖，晨雾未散；初到鱼塘，天气放晴，阳光明媚。初见鱼塘，似曾相识，作为铜仁人，对这里的一山一水、一草一木都天然带有感情。

在乡镇召开的调研对接工作座谈会上，陈绍奇书记简要介绍了鱼塘乡经济社会发展的基本概况。鱼塘乡是万山区面积最大的乡镇，新龙村是深度贫困村，已实施整村易地扶贫搬迁。全乡产业以种植为主、养殖为辅，同时发展农产品加工制造。通过加大招商引资力度，引进广东温氏集团生猪养殖，解决了登峰村和高峰村的农民就业问题，形成了全乡村村有集体经济、户户有收入来源的局面。逐步完善的城乡基本公共服务和各项惠民政策使得易地扶贫搬迁的农户“搬得出、稳得住”。村规民约在乡风文明建设上发挥了重要作用，干部绩效考核体系也更加完善。王志威乡长介绍了鱼塘乡转型前后的变化，转型前乡镇基础设施比较落后，存在产业发展定位不准、技术条件落后、结构单一等问题。近年来，在生态保护方面实施“河长制”，加强水资源管理；在社会治理方面开展“院坝会”，促进村民自治。姜亚乐副乡长提到了“生态护林员”这一创新实践，鱼塘乡通过选聘当地的贫困户分段包片，从事生态防护工作，让他们每月有固定的收入补贴家用。全村通过“五改一化一维”，使村容村貌得到全面提升。

在鱼塘乡调研的十多天行程里，我走访了文基、旗屯、牛场坡三个村，除了感动于这里的许多人、事、物外，也更真切地体会到农民在勤劳致富的征程中所做出的努力与奋斗。

脱贫致富靠产业发展

“文基村近年全面实施‘五改一化一维’，全村实现集中式安全人饮供水全覆盖，所有农户均已接入国家电网，实现组组通硬化水泥路，连户路硬化率100%，全村危房改造户22户，户户实现100% 安全住房。脱贫攻坚工作成效显著，脱贫户68户220人，贫困人口发生率由2014年建档立卡之初的14% 下降到2017年底的1.2%。村集体经济入股发展的产业主要是竹荪、砂石厂、蔬菜大棚、杰发养殖业……”副乡长曾贵发在调研座谈会上向大家汇报。

在曾乡长带领下，调研组实地走访了竹荪种植基地和蔬菜大棚种植基地，温室土壤里冒出的鲜嫩菌菇承载着农民脱贫致富奔小康的希望，大棚里新鲜绿色蔬菜还散发着泥土的芬芳。“村里气候海拔湿度都适宜菌类生长，竹荪的营养价值高、市场需求量大、管理和技术水平要求低，所以选择了种植竹荪”，杨通军向调研组介绍。杨通军是全村致富带头人，竹荪种植专业合作社每年能为入股农户带来2500元收入，目前已带动20多户贫困户脱贫。基地以培育红托竹荪为主，下一步将扩大种植规模，申请商标和技术专利。杨通军说：“在创业初期，遇到了资金投入量大、产业投资风险高、技术管理人员短缺等困难，都是鱼塘乡政府及时地给予了资金扶持、贷款帮扶、技术培训。”产业的发展离不开政府的支持与引导，政府应多给予农村创业者政策和资金支持，多开展就业创业相关方面的技术和管理培训，提供更多学习交流经验的机会。

建在范文坡上的杰发种养殖基地，是村里规模最大的种养殖产业。老板勤劳能干，头脑灵活，做事踏实，有生意经，又养鸡又养鱼，还种蔬菜大棚。养鸡场占地规模大约500亩，配有办公用房、消毒间、存料房、育苗房、药房、病鸡隔离房和配料房。这样规模的种养殖基地在推动文基村转型发展中具有举足轻重的作用。估计能带动30户农户发展养殖，户均年纯收入达2万元。养鸡场鸡粪作为蔬菜大棚的肥料，大棚里长势较差的蔬菜则作为养鸡场饲料，使资源得到了充分利用，既保护了生态环境不受到污染，也降低了企业的经营成本，实现了经济效益的最大化。

同行的曾乡长，曾担任贵州省第十一届、第十二届人大代表。参与了铜仁市高速路网、快速交通干道、机场改扩建项目的建言献策，直接推动了铜仁市全民健身活动器材的落地到位。他很自豪地向我讲述：“我以前经常到深圳等沿海先进地区开展调研，学习产业发展的成功经验和模式。”曾乡长认为，鱼塘乡的发展优势在于水资源丰富为农作物的灌溉提供了便利；耕地面积足够，有利于发展种植业；党委政府的服务协调能力好，能为农民干事创业提供充分保障。但也仍然存在群众思想观念亟待转变、产业可持续发展能力较弱、招商引资力度不够、农村空心化导致人力资源欠缺等问题难点。他说：“农村只有富裕了，矛盾才会少。”为此，他建议：“农村要发展，需要农民转变观念，搞好产业发展，壮大集体经济；经济发展要看高一点，看远一点，发展产业要走规模化、精品化、品牌化道路，要以政府为主导，加强技术服务和管理培训。”

脱贫致富要转变观念

明朝朱元璋时期，在经贵州至云南驿道大置卫所，为加强管理，建立了贵州都指挥使司，为安置供养铜仁区域内的军人，实行“以屯养军”的屯田制度，并以旗色为号，原黄旗屯后山的土地坳处插有一面黄色旗，旗屯村故此得名。旗屯村的山路在崇山峻岭中蜿蜒，忽而直上，忽而直下，路旁一排排松林，笔直挺立。峡谷中云雾弥漫，参天古树藏于其中。从河边望去，对岸黄旗屯的村庄，一栋栋白墙，仿佛一幅山水画。

在调研旗屯村期间，调研组实地走访了旗屯村贵州华诚牧业养牛基地，黄旗屯二、三村民组，铜仁市武陵农牧科技发展有限公司生猪养殖基地，与旗屯村驻村工作队队长杨小琼、村支部书记曾路明、致富能人杨峰、生态护林员向水发、脱贫代表曾空军、驻村干部杨钦尧等人进行了交流。

杨小琼原是万山区纪委监察委工作人员，驻村一年多，她对扶贫工作感受颇深。她经常到农户家庭了解农户的生活需求，帮助困难户募集资金改造危房，村民很是感激她，“没有杨队长帮忙，可能我一辈子都修不起房子。”村民说道。她经常主动去照顾村里丧失劳动力、因病致贫的两位80多岁老人，宣讲农村医保政策，劝解老人家及时医治疾病，两位老人也很感激，拉着她的手说：“共产党很好，政府也很好，给了我们很多生活补贴，还帮我们修房子，我现在都舍不得死了。”杨小琼说：“其实为老百姓付出一点点，他们都会记在心头。”杨小琼认为，部分贫困户返贫的概率比较大，扶贫工作的最大挑战是如何巩固脱贫攻坚成果，防止返贫，除了积极发展产业经济，帮助村民解决就业问题，还应该高度重视精神扶贫，激发村民生活斗志，致力脱贫致富，提高生活质量。

旗屯村村支书曾路明，以前在外搞建筑业，回家乡后，看到农村的发展变化很大。这几年，旗屯村的种养殖业在鱼塘乡处于领先位置，但对自然资源利用不够，未能真正发挥农旅融合的潜力。他说：“只有政府的相关配套设施跟上，农村的日子才会越来越好，乡村振兴要因时制宜、因地制宜。目前农村发展的资金财力还不够，政府应该给更多敢闯敢试的创业者提供服务保障，多给农业发展一些好的政策，积极发展乡村旅游产业，打开发展大局面。”

杨峰是土生土长的旗屯人，他说，“人们喜欢往城市跑，而我觉得农村很好”。他希望政府可以修通旗屯村至挞扒洞社区的断头路，放宽农村土地使用限制。他建议可以利用旗屯村的高山流水，发展漂流探险，利用旗屯村的自然风光，发展现代山地摄影和骑行。

旗屯村共有5名生态护林员，向水发就是其中之一。由于家境贫寒，乡政府帮他解决了这份工作。晴朗干燥天气、炎热夏季、清明时节、春节期间都是巡山护林的关键时间。每天骑着摩托车上山巡逻成为他的生活常态，主要工作就是清扫山林的垃圾，遇到紧急情况及时报告灾情。向水发工作很开心，每季度工资2400元，他自己有低保，家里养了8头猪和2头牛，入股了村级集体经济年终分红2000元左右，农闲时节通过在外挖地沟、埋污水管等零杂活，来补贴家用。他说：“政府有什么好的政策，都是乡干部主动上门来告知我，对我们贫困户的帮助很大，我很满意，感谢政府。”

曾空军是旗屯村的脱贫代表，黄旗屯二组人，党员，初中文化，家里8口人，4个孩子，2个老人，妻子常年在外务工。几年前因为车祸右腿摔断了，曾空军丧失了劳动力，扛不了重物，就在家附近的制衣厂当厨师。“四卡合一”公示牌上写着“2017年，2万元入股花千谷，年终分红1000元；4万元入股彩虹海，年终分红1600元；2000元入股大棚蔬菜，年终分红200元；土地流转给华诚农业，年终分红1800元，总计收入4600元。”家里种植水稻5亩，年收入2600元；养殖生猪1头，年收入2200元。综合各种收入，曾空军家的年人均纯收入达5288元。他说：“现在家里房子盖起来了，吃穿也不愁了，日子也越来越好过了。”

驻村干部杨钦尧说，“旗屯村大多是因学致贫、缺劳动力致贫、因残致贫、缺资金致贫等，但现在整体的生活水平提高了，年人均纯收入能达到6700元。”两年多的扶贫工作，让杨钦尧很是感动，群众待他如亲人，他也很感恩群众的厚待。他觉得通过驻村工作，增强了干部与群众的鱼水情，教育了广大党员干部要坚持走群众路线。对旗屯村的产业发展，他说：“农村产业对农民就业的带动能力较弱，旗屯村的农旅融合发展不够。”他建议：一是转变农村思想观念，重视下一代教育发展，吸引农村人才回乡创业，孝敬家里老人，陪伴孩子成长；二是旗屯村自然风光美，要大力发展“大健康”和“大旅游”产业；三是通过乡村能人和乡贤带动，积极发展农村现代农业。

脱贫致富需能人带动

一直以来，牛场坡村的牛最有名，以牛市交易闻名于周边县市，牛肉汤锅更是一绝。牛场坡曾经作为铜仁市三大肉牛交易市场之一，基本上家家户户都养牛，然而近几年由于圈养的方式零散，不成规模，市场不景气。

在牛场坡村，调研组遇见了村支部书记潘水银。他是地道的牛场坡人，有着多重身份，万山区第十八届、第十九届人大代表，万山区工商联协会副会长，牛场坡村村支部书记，贵州汞都建设股份有限公司总经理。作为全村的致富带头人，早在1988年就外出上海、广州、深圳等地闯荡，积累了丰富的建筑行业经验。1998年回到牛场坡村发展，继续包工地、搞建筑。2007年4月，当选为牛场坡村村支书，募集资金为村委修建办公场所，扩建牛场坡村街上组道路，实现水电路全面贯通。潘水银为了帮助村民脱贫致富，引进英德畜牧有限公司发展生猪养殖，农民通过集体经济入股，每人每年分红2000元，带动50户村民110多人就业。

潘水银名下的贵州汞都建设股份有限公司，2004年10月成立，注册资本4800万元，企业从最初的8人发展到现在的2000多人，带动了牛场坡村100多位村民就业，月均工资3500元。他说：“除了吸引牛场坡村人（大多为当地泥水工）返乡就业，每年还组织员工进行技术和管理培训，能带动家乡人脱贫致富，这是我个人的荣誉，创业不容易，感谢政府和领导的关心支持。”对于企业的未来发展规划，他提出，一方面要加强员工培训，培养优秀人才；另一方面要做大做强企业，力争集团化上市发展。他建议，勤劳纯朴的万山人要积极学习沿海城市的先进经验；大力发展旅游业和现代服务业；打造铜仁市接待中心，建设山地文化休闲公园，搞好交通运输道路规划，而对于牛场坡村，则要建设完善老年活动中心，为老年人养老和休闲娱乐提供场所。

鱼塘乡的那些人、那些事还没有结束，他们仍奔跑在脱贫致富的路上。我知道的极其有限，但我满载而归，这些乡村的脱贫历程正是“授人以鱼不如授人以渔”的实践证明，正是“精神扶贫远胜物质扶贫”的有力佐证，正是千千万万个中国农村发展的缩影。脱贫致富的道路艰巨，我们该怎样走好？未来乡村振兴战略的实施，我们该如何规划，似乎从这些故事中，我们找到了想要的答案……

（作者系贵阳创新驱动发展战略研究院综合四部副部长，铜仁市人民政府发展研究中心特约研究员）

“边远山区”的新面貌

米雅钊

贵州，是我国的一个较为边远的省份，是旧时印象中一个往往与“深山”“贫困”紧紧联系在一起的地方。铜仁市万山区，黔东门户，一个经历资源枯竭而又绝地逢生的城市。然而时代的车轮滚滚向前，在产业转型、精准扶贫等一系列党中央新决策、新部署的带动下，如今的万山已在全面建成小康社会的新征程上迈出了坚实的步伐。2018年10月15日，我来到万山，与铜仁、贵阳、北京的同事会合，并于17日跟随调研组前往鱼塘乡，开始了为期9天的调研。此行共参与走访了鱼塘乡的鱼塘村、云山村和登峰村3个村庄，看到了这些“边远山区”在新时代的发展。

新村貌：乡村环境整洁有序更宜居

硬化道路通各家。每天清晨，我们从乡政府驻地出发开车前往各村，到村委会与各村干部进行座谈，再由村干部引领，前往村里的特色产业所在地、贫困户和村民家进行走访。一路上，车轮行驶过的道路无不是宽敞平坦的硬化水泥路，出发前对下雨道路泥泞的担心烟消云散。自脱贫攻坚以来，各村均按照组组相通、户户相连的标准实施道路硬化工程，至今已实现乡村道路的全面硬化。

村间房屋焕新容。走进各村，看到的都是舒适宜居的房屋。脱贫攻坚以来，随着“五改一化一维”工程（改厨、改厕、改圈、改水、室内和房前屋后地面硬化以及房屋维修）和“美丽乡村”示范带建设的全面推进，各村对村民房屋内外进行全面改造，百姓居家环境得到显著改善。此外，根据扶贫政策，村里对符合条件的农村困难家庭实施危房改造工程，走在村里有时能看到一些老木屋，在其附近，往往就矗立着一座新的砖房，乡村环境更加宜居，村容村貌焕然一新。

新产业：产业扶贫创新模式带动乡村经济转型发展

产业扶贫成效高。不同于旧有资金扶贫方式，万山区采取的是产业扶贫模式，即以扶贫资金推动产业转型发展，并以产业发展带动贫困户的股份收入。具体做法是，将扶贫资金作为贫困户的股份注入企业，到年底时，贫困户可以根据相应的股份获得分红。同时，企业还会在当地雇用一些贫困户，在一定程度上实现了就业的转型。鱼塘村主要发展大棚蔬菜和面条加工产业，其中大棚蔬菜就是与九丰现代农业科技有限公司合作开办的，由鱼塘村提供土地、人力，九丰农业提供菜苗、种植规划、技术指导，大棚蔬菜种植基地已经具有相当的规模。云山村依托自身的自然资源优势，在扶贫资金的支持下成立了农村合作社，将村里的山泉制作成饮用水进行经营和销售，在年底为村民分红。登峰村与我国著名公司温氏集团合作，投资成立合作社，开展生猪代养包销模式的产业，获得了很高的利润。2017年，共出栏8400头，获得集体经济3万元收入，带动全村76户212人贫困户分红。除了村集体开办的合作社以外，区级、乡级企业也纷纷入驻，村里每个贫困户都可以从不同的三家企业获得分红收入。此外，地区产业和集体经济的发展，还带动村里进一步发展产业、实现致富、迈向同步小康的愿景。登峰村支部书记陈勇军说："到2020年，全村将实现10万元左右的集体经济，希望能够充分利用这笔资金，推动村里产业的进一步发展。"

返乡创业乡愁浓。自全区实施脱贫工程、推进产业转型可持续发展以来，各村有不少在外打工的乡贤纷纷返乡创业。登峰村的区人大代表、佳成牧业的负责人丁永成就是其中之一。他于2010年回到家乡，2013年开始创业开办生猪养殖场佳成牧业。这一养殖场起初存栏量只有几十头，如今发展到了600头，2018年底可达1000头，已成为全村规模较大的个体经营养殖场。2017年，通过国家产业扶贫政策，佳成牧业带动了地区3户6人贫困户实现分红。对于返乡创业，丁永成感到非常满足和自豪。"能够回家来为家乡做点事情，我是最开心的。在2014年的时候，猪价一下涨了，2015年3月是暴涨。年底我们杀了一头猪，和一组、二组的村民一起在腊月二十九吃了一顿饭，然后给子女不在身边的五保户一两百块钱买水果，看到大家开心的样子，真的，那才是最开心的，还有去年我们分红的时候也是最高兴的。今年上半年行情不好，但我会一直坚持，因为我觉得自己的责任还是很大，"丁永成说，"我以前打工的时候在广东惠州的一个小镇，也是刚刚起步，离深圳很近，邓小平南方谈话之后，我见证了那个地方的发展，现在我回来，又刚好加入我们这个脱贫攻坚战斗，这两波都被我刚好赶上，我觉得自己很荣幸。"

新思想：乡村基础教育和基层自治水平不断提升

学校教育重文化。“扶贫先扶志”，农村要获得真正的发展，归根到底还是要靠村民的知识技能和思想水平不断提升。近年来，鱼塘乡愈发重视基础教育，全乡现有1所中学，位于鱼塘村内，此外各村均有1所小学。乡村学校校园环境与印象中大相径庭。鱼塘中学就建在乡政府驻地附近的山上，占地面积33618平方米，教学环境较为出众，拥有六层的教学楼、少年宫和足球场等场地设施。校内打造了音乐、美术和书法等教室，设立了心理咨询室，并成立了留守儿童之家。学校非常重视对学生的思想文化教育，在教学楼、户外围墙等场所，处处可见文化剪影，包括四书五经训诫、世界励志名言、特长班师生亲手创作的美术作品等。校长桂梦奇说：“落实社会主义核心价值观的一个重要体现就是要为社会培养有用的人才。”2018年，鱼塘中学参加中考学生人数146人，其中中考分数在500分以上的有47人，成绩在全区处于领先。校内学生宿舍也让人眼前一亮，床铺干净整洁，书包、洗漱用具等日常物品在固定的位置被摆放得整整齐齐，成为井然有序的校园生活的一部分。

村民自治更成熟。乡村精准扶贫和强化基层治理的各项政策实施以来，鱼塘乡在乡村治理方面也有很大发展。一方面，乡村更加注重民主议事，一些乡村已形成较完善的决策议事制度体系。如登峰村的决策议事制度分为村支部委员会、联席会议、村民代表大会、院坝会四个层级，分别对党内事务，村里涉及民生或资金等重大项目，需要村民共同决策的事务，以及矛盾调处等事项进行商议和决策，在充分发挥党委领导作用的同时，实现人民代表、村组干部、村民等多元参与议事的制度。另一方面，村民们更加积极地参与乡村自治的行动。如2016年登峰村落成了占地600平方米的乡村文化活动中心，其前身是村里的一家幸福互助院，最初由万山区提出实施建设。活动中心建设所用资金，除了上级单位投入的财政资金外，还有很大一部分来自村民众筹和乡贤捐助，村主任还免费为工程运送了水泥等物料。同时，活动中心所在的文化广场占地共900亩，也由村民无偿流转土地建成。副书记陈绪明对调研组说："现在人的思想转变了。以前要我出钱，都会说这是政府的事，关我什么事。现在村民自己想到了，我们人人都要用，我们也可以出钱参与建设，这是一个很大的变化。"

鱼塘乡在万山转型可持续发展的政策引领下，在扶贫工程的带动下，实现了基础设施的全新改造，引进了知名企业并由此带来产业的升级与发展，吸引了越来越多的乡贤返乡创业，乡村的发展也使得乡村教育有了完善的教学条件和全新的教学理念，乡村治理逐渐形成体系。乡村的新变化不胜枚举。同时，通过调研我也认识到，当前乡村发展主要还是来自政策的带动作用，产业升级主要还是依靠所入驻的企业，农村合作社的发展还离不开财政资金的投入，因此如何让乡村留住已有新貌，并具备自我发展的动力，是乡村发展面临的最重要的问题。一是让农村合作社成为农村产业升级的主体，加大扶持力度，创新发展模式，开拓农产品销售渠道，打造地区产业链；二是给予教育充分的重视，乡村发展归根结底还是要靠人才，要让人才更愿意回归家乡，为地区的经济发展带来新资源、新思路，同时也要通过教育提高当地村民的思想文化素质，更新发展理念，使地区发展更具活力；三是让制度建设为乡村经济发展提供重要的依托和保障。经济向前发展，对制度建设也将提出一定的要求，如为农村合作社的发展提供良好的营商环境、进一步完善决策议事机制、在乡村产业发展的同时保持环境的清洁等，好的制度是经济稳定发展的前提和保障。

带着对乡村发展的认识与思考暂时告别万山。万山的村庄整洁、有序，其乡村经济在产业结构、经营模式、发展理念等方面进行着创新与实践。在下一阶段的发展中，村庄的环境与秩序还应有更成熟的治理体制维护，农村的经济发展和产业转型尚需内生性的动能推进。万山要继续坚定不移地执行党中央的决策部署，在乡村振兴的道路上脚踏实地开拓进取。

（作者系北京国际城市发展研究院研究员，铜仁市人民政府发展研究中心特约研究员）

走进乡村看变化
贴近基层听声音

陈万涛

贵州多雨湿润的气候，在阵阵秋风中更添寒意，此时的万山，雾罩山峦，层林尽染，万山红遍。2018年10月13~28日，北京国际城市发展研究院联合贵阳创新驱动发展战略研究院，组成了86人的调研队伍，开展了万山区转型可持续发展大调研活动。2018年10月17日早上9点，调研七组一行在茫茫大雾中走进万山区鱼塘乡，围绕转型发展、脱贫攻坚、乡村振兴等内容对鱼塘乡展开调研。在本次调研活动中，我所在的调研七组在10天时间里，对鱼塘乡9个行政村进行了实地调研，对调研走过的村寨，我总结为“进鱼塘、过江屯、上团山、登高峰（登峰村、高峰村）、看云山、访大龙、下大坡、赏槐花”。我们“白加黑、五加二”，在万山区鱼塘乡，看农村变化，听扶贫故事，问困境难点，谈转型发展，精心调查，专心研究。在完成调研任务的同时，也让我对农村基层一线干部、脱贫攻坚成效、农村发展潜力有了更为深刻的认识与思考。

基层干部：从坚守看担当

在鱼塘乡，不仅看到了村庄变化，听到了扶贫故事，也感受到一线干部的坚守担当。鱼塘村是乡政府所在地，也是调研组的首个调研村寨。在鱼塘村调研期间，前后负责对接工作的是驻村干部杨涛。高高的个子，瘦瘦的身材，满脸的笑容，这是他留在我脑海里的印象。或许是在农村工作日久的缘故，这位万山区公安局派下来的驻村干部，肤色黝黑，双手握起来粗糙有劲。这个30多岁的驻村干部，看起来俨然只是一个20多岁的小伙子。

当问到在驻村工作中，为什么能坚持这么久时，他回答说："这些工作，我们不干谁来干呢，既然来了嘛，就要好好干。"驻村工作3年多来，由于脱贫攻坚任务重、难度大，他大多数时间都吃住在村里，很少回家。在访谈中，他说，自己在爱人怀孕半年的时候，就来村里担任驻村干部，从此万山、鱼塘两地跑。他在家人需要的时候离开，这需要多大的勇气、多大的决心。

面对鱼塘村部分村寨民风彪悍，存在打架斗殴的情况，驻村干部杨涛深入基层，讲道理，讲法律，动之以情，晓之以理。"打赢了要赔钱，打输了要住院"，多么形象生动的劝诫之言，接地气，接民气；不讲大话套话，只讲真话实话。也正是如此，百姓爱戴他，干部拥护他。村支书胡建生50多岁了，干了20多年的支书，在30多岁的杨涛面前，也没有一点架子，没有半点脾气，这也是对他工作作风的高度认可。

云山村支部委员张勇，也是30岁左右的年轻人，去云山考察的那天，他早早地就来到了乡政府与我们对接。在去云山的路上，我问他以前是干什么的，他说，自己以前是开大货车的，现在回村，大货车也卖了，一心扑在村里。后来在村里与他交流时，我又问他为什么要回来，他说：“村里年轻人都出去了，没有人了，我们不干谁来干，人家选了我，就要好好干下去。”一个在外拼搏多年的人，放弃一切回来，心里没有半分抱怨，仅有一颗赤子之心。

心中有信仰，脚下有力量。无论是扎根基层的驻村干部杨涛，还是回乡担任支部委员的张勇，从他们身上我看到：如果没有勇于担当的信念，就没有数年如一日的付出；如果没有久久为功的强大定力，就没有脱贫攻坚的动力。广大的农村地区，正是有杨涛、张勇这样扎根基层、甘于奉献的干部，才造就了一个个脱贫奇迹，推动了万山的进一步发展。

脱贫攻坚：从云山看变化

2018年10月19日，在云山村，除了进村入户、座谈走访，感受最深的就是变化。在脱贫攻坚这场伟大思想指导下的“战役”中，云山村实现了道路变宽、房屋变白、村庄变绿，实现了党建从弱到强、产业从小到大、村规从无到有的巨大变化。在脱贫攻坚、乡村振兴之路上，留下了云山之变的美好篇章。

“农村富不富，关键看支部；支部强不强，全靠领头羊”，基层党组织是农村发展的领头羊，是脱贫攻坚的掌舵人。云山村第一书记周学军说：“云山村以前制度不完善，2016年以前村里干部基本不上班，在村委会是很少看到他们的。”同样，在对云山村支部委员张勇进行访谈时，他提到：“以前的村委会可能比较散，只是有任务的时候才到，现在我们会轮流排班，每天都会有人到村委会来值班。”过去的云山村村委办公无定所，公章保管不规范。脱贫攻坚以来，云山村通过加强基层党建，强化组织引领，规范村支三委工作，做到上班有记录、周末有值班；通过凝聚群众力量，齐心协力盖好办公楼房，使村委办公有场地，公章管理规范化，值班常态化。云山村支部带头，干群一心，实现了从弱到强的基层党建之变。

脱贫攻坚以来，云山村主动对接扶贫政策，用活用好扶贫资金，发展壮大集体经济。“屯兵古泉”是铜仁市万山区云雾山泉有限责任公司的注册商标，在精准扶贫政策支持下，村集体联合返乡创业者丁海清、部分贫困户及非贫困户，共同创办了铜仁市万山区云雾山泉有限责任公司，其中丁海清个人占股51%，村集体、贫困户以及非贫困户共占股49%。云山村通过发展云雾山泉公司，以“村集体 + 致富带头人 + 贫困户”模式，为发展壮大集体经济、提高群众收入水平提供了有力支撑。云雾山泉公司立足水资源，做好“水文章”，借政策东风，积极争取增资扩产，努力推动公司从小到大升级转变，增加集体经济资产，助力云山群众脱贫致富。

脱贫攻坚带来的变化不仅是村容村貌变好，集体经济壮大，还推进了乡村文明建设。民俗淳朴似水，乡风大气如山，这就是如今的云山村。2018年6月20日，云山村全体村民代表大会通过了《云山村村规民约》，共有12条，从环境卫生到公共责任，从遵守公德到邻里和睦。通过12条村规民约，规范了乡风民俗，提升了群众素质，实现了由以村民组为单位的自治向以全村为单元的德治转变，提高了村民的自治水平。

云山之变，是脱贫攻坚下的一个缩影，是农村发展的真实写照。在广大贫困地区，这样的变化已经发生或者正在发生，昔日断壁残垣变白墙黑瓦，泥泞小路变康庄大道，美丽乡村正在形成，农村正在成为人们向往的地方。

农村发展：从资源看潜力

如果说脱贫攻坚奠定了乡村发展的硬件基础，那么乡村振兴战略的出台，等于是为农村发展挂上了“加速挡”。唤醒乡村沉睡资源，激活农村发展潜力，是促进农业转型升级、农村美丽繁荣、农民增收致富的关键所在。

离乡变返乡，人才回归促发展。在鱼塘乡登峰村，万山区人大代表、万山区佳成牧业负责人丁永成给调研组留下了深刻印象。当问及他在外奋斗多年、为何要返乡创业时，他激动地回答道：“我1992年14岁就出去打工，2010年回来过年，看到政府在公路两边打上‘雁归工程’返乡创业标语，鼓励外出打工人员带回技术、资金回家创业，我觉得自己这么年轻，可以回来为家乡做点事，不是说我有多高尚，因为我亲人去世早，学校免费让我上学，能够回来为家乡做点事情，我心里边是非常开心的。”朴实的话语，深厚的情怀，怀着为家乡做事的坚定信念，毅然回归。丁永成的回归，是登峰村人才回归的开始，是群雁归巢的趋势。在他的带动下，他在外打拼多年的表弟也回乡发展。正如他所理解的，现在越来越多的人愿意回来发展，这不仅可以带动乡亲们致富，也能更好地陪伴家人。同样，在云山村，这样的变化也在悄然发生。过去的云山村年轻人外出多、返乡少，人力资源缺乏严重制约云山发展。脱贫攻坚以来，云山村出现“从打工潮到返乡潮”的变化。究其原因，一方面是部分群众具有建设家乡、发展家乡的愿望，愿意回乡献计出力；另一方面是脱贫攻坚带来的政策优势与发展机会，促使部分群众愿意回乡发展。如放弃保险公司工作的村主任丁兴清、舍弃在贵阳经营餐饮的村副主任丁红林、辞掉中巴车队队长的云雾山泉公司负责人丁海清等，他们或被选为村干部，或成为致富带头人；他们有阅历、有见识，有资源、肯干事，在为云山村脱贫致富中有钱出钱、有力出力，为家乡发展注入了新动力、新活力，农村正在发生从走出去到留下来的人力流动之变。

土地变基地，规模用地促发展。在鱼塘乡，普遍存在土地荒废现象。当前，随着农村集体经济、个体经营的发展，农村用地需求逐渐加大，土地流转规模逐渐增加。鱼塘乡通过发展蔬菜大棚，采取农户以土地入股或者赔付租金的方式，流转大量土地，种植大棚蔬菜，促进农户增收。团山村伦有农家乐发展有限公司，每年以500元/亩的价格，租用周边土地，建立集休闲、垂钓、餐饮为一体的农家乐，通过流转土地，使农户土地增值，收入增加。在坚持农业功能不变的前提下，在产业发展、人口布局、公共服务、基础设施、生态保护等方面综合谋划，合理利用农村土地，开发土地价值，发挥土地优势，推动土地变基地、田园变公园，把农村土地独特的农业价值、生态价值转化为经济价值，在土地上种出“金子”，收获“票子”，增强农村自身造血功能，促进农村发展转型升级。

能人变资本，真金白银促发展。实施乡村振兴战略，无论是促进产业发展，还是加强基础设施建设和生态环境治理，都需要真金白银的投入。除了政府资金，钱从哪里来，鱼塘乡团山村给出了答案。团山村村主任姚文臻介绍，团山村幸福院的修建，得益于村里“能人”的支持。他说，村中“能人”共筹得资金20多万元，解决了大部分经费；另外，依托各类项目，写申请、筹资金，通过去上级部门“化缘”，解决了其余部分经费。“能人”，可以说是村里的资源，这些人常年在外打拼，身上有资本，手里有资源，在农村发展中，他们不仅可以出钱出力，同时也可以通过他们的“人脉”资源，撬动更多社会资本，带动更多城市资源流向农村，从而在一定程度上解决农村发展中“钱”的问题。当前农村发展，归根结底是“人地钱”，随着乡村振兴战略的推进、农村“人地钱”三要素的聚集，未来的农村一定是充满活力、大有可为的。

10天的调研活动，是辛苦的也是喜悦的。任务重、要求高，白加黑、晴加雨，辛苦不言自明；农村发展快、变化大，乡风好、村貌新，喜悦跃上心头。基层干部的担当让人敬佩，脱贫攻坚的变化让人惊叹，农村发展的潜力让人激动。广阔农村天地，风正帆满，充满希望。走到基层，方知认知浅、水平低；深入研究，才觉“纸上得来终觉浅，绝知此事要躬行”。临行之际，红歌犹在耳畔，红叶犹在眼前，此刻太阳高照，好一幅万山红遍的壮阔画卷。

（作者系铜仁市人民政府发展研究中心研究员）

步入新时代，认知新干部

陈 林

为全面贯彻党的十九大精神，认真落实习近平总书记对万山“加快推动转型可持续发展”重要批示精神，深入研究习近平新时代中国特色社会主义思想在万山落地生根的理论基础、实践基础、群众基础，2018年10月13~28日，北京国际城市发展研究院联合贵阳创新驱动发展战略研究院组调研组，对铜仁市万山区各乡镇（街道）、村（社区）进行调研。此次调研活动，我属于调研八组，组长为贵阳创新驱动发展战略研究院常务副院长宋青，其他组员分别为贺羽、张清、罗荣、胡亚男。根据工作安排，在大组下又进行了小组的划分，以两人为小组单位，各小组对三个村（社区）进行详细调研。我很荣幸被划分到宋青小组，协同宋青副院长负责对仁山街道贵苑社区、唐家寨社区、楚溪社区进行调研。调研过程时间安排极为紧凑，劳动强度较大，然而，令人欣慰的是能够有机会深入了解基层实际情况并有所发现。调研的过程是了解人、事、物的过程，在这一过程中，能够明显感知到在新的时代背景下，我们的干部队伍有了新的变化。正是这样一批优秀的干部队伍，保证了万山区高质量、高速度的发展。

勤政务实、勇于担当的干部队伍

调研第一天，仁山街道组织了一次座谈会，会议由万山区政府副区长，谢桥新区管委会主任、仁山街道党工委书记冯兵主持。这是调研组第一次见到冯兵书记。他是个极其务实、讲求效率的干部，座谈会一开始，在宋青院长介绍了此行背景之后，冯兵书记就打破了既定议程，首先针对此次座谈会的主要目的，对调研行程的相关事宜进行了安排。在解决了主要问题之后，他说："那我现在介绍一下仁山街道的基本情况，我就不照着稿子念了。"开始如数家珍般地讲起了万山区、谢桥新区、仁山街道的发展历史，讲述起脚下的这片土地是如何一步步、一点点由山地丘陵发展到高楼林立。话里话外，调研组都能感受到，这是一个用心、用情、用脑，将全部精力投入万山发展的干部。后来，调研组无意间了解到，干部和群众都亲切地称冯兵书记为"粉哥"，原来是这位书记为了节约时间，早、中、晚餐和夜宵都只吃一碗粉。他对时间极为珍视，毕竟，有大量的项目需要去推动、大量的流程需要去完善，项目推动中如何协调各利益相关方，才能既保证项目快速落地，又能使各方尤其是老百姓利益得到满足，这些都需要协调、需要沟通、需要一定技巧、更需要时间，才能妥善、快速完成的，一切都虚不得、拖不得。长年累月的简单饮食，消瘦的是身躯，而驱动他的，是对万山发展的期待！

执行力强、办事干练的干部队伍

陪同我们调研小组进行调研的街道干部之一，是仁山街道综合办副主任罗焕楠。他是一个1995年出生的精干小伙，具备极强的执行能力与处世能力。言行举止之间，所展现的已经超出了这个年龄阶段的特质。调研期间，调研小组为深入了解区域情况，需要各社区提供相应信息，他都立马落实，时常挂在嘴边的，是一句简单的“马上落实”，并且能在极短的时间内兑现其承诺。调研期间的全程陪同，也充分展现了他灵活的处世技巧以及对各社区的深度了解。尤其是在调研组进行专访时，他街道干部的身份会让部分受访对象有一定的压力，为此，他会主动避让，这既源自他对近几年仁山干部所做工作的信任，相信老百姓会有公正、客观的评价，也是自身极强处世能力的体现，让被访谈对象在无压力之下说出最想说的话。后来我们在闲谈中了解到，罗焕楠工作仅有两三年时间，所属编制为事业编，然而，他对这份工作有着极大的认同感，两三年的工作时间也让他迅速从社会的“小白”转变成为能沉着、妥善应对各种事务的老手。他是从社区中走出来的干部，社区的工作经历，每天处理的都是居民日常的各种纠纷，调研期间，还时不时地听到他接听各种社区事务的电话，其中一次由于距离不是很远，能够清晰地听到电话另一头传来“我们这儿桶装水有问题，你什么时候来处理下”，后来询问才知道是他们社区集体经济运营过程中的一些事务。我们调研组也相信，正是这样一群能把群众的事儿当成自己的事儿、能想方设法为群众谋取合法利益，不因群众暂时的不理解而放弃、不因部分群众的刁钻而全盘否定的干部，才能造就万山高速度发展下的社会和谐稳定！

满怀赤诚、为民服务的干部队伍

唐家寨社区驻村干部罗肖，是万山本地人，毕业后在驾校工作了一段时间，后来考上了区残联，成为一名公务员，驻村（社区）已经两年零七个月。这是一个话语不多的干部，然而对自己所承担的驻村（社区）职责，尽心尽力，得到了群众的高度认可。

调研小组走访脱贫户邱桂莲，她是一位75岁无儿无女的孤寡老人，但是身体很健朗，负责小区的卫生打扫，我们在她的厨房兼客厅对她进行了专访。这是一间十来平方米的小平房，房屋里各种生活用品归置很整齐，我们遇到这位老人家的时候，她刚打扫卫生回来。进入屋子的第一件事，就是换上干净的拖鞋，然后洗了洗手，招呼我们坐下。言谈之间，得知她不爱看电视剧，喜欢看国际新闻。这是位关心国家大事的老人，她给我们讲起当今世界各国的政治、军事格局。当我们询问她关于以前和现在最大的变化时，她表示："现在的干部很好，太阳再大，只要哪家有事，他们干部就会去处理"。当我们问及她最大的愿望时，老人家的回答出乎我们的意料，她停了停，恳切地说道："最好能够一直不要换我的（帮扶）干部（罗肖）。"朴素愿望的背后，体现的是社区干部持续努力，用智改善贫困，用心沟通交流，才能得到群众如此高度的认可。

调研过程中的其他细节也在不断深化调研组对万山干部的正面认知。在一次调研过程中，陪同干部是仁山街道农业服务中心主任罗勇，由于调研距离较远，调研组乘坐罗主任的车前往调研目的地。山路崎岖，车子一路爬山而行，很少遇见行人。调研组正和罗主任畅聊万山的变化时，前方出现一个老人家，他回头看见我们乘坐的车辆，招手示意停下，然后习惯性地打开车门，上了车。在聊天过程中才知道，这位老人家80来岁，是挞扒洞社区的居民，对罗主任的车很熟悉，经常搭他的车，遇见他就像遇见自家的亲戚，所以搭车很自然、随意。

干部队伍是执政党的人格化体现，在新形势下，干部队伍作风的重要性不言而喻，是事关党的形象，事关人心向背，事关党和国家生死存亡的大事。此次调研，万山的飞速发展给调研小组留下了深刻的印象。一切从无到有，从“有多少钱办多少事”到“有多少事找多少钱”的整体思路的转变，从没有土地到“向山要地”的转变，从丘陵山地向高楼林立的转变，物质条件得到了极大改善。民众感慨，“以前做梦都没有想过这样的生活”“感谢党，感谢政府”。急剧变化的背后，反映的是万山干部队伍过硬的整体素质。万山上、中、下各级干部能够以最有力、最高效的措施重点突破项目难题，以最强的执行力完成任务，以最赤诚的情怀解决民生痛点、难点，大力发扬“白加黑”“五加二”“雨加晴”作战精神，不分白天黑夜、没有节假日持续地工作、付出。也只有这样的干部队伍，才能够保证万山高速度、高质量的发展，才能获得最广泛、最可靠的群众基础和力量源泉！

（作者系贵阳创新驱动发展战略研究院秘书一部副主任，铜仁市人民政府发展研究中心特约研究员）

不忘初心，不负青春

胡亚男

2018年10月13~28日，由北京国际城市发展研究院、贵阳创新驱动发展战略研究院、铜仁市人民政府发展研究中心组成的联合调研组对铜仁市万山区的转型可持续发展进行了为期16天的调研。我所在的调研小组负责仁山街道挞扒洞社区、鱼塘乡金盆村、新龙村的调研工作。走访、入户、访谈、座谈，每天的行程满满当当，每天的收获亦是满满当当。那些在乡村工作的可爱的人们，他们不同职业、不同经历，但都因为初心不改，坚持做着看似平凡却意义非凡的事情。在我看来，他们不就是天空中的星星吗？即使星光微弱，但用尽全力。调研结束后，我始终难以忘记这些令人感动的人和事，故以随笔形式记下。

返乡创业，反哺桑梓，用平凡书写不凡

我们的第一站是仁山街道的挞扒洞社区。挞扒洞社区的情况与仁山街道其他三个社区不同。贵苑社区、楚溪社区、唐家寨社区彼此相

邻，现都已是城市风貌，商业区、生活区、工业区基本完成规划。挞扒洞社区却与这三个社区相隔较远，保持着乡村风貌，坐落着长寿湖湿地公园，森林面积约占85%。在开车去往挞扒洞社区的路上，只见两岸群山耸立，湖水碧绿清澈，好似人间仙境一般。经了解，这里是经国家老龄委批准挂牌的铜仁市第一个“长寿村”，看到眼前这般风景就明白这里的人为什么大都能长寿了。值得一提的是，挞扒洞社区是由农村转为城市社区的，尽管目前仍是农业发展模式。

走进社区，非常安静，社区只有4个村民组，分别为塔寨组、黑冲组、挞扒洞组、苗寨组。苗寨组距离最远，登记的有19户50人，实际居住的只有4户人家。年轻人大多外出务工，留在这里的很大部分都是老人了。挞扒洞社区虽然已经成为城市规划区，却依旧民风淳朴、生活简单。但在第一天的调研中我们发现了一位不简单的人，他叫蒋秀雄，是仁山街道农业服务中心主任罗勇给我们推荐的致富带头人。

我们来到多彩种养殖农民专业合作社，准备对蒋秀雄进行专访，桌子上的一大摞书籍引起了我的注意，当时心里还想，这是谁的书呢？因为在农村很少看到书籍摆放家中，随着访谈的开始，这个问题暂时搁置一旁。蒋秀雄不同于我们入户的其他居民那样热情，看得出来他较为沉稳内敛。但随着问题的深入，蒋秀雄变得愿意与我们进行交谈了。我们了解到，蒋秀雄经历非常丰富。年轻时经营过水产养殖、种过葡萄，还在深圳当过推拿师，2000年外出闯荡，2008年回乡创业。

通过了解，我们发现种养殖业风险较大、创业较为艰难。合作社2008年开始经营种植，紧接着2012年开始经营养殖，原因就是种植的利润太过微薄，希望靠养殖业的利润进行补贴。合作社目前有217亩经果林，土地流转成本为二十七八万元，主要产柚子，柚子一斤3元，一年的收益只有两三万元。经营的林下养鸡利润大些，土地流转成本为4.7万元，贵妃鸡一斤25元，土鸡一斤20元，一年收益十几万元。此外，合作社每年拿出2万元进行分红。蒋秀雄告诉我们："农业风险很大，种植业与养殖业都很脆弱。种植业，有时一场暴雨就打落了一年收成；养殖业，只要有疫情，就没得卖了。但好在政府补贴力度较大，自己的企业创办时就拿了小微企业的扶持，后来政府还帮助解决了一台孵化器。"

在蒋秀雄叙述的过程中，让我印象深刻的是农业产品品牌塑造的迫切性问题。他告诉我们："现在的食品我们最担心的是什么？就是不知道来源，也不知道喂的是什么。"他说出了我们大多数人对食品最担忧的地方。他自豪地说道："我的这个养鸡基地是没有用饲料喂养的。"但我们了解到，在品质得到保证的同时，不可避免的是，种植、养殖周期变长，且种植受天气影响较大，利润微薄。养殖的鸡卖价仍然很低，因为无人了解，自然无人认同，在当地市场甚至没有"快速鸡"有竞争力。在如今城市人群趋向于追求健康生态食品时，合作社生产的优良产品存在大量的市场需求，可是该产业却未真正形成品牌从挞扒洞"走出去"，存在"劣币驱逐良币"现象。

即使现实困难重重，蒋秀雄并不决定放弃用高成本生产高品质产品，他每天想着的是如何打造自己的品牌。他希望以后能给每只鸡贴标签，通过标签可以知道鸡的生产日期、喂养情况等，生产的透明化会让顾客对产品放心。之后他计划在南京、上海经营高端食品店销售产品。他说："如果自己的品牌能够走出去，能带动整个铜仁市打造20家高端养殖场。"能想到用质量追溯体系塑造品牌，让我们感觉到蒋秀雄虽然在这大山中创业、工作，但了解着先进的技术与外面的世界。

蒋秀雄的人格魅力，还在于他的“善”。他之前组织过大学生创业，扶持过社区里的残疾人，免费教他们种养殖技术。可以看出蒋秀雄眼里不只有自己的利益，而是用自己的力量带动更多的人“站起来”。帮助了他人，也绽放了自己，让这个并不富裕的村庄越帮越亲。告别蒋总，走在路上时，罗主任告诉我们：“他很喜欢看书，所以你们能看到他那里摆了好多书。”

辛勤园丁，播种希望，用爱诠释教育

我们的第二站来到了鱼塘乡的金盆村。金盆村地势平坦，风景秀丽。青翠欲滴的树木让人心旷神怡，木房和砖瓦小院静静地藏在山中，流淌的清泉滋养着世世代代的村民。

在座谈会上，我们见到了金盆小学的两位教师，向小艳与刘玲静，都非常年轻。她们并不来自金盆村，属于中央特岗，当时是自由选择任职地点的。来之前，她们并不了解各个村的情况。但来到金盆村后发现这里水、电、路等设施都已完善，生活非常方便，学校也具备多媒体设备、计算机、实验室等。她们感到现在的乡村已不是她们想象般落后，无比知足与开心。

说到教育问题时两位老师却是一脸严肃。向小艳说：“家庭教育也是孩子教育路上最重要的一部分。但是，大部分外出务工的家长对孩子教育的重视程度不够。孩子缺乏父母的关爱和教育，学习成绩和生活方面都会受到影响，不利于孩子的成长。对于我们来说，我们也希望村里能发展起来，让外出务工的家长们能够回来，陪伴孩子的成长。”向小艳老师的话令人深思，金盆村由于产业结构单一，就业机会少，而城市发展迅速，存在无限的机遇，农村人走出大山、寻找机会已经是一种普遍现象，金盆村就有接近一半以上人员在外务工。但是，农村空心化导致的各种留守老人儿童问题亟待需要社会关注。

她们满怀关心地说道：“其实这里的孩子都很纯朴可爱，接下来我们要一家一家的走访，讨论孩子以后的教育问题。”我看到她们眼里的光芒，写满着对孩子的爱，多么可爱的老师啊！我想说，乡村需要你们这样充满爱心的引导者与默默无闻的奉献者。生活在城市的父母大多非常重视教育，因此城市中的老师也只需关注教学质量。可是这些乡村老师既承担着对孩子传授知识的任务，更在一定程度上担任了父母的职责，关心着孩子们的学习、生活方方面面的问题。她们全身心地投入这份工作，奉献着她们的青春与力量。希望她们在这里尽情挥洒的汗水能得到回报，希望她们教育出来的孩子都能快乐成长！

基层干部，全能达人，用责任谱写风采

鱼塘乡的新龙村因为常年遭受洪水灾害，所以已被列为整村搬迁规划。座谈会上，我们就易地扶贫搬迁问题与新龙村的干部们交流起来。我们了解到，由于农村与城市生活方式的差异，村民们搬往城市居住存在不小的困难。例如，不会用电饭煲，洗衣机坏了不知道找谁，甚至出门就找不到回家的路。因此新龙村干部们决定在安置点设立工作站，帮助村民解决生活上的困难。仁山街道的领导了解后，让工作站的干部们一同帮助搬迁过来的其他村村民解决生活中的困难。新龙

村副主任石云兵说："我们也不懂怎么修那些电器，只能看着说明书一点一点摸索，时间长了，感觉自己什么都会修了。"大家都笑起来，其中有易地扶贫搬迁村民代表还显得有些不好意思。我们问道："他们不可以找物业解决这些问题吗？"干部们说："村民们只有看到村里的干部才觉得信任可靠。但是你们别小看他们，城市机会多，好多村民也发挥了他们的价值，有些村民自己有手艺，开起了早餐店，生活是越过越好了。"干部们言语中带着一丝自豪。他们是一群驻村干部，并不属于座村庄，却真的为"乡亲"的生活变得越来越好感到开心。

基层干部工作的繁杂程度远远超出了我们的想象，这其中大多数工作并不是硬性要求，而是基于他们对村民的感情才主动承担起的大量工作。也许这些帮助村民的工作在他们眼里已经不能称为工作了吧，而是一种责任，大到解决就业，小到修理电器，干部们任劳任怨地帮助着这座村庄的村民们，他们只有一个希望，那就是看到他们在城市能够生活安好。

这次深入农村的调研让自己的心情久久难以平复，说不清这种心情是感动，是开心，还是一丝丝的沉重……感受到了那许许多多的不容易，也感受到了那份简单的美好。还记得我们走在乡间路上，如果遇到坐在院子里、亭子里晒太阳的村民们，便会上前与他们聊天，了解他们的生活状况。他们并不认识我们，但面对我们的问题，总是乐意与我们聊天。我想如果在城市里，我们的突然问候，估计无人理会。在城市中日渐消失的人与人之间的信任感在乡村从不存在，我想是乡村的简单生活赋予了村民们真诚简单的特质，是这片厚重的土地赋予了他们纯朴善良的品格。农村有着其独特的文化与内涵，已经成为发展潜力最大的地方，它的发展需要得到更多人的关注，城乡要素的双向流动仍是亟待解决的问题。未来的农村，相信村民们的物质生活与精神生活都是富裕的、美好的。希望那时的新农村、新风貌能让村民们脸上多一份自信的笑容！

（作者系贵阳创新驱动发展战略研究院研究员，铜仁市人民政府发展研究中心特约研究员）

看万山 悟万山

彭婷婷

此次16天的正式调研加上8月盛夏的预调研，我一直跟随连玉明院长，走了一镇、一乡、两街道共18个村（社区），共实地考察31个点，走访68人。我觉得大调研不仅仅是对调研人员方案拟定、组织策划、沟通、应变、体能、写作等多方面的考验，也是塑造研究“新人”最高效的方法。对我来说，能以大调研参与者的身份亲眼见证万山的转型发展成果，倍感幸运。

在调研中，我震惊于万山过往的辉煌和如今转型发展取得的成果，惊讶于万山村居环境的整洁和生态环境的优美，佩服于万山基层工作者的无私奉献和万山劳动人民的勤劳智慧，感动于万山群众的热情和民风的淳朴。万山大调研之行，也让我重塑了对贵州、对农村生活的群众以及对基层工作的认知，也让我对乡村发展有了更深入的思考。

通过万山看贵州，打破刻板印象

我是一个“新贵州人”，到铜仁之前，对整个贵州的认知，都停留在“坊间流传”的刻板印象上——交通不便，发展落后。我曾经一直以为“希望工程”中《我要上学》的“大眼睛”女孩儿就是贵州万千儿童的真实缩影。上高中时，同学之间打闹，有时会听到有口无心的玩笑话——“把你嫁到贵州去”。四年前我的家人因为工作分配来到铜仁市，那是我第一次与贵州有了交集，这也开启了我与贵州、铜仁、万山的情缘。机缘巧合，四年后，我也因为工作需要来到了铜仁市，同学的玩笑成了神奇的预言，我主动“嫁”到了贵州。上班之前，我上网先后查询了贵州、铜仁市、万山区的相关信息，有句介绍贵州的话让我印象极为深刻，说“天无三日晴、地无三尺平、人无三分银”，但是占据更多网页版面的是体现变化与发展速度的字眼儿。带着对贵州、对铜仁、对万山的好奇，我开启了此次调研之行。

万山镇是我此次大调研的第一站，虽然是预调研，但是跟随连玉明院长，我也考察完了万山镇的土坪社区、三角岩社区、解放街社区、麻音塘社区、同心社区、犀牛井社区共6个社区。万山镇是原贵州汞矿所在地，所以万山镇之行，我第一次了解了万山作为“丹砂王国”“中国汞都”曾经的辉煌，也感受到了万山贵州汞矿因为资源枯竭而被迫关闭破产后经历的灰暗光景。万山在“产业原地转型、城市异地转型”的发展思想指导下，2018年脱贫摘帽，初步实现了脱贫攻坚和转型发展的目标。我惊讶于万山转型发展的速度之快。

俗话说，说的再好不如亲眼看到。调研完6个社区后，我们又考察了2016年开园运营的朱砂古镇，进矿道感受了出产“爱国汞”的“地下长城”。我想象不出曾经的“小香港”是多么热闹与繁华，但眼前的万山镇给我留下了异常深刻的印象，这和我理解认识的贵州有太大的出入。现在的万山镇街道整洁宽敞，层次丰富的红枫树绿化带一眼望不到边，一栋栋青色瓦顶翘角、白色外墙的居民楼体不仅仅展现着当地的民族风韵，也体现着发展的速度。我一路都在反思自己的认知浅薄，在思考万山近年来到底发生了怎样翻天覆地的变化。

土坪社区原来是万山贵州汞矿职工住所集聚区，现在是朱砂古镇景区的一部分，在考察社区服务中心时，我在社区的宣传展板上看到了社区改造前后的对比图。已经为社区居民服务整整10年的杨红燕书记满脸骄傲地介绍说："房子还是老房子，街道也还是老街道，但是经过维护和修缮，原来破破烂烂的社区得到了重生。现在社区已经和朱砂古镇融为一体了，变成了一个大公园。国家政策好，加上现在又在搞旅游，居民也慢慢富起来了。以前出去的人现在都愿意回来住，住在公园里谁不愿意啊。"

万山是一个有历史、有辉煌、有贡献、有未来的地方。万山的变化可以折射出贵州的变化。"落后""贫穷"等词已经不再属于贵州。我想，眼前的世界在变，人的认知也要跟着变才行。

精准扶贫"扶"出和谐平等党政干群关系

走完18个村（社区）后，让我感触最深的是精准扶贫、精准脱贫带来的基层党政干群关系的变化。小时候，我父亲也是一位基层工作者，我的童年就是在政府大院里度过的，因此对基层干部和老百姓有着不一样的亲近感。从这次调研的所见所闻来看，我发现现在的党政干群关系更和谐、更平等，具体表现在三个方面。一是群众对基层干部的信任度大大提高；二是群众从以往单纯的被领导者变成现在扶贫工作的监督者；三是因为信息更公开透明，群众参与公共事务的积极性越来越高。反过来，和谐的党政干群关系是推动脱贫攻坚工程的助推器，是乡村稳定发展的定心石。

在脱贫攻坚工作中，为达到“扶贫对象精准、措施到户精准、项目安排精准、资金使用精准、因村派人精准、脱贫成效精准”的“六个精准”要求，基层干部全身心地扑在基层，给扶贫对象带去切切实实的生产和生活的改善。“六个精准”对参与扶贫的基层干部的工作理念和工作方式也产生了积极影响，这在很大程度上促进了基层党政干群关系的和谐发展。在去黄道乡的路上，万山区人民政府办公室副主任杨胜元说，今年上半年是万山的脱贫攻坚决胜阶段，他下驻到村里，和百姓同吃同住，一住就是3个月。他说：“我很喜欢和老百姓打交道，住了几个月后，他们对我也慢慢产生了信任感。有一次有个老乡和我说：‘你们啊，哪方面我都喜欢，就是让你们去我家吃饭你们不去这一点，我不喜欢。’为了打消他唯一的这点‘不喜欢’，我和几位干部专门买了酒去他家吃了饭，从此以后，凡是有人来检查脱贫攻坚工作，他都主动去帮我们汇报工作，介绍村里和老百姓这几年的巨大变化。老百姓是很纯朴的，和他们打交道最直接、最有效的方法就是和他们坐下来，聊聊家常，吃一顿饭，喝几杯酒。你做的所有事，他们都看在眼里，记在心上。”

“产业＋人才”助推脱贫攻坚工作

大调研很快画上了句号，这一路我亲眼感受到了万山的发展变化，同时不禁思考起万山转型发展的原因。重新梳理调研路线，总结实地考察、入户和访谈的所见所闻，最终得出了一个结论，那就是产业和人才是助推脱贫攻坚的强大内驱力。我走过的每一个乡、每一个村都有产业，大到投资上亿元的田园综合体项目，小到占地几百平方米的水产养殖场。每一个地方都有能人，包括乡镇（街道）的一把手、村两委班子成员以及普通的群众。

以谢桥街道龙门坳村为例。我们在龙门坳村调研荪灵原生态农业产业有限公司时，谢桥街道办事处主任杨月明介绍说，脱贫前的龙门坳村是出了名的贫困大村，为了生计，年轻人大多外出务工，但现在龙门坳村通过发展竹荪产业脱贫致富，2017年实现了162户贫苦户户均分红3400元，公司发放群众务工工资150万元，产业带来的发展是实实在在的。龙门坳村现在已经是谢桥街道比较富裕的村，基础设施也最完善。杨主任补充说道："龙门坳村村委会办公楼的硬件设施在整个万山区都可以说是最好的。"村级集体产业发展得如此风生水起离不开优秀的带头人，返乡企业家、村支书刘云便是其中的"领头羊"。在外打拼几十年的刘支书以前管理着3家公司，有了些积累，前后为家乡也做了不少贡献。2016年，为了家乡的发展他毅然回来干起了支书，出资金、做规划、请技术，就是为了带动老乡们脱贫致富。有了有眼界、有智慧、有魄力的"领头羊"领路，万山龙门坳竹荪品牌不断得到推广，村集体经济不断壮大。

万山除了发展竹荪产业，还因地制宜地发展食用菌、油茶、香柚种植和家禽、蜜蜂养殖等产业。产业扶贫是基础性工程，发展产业是"重中之重"，是增强贫困村"造血功能"的重要举措。万山把农业发展作为推动脱贫攻坚的重要引擎，强调在"一村一品、一乡一特色"上下功夫。

离开龙门坳，我打开手机，搜索“荪灵竹荪”，很快便找到了他们的商品，然后下单付款。脱贫攻坚芳香的果实，我也要品尝一番。

经风历雨跋村涉寨，在调研中发现问题

天公不作美，秋雨一下就是半个月，调研团队几乎每天都浸在雨水里走村过寨，直到大调研结束才拨云见日。可以说，10月深秋的万山转型可持续发展大调研开始于雾锁云笼、凄风冷雨之日，结束于风和日丽阳光明媚之时。此次大调研，我很荣幸可以跟随着连玉明院长一起经风历雨跋村涉寨，一起看万山变化，思考其中缘由。大调研之行，让我受益有二。一是学会思考如何发展，即如何因地制宜发展乡村、如何带动村民（居民）致富。二是如何发现问题，即在调研的过程中要以小见大、由点及面。

在调研中，最令我关注的问题有三个。一是农村基础教育问题。贵州农村的学校招生困难，导致开班少，学生上学不方便。以黄道乡的马黄村为例，因为生源少，学校只开设幼儿园、一年级和二年级，一年级学生只有7个学生，二年级也只有10个，三年级以上学生则要去黄道乡小学寄宿学习。二是建房致贫、返贫及住房严重浪费问题。近年来农村住房条件得到了一定程度上的改善，但是因为规划欠缺、观念陈旧与攀比之心重等因素，农村因过度建房、举债建房而致贫、返贫的并不少见，房屋空置的现象也较为严重。以茶店街道白岩村为例，马路边房子以占地200~300平方米、两三层砖房为主，房子贴了漂亮的瓷砖，但是屋内是毛坯，没有装修，没有家具家电。农村建新房富了面子、穷了里子。三是传统文化的保护与挖掘问题。万

山区以少数民族为主。侗族情歌、吞口屋、老四合院、鼟锣等少数民族特有的文化是当地的宝贵资产，应该得到更大力度的保护，其背后的深刻文化内涵也应进行挖掘与开发。

（作者系铜仁市人民政府发展研究中心研究员）

乡俗文化

PERUSE OF
WANSHAN

“万山精神”助推农村产业革命

胡海荣

“万山精神”“万山精神”……

到底什么是“万山精神”一直萦绕在我的脑海里，或明或暗、若隐若现，就像悬崖酒店上的薄雾一般，远远的，似乎她就站在那里，似曾相识，但怎么也叫不出她的名字。此时，同伴一句“咱们还要下到村里待上10天呢”点醒了我。是呀，“万山精神”不是在酒店臆想出来的，也不是凭空捏造出来的空中楼阁，它一定扎根在基层，一定有着丰富的故事。想到这儿，雾已慢慢散去，露出了像毛主席诗句所说的：看万山红遍，层林尽染。

敬业：最重要的标准是老百姓的认可

终于到了！在村寨的调研紧张而丰富，有着很多意想不到的收获。正在家门口站着的老屋场村新隆桥组的脱贫户代表刘家洪一看见我们，还没等我们介绍来的目的，他就开口对着原驻村的第一书记杨跃说：“我晓得你走了，本来想打个电话给你的，没想你今天还来了，说心里话，我是最不愿意让你走的。”杨跃是因为驻村时间已到，按铜仁当地的政策通过遴选调到敖寨乡工作去了，由于当天调研组是第一天调研老屋场村，且杨跃书记十分熟悉该村的情况，专门恳请杨书记到村来介绍情况。杨跃书记不仅来了，还非常仔细地介绍了村情村况，并且他亲自带着调研组进组入户开展调查。这样，才有了开头那一感人的场景。

“我是最不愿意让你走的”，多么质朴的话语，这应该是对第一书记所做工作最好的评价了。为此，我们调研组也专门与杨跃书记研讨了驻村书记或驻村干部挂职时间长短的问题，杨书记坦言，两三年可以说才刚刚起步，因为当前农村最核心的工作还是发展，而农业的发展是有规律性的，特别是对于种植经果林等高经济作物，生长周期一般为3~5年，如果这期间驻村干部调走了，很可能会对该产业的发展造成极大的影响。接着，杨书记说如果他还在老屋场村的话，还想带着大家种植魔芋。看得出来，他对这个地方已经有感情了，我相信，我们调研组忘不了老屋场，杨跃书记更忘不了老屋场，因为那里有他的牵挂。

奉献：最无私的情怀是舍小家顾大家

在茶店街道实地调研中，街道党政综合办的吴姝慧主任一直陪同我们，并不时地帮我们解释当地方言。每天调研结束大概都到了晚上七八点钟，送走了我们，她还要回去完成当天积压下来的工作，真是太辛苦了。有一次在调研途中，我们谈起了脱贫攻坚的种种艰辛，吴主任说：“为了做好脱贫攻坚的相关基础资料，我在单位一干就是近一个月没回家，等回到家，孩子都认不得我了，我带去游乐场玩，他还在哭，最后是我婆婆来了他才开开心心地玩了起来。”虽然吴主任讲得很轻松，但我们知道，作为一位母亲，她内心深处的苦与痛是常人无法体会的。她是舍小家为大家呀。可以想象，为了脱贫攻坚能顺利开展和完成，还有很多很多这样的年轻爸爸、年轻妈妈们奋斗在一线。

服务：最根本的目标是转型发展和提质增效

调研是顺利的，这背后是茶店街道对我们调研组的强大支持。在调研前夕，街道党工委书记和街道办事处主任专门邀请我们调研组召开座谈会，详细介绍了街道整体情况和下辖各村的优势和特色。随后，街道政法委书记又亲自带着全体调研组基本走遍了所有的村寨，为接下来的实地调研提供了最全面、最直观的感受。调研期间，街道还专门委派了一位副书记和一位副主任参与实地调研。特别是街道党工委书记石水军“夜访”调研组，为调研组接下来的工作提供了调研的重点和方向。如此热情、周到，让调研组在感动的同时，切实体会到了他们对工作的认真和负责。由此，让我联想到最近全国各地都在争相打造的“最多跑一次”的营商环境，实际就是倒逼政府自身改革，改变工作态度、模式，打造服务型政府。

我们一个小小的、民间的、非行政事业单位的调研组受到了街道如此热情、周到的接待和服务，可以说茶店街道已经朝着服务型政府转变，对群众、企业等各类群体，各级单位都会尽心竭力地服务。通过调研了解到，茶店街道为了转型升级，改变原来单一、传统的农业生产方式，已经与山东问鼎农业公司成功签订茶店车厘子种植项目合同，合同资金达到1000万元以上。在签订合同之前，街道书记石水军亲自带着投资商一个村一个村地看点选点和介绍情况，活生生地把本就初步选定投资在其他市（州）的项目“拉了过来”。此外，茶店街道还建设了铜仁地区首家汽车运动主题公园，一期工程已全面完成，并于2017年6月17~19日成功举办了贵州·万山“森海杯”2017年全国汽车场地越野障碍邀请赛，受到CCTV5——赛车时代、凤凰卫视、腾讯新闻、新华网、贵州卫视等多家新闻媒体的关注。我们可以想象出，他们为了一个项目不知道吃了多少“闭门羹”、受到了多少“冷嘲热讽”、说了多少“好话”、加了多少“通宵班”才取得如此重大的成效，正是街道全心全意地服务客商，才能让客商落得下、能生产、有销路。真是一路陪伴、一路服务！

突出精准，激活农村发展活力和内生动力

敬业、奉献、服务，我想，这可能就是“万山精神”吧。在万山精神的指引下，万山已大为改观：道路好走了！住房和生活改善了！这是当地老百姓们的普遍感受，百姓们的日子一天天变好。今后，要实现科学、合理的发展，万山就要与碧江区差异化发展。而在万山内部，各乡（镇）、街道也要各自寻求差异化、错位化、补位化的发展，形成区域一体化的发展模式。一方面，区级政府要统筹谋划好乡（镇）、街道发展的侧重点；另一方面，各乡（镇）、街道的领导干部要摸清自己的家底，已经发展了什么，还应补齐什么，要精准掌握本地的优势和劣势，才能有的放矢。总之，在今后的工作中，必将凸显“精准”这个工作抓手。而“精准”，只有从全产业链的发展视角，深刻理解和

探寻农村产业革命的内在逻辑规律，找准农村产业革命的重点、难度和突破口，才能从根本上激活农村的发展活力和内生动力。

健全农业结构调整的生产服务机制

一方面，要深入调查研究，立足市场供需结构和自身资源禀赋条件，全面掌握农产品的市场需求类型、市场需求规模、生产技术指南、生产成本控制等，进而不断优化和调整产业结构。另一方面，按照“有文化、懂技术、会经营”的职业化新型农民的要求，对广大农民开展有针对性的、灵活多样的生产实用技术培训，全面提升农民科技素质和生产实用技能，着力培养一批适应农业产业结构调整的新时代新型农民。

夯实农产品加工业发展的支撑体系

要重点引进、扶持和培育一批市场竞争力强、辐射带动面广的农产品深加工龙头企业，通过整合资源，不断提升区域农产品加工转化能力。建立农产品加工科技创新成果转化和推广应用机制，特别是瞄准农产品精深加工的实际需求，进一步整合、联动高等院校、科研机构和农产品加工企业，积极开展农产品加工科技扶贫专项行动，有针对性地开展农产品加工新技术、新工艺、新装备的研发、转化和推广。

构建农业品牌建设的公共服务体系

建立健全农业区域公用品牌、农业企业品牌、农产品品牌建设的政策扶持体系。鼓励和引导区域特色农产品地理标志的登记保护管理和绿色、有机农产品认证等。积极探索政府购买农业品牌管理和保护的公益性服务，研究制定农业品牌公益性标准体系与操作规范，培育和扶持一批农业品牌管理和保护的公益性服务组织，全面提升农业品牌的产业链和价值链，不断增强农业品牌建设与管理的能力和水平。

探索农产品产销无缝对接新模式

积极探索将农产品生产经营主体与零售商消费者直接对接，大力推广“龙头企业（公司）+合作社+农户”的生产经营模式，让合作社和农户仅负责生产环节，而市场销售交由龙头企业（公司）负责，探索集团化推进“农超对接”“农校对接”的新机制。同时，充分利用各类农村电商资源，搭建“线上+线下”销售平台，不断拓宽农产品直销渠道。

（作者系贵阳创新驱动发展战略研究院副院长，铜仁市人民政府发展研究中心战略咨询委员会委员）

万山敖寨乡村调查所思所想

宋希贤

10月26日下午4点，当面包车停靠在楚溪大酒店时，我才从恍惚中醒来，说实话，绕了两个小时壁立千仞的盘山公路我很头晕，也才意识到为期十六天的万山转型可持续发展大调研结束了。调研纪实是调研的一项作业，调研期间我几次提笔想写点什么但又不知道写什么，调研结束几天后也未能如愿。当11月8日我到上海调研上海数据交易中心时，眼前最国际化的大都市、最前沿的大数据交易、最繁忙宽阔的黄浦江和我脑中不断浮现的敖寨岩屋坪废弃矿区、深度贫困的翁背村形成了鲜明、强烈的对比。我本是个记忆力极差的人，但十几天后敖寨的中华山、敖寨河、岩屋坪红旗湾朱砂矿井、中华山村蔬菜大棚、驻村第一书记、记不清党龄的老党员、致富带头人、贫困户、乡书记乡长……又那样鲜活而清晰地出现在我的脑海里。

提笔前，我本想依靠小人物、小细节对乡村日常生活的多个方面进行细腻刻画，使调研纪实接地气、有底气，颇见水准、独具特色，然而却因缺乏真切丰富的生活体验，对农家日出而作、日落而息的生活形态和喜怒哀乐的情感描述显得无力。落笔后，等我回过头来才发现文中讨论的问题可能有点“过大”，但也许正是因为有中国东部沿海最发达的城市和西部欠发达地区最落后的农村的强烈对比，才引起我对这些大问题的思考。苍穹之下，山河亘古不变。山外青山，山民生生不息。不管我去或不去，万山的乡村就在那里。谨以此篇记录丰富我人生底色的敖寨乡村，献给勤劳勇敢、乐观向上的敖寨乡民。

城市乡村的共生共融

走在上海的南京路、外滩这样的超级城市的繁华街道，脑海中的敖寨乡中华山村、岩屋坪社区与此形成了鲜明对比，都市的喧嚣与乡村的寂静形成了强烈反差。如何在城市化深入发展背景下加快新农村建设步伐、实现城乡共同繁荣，是必须解决好的一个重大问题。当在敖寨乡做问卷调查时，每当问及“您希望您的子女留在万山还是离开万山”时，绝大部分的回答是“离开万山”。

2017年末，中国大陆总人口（包括31个省、自治区、直辖市，不包括香港、澳门特别行政区和台湾省以及海外华侨人数）139008万人。从城乡结构来看，2017年中国城镇常住人口81347万人；乡村常住人口57661万人；城镇人口占总人口比重（城镇化率）为58.52%。2017年，41.48% 的中国人仍居住在农村，而到2030年，这个数字将降到30% 以下。

目前来看，随着城市化进程的加快，城乡二元结构的矛盾也未缓解，社会主义新农村建设与新型城镇化建设两个重要抓手如何进行平衡仍然是需要深入探讨的议题。中国正在经历的城市化进程，无论规模还是速度，都是人类历史上前所未有的。然而，敖寨乡岩屋坪社区是贵州万山汞矿因矿兴城、因矿没落的缩影，也是农村劳动力转移“空心村”的缩影。岩屋坪红旗湾矿井曾于1980年采出晶体长达65.4毫米、宽35~37毫米、重237克，现珍藏于北京地质博物馆的朱砂王。朱砂王的存世，见证着岩屋坪社区当年的繁荣，1980年有4个生产连队500余人，矿工及其家属总共3000余人生活在社区，而如今社区总人口147户268人，户籍常住人口27户44人，均为80岁左右的退休工人和遗孀。这一颇具时代特色的村落日渐落寞，古民居日显颓势，让多少人魂牵梦萦的“乡愁”正在悄悄流走。

乡村经济与乡村脱贫

在敖寨乡，大山大河阻隔中的村落，宛如世外桃源，但也长期被贫困裹挟。“放牛好耕田、养猪盼过年、喂鸡筹柴米、奔波为油盐”是村民贫困生活的真实写照。脱贫，成为距离集镇50公里以外的敖寨乡民几代人的渴望。在中华山村，尽管现在仍有1/3左右的劳动力转移到城市，但这里几乎没有一片荒芜的土地，这归功于村集体经济发展和“村整建制托管”土地流转模式，全村将1500亩土地全部流转，用于大棚蔬菜种植。“以前，扶贫资金都是分到贫困户手中，那点钱什么都做不成，钱一用完又贫困了。”中华山村村委杨幸福说。为拔掉“穷根”，2013年起，在全国劳动模范、全省“文朝荣式好支书”中华山村村主任毛照新带领下，中华山村率先办起了村集体经济，并创新精准扶贫“622”分配机制，让村民成为“合伙人”，“户户有租金、人人有薪金、家家有股份、年年有分红”，村民在参与中共享、在共享中脱贫。但令人担心的是，在农业经营人员中，男性占52.5%，35岁及以下人员占19.2%，36~54岁人员占47.3%，55岁及以上人员占33.6%，中老年人群占80%。

中国目前存在200多万个农村集体经济组织，在家庭分散经营与集体统一经营相结合的双层经营体制基础上共同发展农村经济。不过，正是通过发展大棚种植这一集体经济，使中华山村从传统农业发展为高效农业，从落后农村转变为富美乡村，从贫困农民转变为小康农民，也造就了一批立足农村、发展农村的现代农民。从中华山村发展集体经济来看，集体富、村民富，集体穷、村民穷，集体空、民心散，广大农民都具有发展壮大村级集体经济的愿望。但是，也不再需要过去那种“一大二公”“一平二调”“归大堆儿”的集体经济，而是要求在充分尊重农民意愿的基础上，通过多种形式使村级集体经济不断发展壮大。除集体经济分红收入和务工收入外，国家社会保障政策则针对农户或个人进行支持，其中的新农合对防止农户因病返贫具有很大作用，最低生活保障可以为农村缺少收入来源和劳动能力的贫弱农户解决温饱问题，新农保则为农村老年人提供了难得的现金收入，这些都为农村脱贫提供了坚实的保障。

乡村治理与乡村文化

在人口城镇化率不断提高的过程中，不少国家和地区都在关注如何保持乡村的活力。如韩国搞过“新村运动”，日本搞了“乡村重建”计划，台湾省在2010年制定了“乡村重生条例”，党的十九大报告提出了“实施乡村振兴战略”。在乡村振兴战略提出的“产业兴旺、生态宜居、乡风文明、治理有效、生活富裕”总要求中，“生活富裕”是乡村振兴的根本。农村的变化，让城市人心驰神往——栖居乡村，诗意生活。遗憾的是，难道人人上楼、户户改水改厕就是“生活富裕”建设的终极目标？审视乡村现状，曾经的“一村一风情”渐成记忆，改造修缮后的自然村面貌趋同，不禁感慨，如果提前三十年就开始保护传统古村，那留给今人的古村将会是怎样一番景象？城乡共美，既要有独特韵味、别样风采的现代化城市，也要有田园风光、浓浓乡愁的美丽乡村。历史不可能重新来过，抢救性保护传统古村落，重在当代，重在眼前。努力挖掘乡村建筑的美，让更多人了解古村美之所在，保留乡土味道、乡村风貌，让古村远去的步伐慢些、再慢些，需要更多人做出努力。

“建筑塑形，文化塑魂，要让老百姓看得见山，望得见水，留得住乡愁。”在敖寨乡中华山村金家场组，农家小屋依山而建，错落有致，村舍间，绿树红花掩映，景观小品穿插。村容村貌尚可复原和修缮，而传统的乡居生活正在随现代化进程而逐渐消失，都市人对乡村有着好奇感、疏离感，同时又有一份不可磨灭的乡愁。毫无疑问，传统农村的社会结构、人文形态、农耕文明发生了深刻变化，包括工业文明和农耕文明、城市文化与乡土文化、物质追求与传统道德、家庭结构的日趋社会化与千百年来的宗族意识之间的对立与融合、纠缠与疏解、迎合与排斥。家族责任，血脉传承；孝亲敬友，伦理支撑；邻里和睦，患难与共；红白喜事，心安礼成；知耻奋发，家风家门；年节气和，风俗人文。这些优秀的传统文化基因，仍然鲜活地存在于敖寨乡里。农村是传统文化生根之处。梁漱溟先生说过，“如果中国在不久的将来要创造一种新文化，那么这种新文化的嫩芽绝不会凭空萌生，它离不开那些虽已衰老却还蕴含生机的老根——乡村”。

在农田环绕的僻静村子里，我们开展的可能也是一次中国的山村调查，此次万山乡村调查具有三个特点，即调查内容和流程的系统性、调查对象和范围的规模性、调查资料和成果的唯一性。在入户调查走访中，调查对象包括老人、妇女甚至是孩童，能够以“小家户”反映“大治理”，以“小人物”折射“大历史”。调查内容涉及经济、社会、文化、治理等众多方面，尝试在乡村发展中揭示被遮蔽的事实，既为学术研究提供丰富的一手资料，也对当前以家户为社会单元的农村政策制定与基层治理提供依据，更对万山的转型可持续发展具有深远意义。十六天的万山敖寨之行，当下也许就是一次工作而已，十年后看可能是件伟大而有意义的事情。用双脚丈量感知了万山，就以此文铭记万山之行吧！

（作者系贵阳创新驱动发展战略研究院副院长，贵阳智能大数据发展应用研究中心主任，铜仁市人民政府发展研究中心战略咨询委员会委员）

万山调研记

龙婉玲

2018年10月13~28日，北京国际城市发展研究院、贵阳创新驱动发展战略研究院组成86人联合调研组，对铜仁市万山区的转型可持续发展进行了深入的调研，我有幸作为其中的一员，跟随连玉明院长听介绍、访企业、走村镇、看农户，实地考察了万山区5乡2街道，23个村4个社区，66个考察点，访谈人数76人。

这次万山调研之行，是一次特别的田野工作之旅。作为调研员要一路看生活，看具体的人，从事实里找出道理。不仅是简单的实地调查，更是反复思考的过程，得“悟”，把自己放进社会和文化里。看不到人文世界的复杂性，就不懂得人生，也不可能解释好社会发生的一切。

乡土文化

中国社会是乡土性的，村民依附着土地世世代代生存下去。“土”是他们的命根，种地人挪不动土地，长在土里的庄稼也行走不得，依附土地生存的老农也像是半身插入土里，流动不得。空间流动性决定了人与人的接触面，相互往来的人中几乎没有陌生人，在熟悉的土地上与熟悉的人一起生活就形成了乡土文化。村里的人不愿出去，外面的人也不愿进来，但“小而全”“不求人”的封闭经济带来的仅是“放牛好耕田、养猪盼过年、喂鸡筹柴米、奔波为油盐”的贫困生活。围城里的，得出去；背井离乡的，得回来。

“根”是他们的魂，落叶归根。连玉明院长在调研中说：“衡量一个地方转型的发展成果，就是看这个地方出去的人回来了多少；看一个地方未来的发展前景，也是看这个地方留住了多少人，回来了多少人。”下溪乡瓦田村支部书记吴长银说道：“五年前村里有800~900人去上海打工，现在在外面的不到200人（瓦田村总人口1700余人）。”

“家门口就能找到钱了。”

“在外面学得差不多，总要回来，这儿才是家。”

“回来为村里做点贡献。”

村民们质朴而深刻地回答着返乡的缘由，这些简单的答案背后折射出了万山转型发展成功所带来的巨大向心力和影响力。从官田村蔬菜大棚的技术管理员姚本富，到瓦田村的养殖大户吴长林，再到瓦田村的书记、主任，无一不是在外历练十年八载后，重新回到家乡，并用所学所见反哺家乡，带动农村脱贫致富的。乡土文化羁绊着乡村人，社会主义新农村建设的发展拴着热爱这片土地的家乡人。

乡愁记忆

“建筑塑形，文化塑魂，要让老百姓看得见山，望得见水，留得住乡愁。”一花一叶一树一木无一不是乡愁的寄托，乡村需要振兴，农村原生态的自然风光也不能抛弃，留住老建筑，留住原住民，才能留住乡愁记忆。

黄道乡愁馆是老建筑保护的典范，黄道乡党委书记舒德介绍说：“我们通过对原来的刘氏宗祠进行修缮翻新，梳理黄道乡的发展脉络和历史文化，收集了一批老物件、老照片等，建成了黄道乡愁馆。”刘氏宗祠已有620年的历史，乡愁馆在保留其原本基础功能的基础上，对整个空间区域进行规划，通过实物、图片、文字和实景等静态与动态相结合的方式，展示了黄道历史、侗族建筑、鼟锣等文化风貌。文化内涵的深度挖掘，增添了黄道乡愁馆的人文魅力，满载爱与记忆的乡愁馆是游子的牵挂，一物一事一书无一不是记忆的复刻，建筑里的灵魂是情感、是念想、是回忆，振兴的乡村留住的是记忆乡愁。

在落实乡村振兴战略的过程中，切实把传统村落保护摆在更加突出的位置，最大限度地保存其原有风貌，留住乡愁，留住历史。

黄道乡还有很多散落在各村的传统民居，比如瓦寨现有木质结构侗族特色房屋60余栋，大部分为侗族独具特色的建筑“吞口屋”，其中不乏上百年的老房屋。丹阳村村民罗松香、肖桂玉夫妇的住房也已经有百余年历史，70岁的罗永清老人家门前就是一栋侗族百年老房遗址。这些老房子除了因为年久失修逐渐破败外，还有一批传统建筑在维修的过程中遭到了破坏，影响了村落的整体风貌和美感，失去了亲密熟悉的感觉。

这些传统村落代表的是村民从时间、空间、经常接触中亲密记忆的感觉，这感觉是无数次的人类智慧与自然的小摩擦里陶冶出来的结果。重塑传统村落的文化价值，让历史遗存与当代生活共融，让村落景观与人文内涵共生，重新焕发传统村落的生机与活力。保护传统建筑，也是在保护乡土本色与乡愁记忆。东西坏了可以修，记忆没了就难再找回了。

乡情隽永

连玉明院长是走村入户的“老专家”，身为全国政协委员，他对调研很有一套，再三强调“约法三章”：领导看过的不看、事先安排的不看；大路两旁的不看。于是每日驱车几经辗转，所见所闻都是平凡又坚强的生命、纯真又朴实的笑容。

正如作家魏巍在《谁是最可爱的人》一文中写的那样：“我最急于告诉你们的，是我思想感情的一段重要经历，这就是：我越来越深刻地感觉到谁是我们最可爱的人！”

在长坳村，听到刚刚退休的长坳小学校长蒲祖松四十年如一日地专注于乡村教育的事迹后，连玉明院长立刻要求前往拜访这位“老教师”。调研组一行不顾蒙蒙细雨、山路湿滑，爬山坡、越小桥，专程到蒲校长家中进行看望，倾听蒲校长讲述自己这么多年的教育之路，感受到蒲校长对乡村教育的无限热忱与无私付出。

在两河口村，见到连续担任四届第一书记的女书记——万山区民政局社会救助局局长、两河口村第一书记罗国玉。驻村以来，她按照“明村情定思路、抓党建强队伍、壮产业促脱贫、争项目夯基础”的思路认真履行着驻村干部和第一书记的职责，受到乡村两级干部及村民们的一致好评。

在春晖社，遇到返乡企业家杨米昌，他所创建的青蕴农业占地面积26亩、棚内种植面积21亩。面对不懂技术的乡亲，他请技术员手把手开展培训。2017年青蕴农业年总收入达106万元，带动就业62人，其中精准扶贫户27人，实现户均增收0.8万元以上。两河口村副书记兼村主任陈小久自豪的介绍“杨米昌自己出钱给老百姓修建运动场”“我们春晖社这些成员都是了不起的，在创业方面都有战斗力，精神非常好”。

在中华山村，91岁的杨腊光老人精神抖擞，思路清晰。从老人的话语中，可以看到扶贫工作人员的倾情投入和真情帮扶，更看到了群众对精准帮扶工作的真心欢迎和真正满意。

连玉明院长：“老人家怎么没有去赶集？”

杨腊光老人：“下雨天没有去，要是天晴的话，有车也就去走一下，到敖寨去赶场，万山远了，没有事就没怎么去。”

连玉明院长：“这日子过得怎么样？红火不？”

杨腊光老人：“现在国家这么照顾我们，都吃国家、用国家的了，还要怎么好嘛，想达到小康就达到小康生活了。”

连玉明院长：“老人家身体好，90岁高龄了有没有养老金可以领？”

杨腊光老人：“满了90岁有高龄补贴，三个月到万山去领一次。养老金就在这外面办了卡，大队村主任那里发。低保也有，也在这里领。”

……

一切行之有效的政策都基于客观事实，事实的搜求都基于科学的训练。一个团体之成功，一个城市之发达，一个国家之强盛，关键在于真抓实干。这是结束语，也是真心话。

（作者系贵阳创新驱动发展战略研究院院务委员、党政办公室主任，铜仁市人民政府发展研究中心战略咨询委员会委员）

新时代最可爱的人

虎 静

这一年来，乡村很火，也很热。“乡村振兴”“精准扶贫”“产业转型”等关键词，排满了我2018年智库工作的任务表。即便每天都在接触“乡村”，但我与乡村仍然既熟悉又陌生。10月13~28日，非常有幸参加由北京国际城市发展研究院、贵阳创新驱动发展战略研究院和铜仁市人民政府发展研究中心共同开展的“万山区转型可持续发展大调研”活动。在为期七天的实地调研过程中，走访了茶店街道梅花、大元、横山和红岩四村，在经历一村一组、一山一水、一草一木、一砖一瓦、一人一事的洗礼后，在感慨和惊叹精准扶贫、精准脱贫引发的山乡巨变时，也被“村官”“驻村干部”“致富带头人”“返乡创业者”“脱贫户”这样一群人所触动和折服，他们撑起了一个个山村脱贫的脊梁，构成了一个个山村发展的砥柱。离别之际，虽有很多不舍和不愿，但“新时代最可爱的乡村人”这一字眼已自然蹦出并跃然纸上。

村干部杨昌洪：在推动乡村转型中实现人生转型

梅花村是我的调研首站，初闻村名时我憧憬着这里应是满山梅花，等待寒冬绽放。然而，事实是梅花村并没有满山遍野栽种梅花，只因地形形似梅花而得名。这个地处茶店街道近郊的小山村，世世代代族居着杨姓侗家人，守着绿水青山。为了生计和发展，从20世纪80年代开始，村民纷纷在铜仁市城区从事泥水工，85%以上村民转型成了建筑工人。近年来，抓住万山城市异地转型发展机遇，在外奔波的两代梅花人告别了贫穷，摘掉了贫帽。乡村在大部分村民眼里，已成过往，一栋栋新修的乡村别墅空置着，农村“空心化”异常严重，乡村社会发展面临全面转型。

杨昌洪，36岁，一个土生土长的梅花人，一个常居城市的农村人，一个返乡创业的带头人……杨昌洪身上的标签太多了，但他认为自己其实只是一个“该回家了的农村人”。他拘谨、腼腆、少言，显得并不那么出众，让其出众的是他的“能人”身份。作为一个农民家庭的长男，早熟的杨昌洪在16岁初中毕业后就踏入社会，希望通过外出务工，减轻和分担家庭重任。在江浙一带打工的杨昌洪，从“高端的工种不会做、低端的工种工资低”的现实中领悟了知识的重要性，也从和朋友合伙搞省际班车运输到开餐馆、二手车经营和开办含汞废料加工厂的经历中切实体会了“资源”的重要性。十几年来，杨昌洪生意越做越大，成了梅花村富起来的一批能人，按其话说，自己的发家致富，离不开身边能人的帮扶。

深知教育知识和能人效应重要性的杨昌洪，在万山汞矿被迫关闭亟须全面转型的背景下，面临自我转型的他，毅然回乡创业。一方面，他希望通过村委会这个平台提升自己的见识和学识，另一方面通过发动能人“资源”回乡创业带动乡村产业发展。2016年底，杨昌洪正式走马上任梅花村村主任，两年来通过能人村干部的“双重身份”效应，成功打通了支撑全村产业发展的产业路。同时，立足乡村产业差异化和特色化发展，采取“致富带头人＋村集体经济＋基地＋贫困户”模式，在村里流转100多亩土地，发展青蛙养殖产业。从普通山里娃成为城市人，从城市人回归乡村带头发展产业，杨昌洪说：“我只是在做每个时代自己该做的事。”不善言辞的他回顾自己的前半生，时常念叨的是曾经帮扶自己的能人朋友，而今立足乡村，他想通过能人效应回报故乡、惠及村民。

第一书记向安鑫：大元一天不脱贫，自己一天不脱单

向安鑫，27岁，大元村第一书记，茶店街道唯一的女驻村干部。2017年4月，刚参加工作6个月后，她接到了驻村任命书，从铜仁市住房公积金管理中心万山分部派驻大元村。与大多数驻村干部不同，空乘专业毕业的她，身材高挑、皮肤白净、穿着时髦，显得与大元这个省级二类贫困村“格格不入”。但就是这样一个90后女孩，远离父母和家乡，在“一定要帮助群众脱贫致富，彻底打赢这场脱贫攻坚战，大元一天不脱贫，自己一天不脱单”的信念坚持下，驻村第一个月，她就跑遍了全村10个村民组，挨家挨户走访了解，在全面摸清群众收入情况、基础设施现状和发展致富途径等后，熬了整整五个通宵，形成了一份长达百页的精准脱贫计划和产业发展规划。凭借着自己的付出与担当，向安鑫伴随着“刚开始驻村，当地的群众都不太信任我，觉

得我年轻，又是一个女孩子干不成事”的质疑声，转变成村民脱贫致富希望的引路人和主心骨。

当被问及“当驻村干部最大的心得体会是什么”时，向安鑫不加思索、脱口而出，“驻村干部关键在‘驻’，这个‘驻’就是驻扎、‘驻心’，要真的时时刻刻想着群众，想着他们的生活发展问题，真正深入群众，走进群众心坎里去。”靠着这种驻扎和“驻心”，向安鑫一年多的驻村工作，在村支书王凤和看来，“像个铁娘子一样，完全超出了这个年纪的女孩子的极限，特别是从去年9月到今年7月脱贫国检阶段，就春节放了7天假，连续7个月没有回家。”在向安鑫看来，“在村三委和驻村工作队一群人中，自己最年轻、最没经验，自己苦点忙点，至少能让其他人休息一点，能让村民多感受一点，对于处于学习积累提升阶段的自己来说，这已经很值了。”

苦不可怕，熬熬就过去了，驻村以来，最让向安鑫担忧的是，“要实现全村如期顺利脱贫，首先必须要转变群众的思想观念，把扶‘智’与扶‘贫’有机结合起来，实现群众从‘要我脱贫’到‘我要脱贫’的思想转变，其中产业发展是关键。”但是，对于大元村来说，村集体经济薄弱，土地散碎不连片，缺乏“能人”带动，导致村民们大多选择外出务工，发展农业的意愿不高，这是她认为大元发展中最大的难题。产业发展虽不易，但是大元也不是没有机会，近年来，随着国家惠农政策的深入，返乡创业的春风吹拂着慢慢苏醒的大元村，由返乡创业者引领的特色种养殖等脱贫产业正如雨后春笋般在大元村拔节。这其中，由本村村民樊菊花返乡开办的生猪代养基地背后，倾注了向安鑫的大量心血，“这个小妹子太执着了，隔三岔五就往我的基地跑，帮忙跑手续，挨家挨户给村民做工作流转土地，没见过把别人的事情当自己的、甚至比自己的事情还上心的人。”樊菊花由衷地对向安鑫表示钦佩和认可。

“马客”杨祥昌：实现两条腿走路和两条路致富

当柏油路修到了乡村千家万户、山间地头，机械化、电气化设备正逐步进入乡村，冲击着古老的耕作手段和运输方式，人背马驮的传统道路运输似乎只存在记忆里。在茶店街道，杨祥昌是一帮被称为“马客”群体的引路人，在第一书记眼里，杨祥昌们如金庸武侠小说中“逍遥子”般存在，他们十多个乡里人，个个牵着一匹高头大马，常年游走在湘黔交界，穿梭在虚无缥缈的大山深处，靠驮马运输建筑材料为生，承担着机械时代乡村不能通达的“最后一公里”的运输重任。

十多年来，杨祥昌从生猪生意起家到凭借“马客”发家，1989年就建起了村里最早的一批两层砖房。2000年，由于儿子涉世未深，打架斗殴致人伤残，被判重刑。回忆过往，杨祥昌眼泪在眼珠子里打转，“为了承担民事赔偿，家里值钱的东西全卖了，连维持生活来源的一匹马也赔完了，当时真的感觉天都要塌下来了。”就这样，习惯闲云野鹤般马客生活的杨祥昌逐步陷入贫困，一蹶不振。2014年在被评定为贫困户后，第一书记唐平开始关注他，思索着怎么帮助他脱贫，“唐书记来了解情况，我直截了当跟他说了，还是想赶马为生，即便好多年没搞了，但是打听了外面需求还很大。”在村支两委和驻村干部自掏腰包的情况下，杨祥昌得到了1万多元的帮扶资金，在贵阳花溪区购买了一批驮马，开启了自己脱贫致富的“马客”新路。三年来，杨祥昌依靠驮马常年在湘黔大山各类通信工程建设工地里搞马背运输，每天收入近500元，加上各类贫困户补贴，个人年收入5万余元，2015年顺利实现脱贫。

面对村里热火朝天推进的各类种养殖基地，杨祥昌并不眼红，他时常挂在嘴边的更多是自己自由、潇洒、无拘无束的“马客”生活，他说：“搞产业肯定是好事，但是如果都一窝蜂地去搞，市场接不接受，谁都说不准，再说我们真的老了，没技术、没经验、没头脑，投进去真金白银如果不冒泡就老火了。”在杨祥昌看来，“为人要尽力而为，做事要量力而行，乡村发展要结合自身条件和实力，多寻找些适合自己走的路。”第一书记唐平对此感慨不已，不由得竖起了大拇指。是的，驮马这项看似古老的传统运输工具，虽然早已被机械化取缔，但是从因地制宜来看，在山高坡陡的武陵山区架设通信基础设施，人背马驮在新时代仍然有独特的价值。面对未来，杨祥昌坦言：“马客也不可能一辈子干下去，年纪大了肯定就跑不动了，现阶段会继续把马客当作主业，同时想办个香火加工小作坊，这个现在需求很大，而且成本很低，实现两条腿走路和两条路致富。”

（作者系贵阳创新驱动发展战略研究院综合一部部长，铜仁市人民政府发展研究中心特约研究员）

记万山的速度、高度与温度

文颖

为期半个月的万山大调研，不是我唯一参与的调研，但却是最为有滋有味的一次经历，一次历练，一次逐梦的体验。回来之后，那山那人仍时常出现在眼前，让人深思万山的速度、高度与温度。

万山的“快”与“慢”

犹记从朱砂古镇前往茶店街道路上，高速路很快，路旁山间，云雾缭绕。霎时间，觉得有些恍惚，时代的车轮滚滚往前，但眼前的水墨万山，仍静默缓慢，美得不可方物。为期半个月的调研，我所在的调研九组，走遍了万山区茶店街道的每个村落，与百姓一同见证万山的“快”与“慢”，这“快”令人惊叹，这“慢”也令人思考与钦佩。

万山的“快”。自2013年以后，万山的变化与发展，一路加速狂奔。老百姓喜笑颜开地告诉我，门前的大马路有多宽，家里住的房子有多敞亮，园里的果树果子挂得有多好，养殖场的猪长得有多肥硕。

塘边村正是万山“快”的缩影。塘边村，虽称为“村”，务农的却不多，其中多数是老年人。年轻人去哪了？“我们村很多人搞建筑业，有技术、有能力，劳务输出一天收入好的有300元。”“周边大大小小有几十家企业，很多村民都去上班了。”村领导介绍道。距茶店街道4公里、距万山城区9公里的塘边村，地处玉铜高等级公路两旁，交通十分便利，村民正是利用这极好的区位优势，逐渐从务农转变为务工。原先的田地上，也逐步建起了铜仁市交通职业学校和塘边驾驶考试中心。2016年底，塘边村从开天村“净身出户”，村集体经济“从零开始”。“我们分村的时候，一张凳子都没有。”看着崭新的会议室有点难以想象“一穷二白”的村集体经济，究竟怎么这么快就建起了村委会办公楼，“我们到处找的赞助，这大桌子就是那边的家具厂赞助的。”村干部指着面前的会议桌说道。这不禁让人想起塘边村1985年的那场大火，好几个村民组一夜之间烧为灰烬，粮食没有了，房子也没有了。老村支书饶永燕至今还记得，火灾后他挨家挨户地询问烤烟还种不种了，村民们一致决定：种！一年之内，村民种上了烤烟，自家的房子也建起来了。除了国家政策的扶持，村民吃苦耐劳的精神也是塘边能一次次“站起来”、快速抓住机遇转型发展的重要原因。据了解，2019年1月塘边村将被划入仁山街道，行政区划的变更将带来经济社会发展的重大变化。作为主城区的拓展区，未来塘边村将按照区里的规划大力提升环境形象和品质，依托现有的交通职业学校和驾驶考试中心，重点发展与汽车相关的产业，建设“车轮经济圈”；依托凉爽的气候资源，大力发展现代农业和旅游业，打造“周末避暑花园”。这个原本以传统农业为主的村落，正朝着现代服务业、农旅一体化的方向发展。塘边村无疑是搭上高速列车的幸运儿，但我相信这样的幸运不是偶然，也不是唯一。因这幸运的背后折射出来的万山上下同心、齐力奋进的转型精神，正彰显在万山的各处、各人。

红岩村的脱贫户张昌军也是万山“快”的缩影。1972年出生的张昌军，前几年因视神经萎缩看病花了不少钱，加之家中三个孩子念书学费负担较重，一下子成了贫困户。身体的残疾和经济的重担让张昌军生活陷入了困境，但也就是此时开启了他发展的新契机。2014年被识别为精准扶贫贫困户后，在驻村帮扶干部陆荣飞的帮助下，张昌军筹得资金开始发展养蜂业。随后张昌军参加扶贫培训到外地考察学习养殖技术，借助政府贴息的小额贷款，又养起了猪和牛，种起了蜂糖李。2016年，勤奋能干的张昌军就脱了贫。现在家里孩子上学得到国家补助，加上种养殖产业的收入、护林员的工资、低保金以及家里人务工的收入，2017年张昌军一家五口年收入达6万多元。此外，家里的种养殖产业还得到了上万元的奖补。两年之间，张昌军的家发生了巨大的变化。原本视神经萎缩身患残疾的他，因不能干重体力活、无法外出务工十分沮丧。但借着外出考察学习养殖的机会，张昌军的眼界大开，鼓起勇气搞起了各类养殖，不仅脱了贫，还成了致富能人。

万山的“慢”。与村里翻天覆地的变化不同，时间，似乎在这片绿水青山里，静止了。黄连溪的水，还是清澈见底，鱼游不息，两旁青山依旧，芳草连天。就连牛儿，还在路上走，只是赶牛的人笑着说“现在是在马路上放牛”。对于红岩村的小学老师饶维华来说，村里变了很多，但也有很多东西没有变。他说村里的空气还是好，儿时伙伴常在家门口相聚，对坐而谈童年趣事。这，也是生活。

站在塘边村尖坡村民组蒋翠萍家门口，往下一望，正对着挞扒洞村的长寿湖。她说，那是她的故乡，长寿湖边就是她的家。家里六姐妹相继长大、成家，却仍对家门口的山水难以忘怀。“夏天的水真是舒服，现在我们都还回去游泳。”蒋翠萍笑着说。虽嫁到了塘边村，年过五十的她，又在山坡上种起了香柚，刚好对着儿时的家。蒋翠萍看好的不仅是万山香柚的销售前景，更是山脚下的绿水青山建成湿地公园后的发展前景。所以即便现在顶着香柚“五年才挂果”的前期投入大、资金回收较慢的难题，蒋翠萍也还是没有停下来的打算。守着绿水青山，就有金山银山。

万山的“高”与“低”

万山地区的平均海拔是800米以上，区内最高点米公山海拔1149.2米，最低点在下溪河出境处（长田湾）海拔270米，落差近1000米。调研期间，汽车时而沿公路盘旋而上，见群山辽阔；时而随河流蜿蜒而下，见水天一色。正所谓“低得下来，高得上去”，我想这也是万山的精神特质之一吧。曾经风光无限的汞矿资源聚集地，在面临破产倒闭后，愿意放低门槛，竭力转型。但又不失高站位和长眼光，坚持绿色可持续发展。有高有低方为全。

万山的“低”。门槛低，客从四方来。去见唐仁祥的早晨，开天村正下着蒙蒙细雨。唐仁祥的衣架厂已经一片忙碌。办公楼还没有贴砖，在楼梯间的桌子旁，唐仁祥讲述起与开天村的缘分。出生重庆的他，毅然决然来到铜仁发展，成了典型的“贵漂”。除了妻子的家乡在此之外，他更是看好了这里发展的后发优势。“你在重庆发展，大家都拼命干，你的机遇不多，这里不一样，发展潜力大，需求多，机遇多，竞争却没那么大。”唐仁祥分析道。从重庆来到铜仁的他，开过蜂窝煤厂，也在保险公司做过销售。最后看好日用品的销售前景，办起了衣架厂。

此后他每天早上六点起床，跟着6.5米长的大货车，去到铜仁各地和临近的湖南地区销售衣架、鞋架等日用品，每天卖光了就回来。要是说没有难处，也是假的。衣架厂的规模逐渐扩大，产量增加，仓库就不够用了。有没有想过换别的地方建厂？唐仁祥摇摇头，他喜欢开天村。前年自己外出售货，厂里突然失火，妻子惊慌哭泣着给他打电话。远水救不了近火，唐仁祥在电话一头也是干着急。是厂房周围正在参加酒席的村民齐心救火，保住了厂房。唐仁祥心里很是感动。他说，自己在这里过得自在。

万山的"高"。在白岩村的鱼塘边，村支书潘晖讲起了他的"伤心事"。原来，他早些年开得红红火火的石材厂前几年被叫停关闭了。几百万的生意就此画上了句号。潘晖的心里仍有些不甘，不过他内心也深知矿产资源加工业做不长久，因此很快又搭上了另一条发展快车——水产养殖。白岩村的水，水质优良。起初村里只打算养殖普通鱼类品种，如鲤鱼、草鱼等。但茶店街道办事处前任书记给潘晖提出建议，如此宝贵的水资源，要发展养殖，应该养出特色、养出品牌。立足白岩村洞水冷水特性，经过多番考察和学习，潘晖最终决定重点养殖冷水鱼——裸鲤。裸鲤，系属鲤鱼，全身无鳞，故名裸鲤。依托天然水源，白岩村养出的裸鲤并无鱼腥味，肉质鲜美，以20元/斤的价格出售到铜仁各地，而餐桌上的裸鲤价格则飙升至80~100元/斤。尝到甜头的潘晖，除传统养殖外，也以限时垂钓的方式，吸引游客聚集，提升鱼塘人气，以后他打算走农旅一体化的路子。潘晖感慨，时代不同了，现在的人们对生活有了更高的要求，食物的品质要求也更高，这是个大市场。就这样，潘晖的创业之路也不知不觉顺应时代潮流，经历了大转型。

万山的“冷”与“热”

万山的温度是冷还是热？调研是在10月，海拔略高的朱砂古镇一带，温度较低，加上冷空气南下，一夜降到了10℃以下。一连好几个雨天，在山林间穿梭，手脚冻僵。直到调研完塘边村的上午，寒风中，村主任、驻村干部和调研组握手言别。心里一惊，手真暖和。想到这些风里雨里与我们一同站立的村干部们，心里又是一阵暖意。

万山的“冷”。到达万山那天，是在迷雾之中。下了高铁，又驱车一个钟头，从座位上醒来只见一片白茫茫，急忙问身旁的同事，这是哪儿？一下车，冷得够呛。睁大了眼睛，看见几个红色的大字——朱砂古镇。一片冷寂之中，很难将这里与汞矿相联系。万山不是没有红火过，茶店街道办事处的党工委副书记、政法委书记杜翔回忆到，1982年万山汞矿一线工人的工资每个月是36元，相当于当时县级领导的月收入。身为汞矿子弟的他，1985年就有了第一件羊毛衫，1986年家里就有了第一台彩色电视机，1993年他买了一块双狮手表送给妈妈。言谈之间，透露出那时的风光无两。开天村的村支书唐文庆至今仍记得，80年代时为了要去万山赶集，半夜爬起来走几个小时。那时，万山是富有的代名词。2001年随着资源枯竭汞矿破产倒闭，一代人的生活希望也随之破灭。由于父亲在汞矿机关工作，杨胜旺顺理成章到汞矿念书，毕业后又在汞矿教书，看似平淡顺利的生活随着汞矿的逐渐枯竭和衰微被打破了。回忆起那些年，杨胜旺的话并不多，只是说那时半年领一次工资，父亲十分担心他生计，时不时从老家寄些钱给他。

改变是从什么时候开始的？白岩村的脱贫户代表黄红梅沉吟了好一会儿，直言，说不清楚，但就是感觉这几年日子越来越好了。90年代她从湖南嫁到万山，和老公第一次返乡，坐在拖拉机上的她一直抹眼泪，担心以后日子不好过。哪知道现在家门口的路修得那么好，比老家还好。她也喜欢去汞矿原址上建起的矿山公园。白岩村的村支书潘晖却记得很清，2013年是个转折点，习总书记做了重要批示，指明了发展方向。紧接着，贵州省出台《关于支持万山资源枯竭型城市转型发展的意见》，加速推动了万山的转型发展。

万山的“热”。塘边村第一天座谈会上，村主任饶维平说自己不善言辞，就让驻村干部来介绍情况。直到走访完最后一家农户即将离开的上午，这位因认真处理村里垃圾而得名的村主任，一下子打开了话匣子。他说，他有些慢热，熟悉起来，才有话说。万山的人，有的热得快，有的热得慢。但总归是热乎的，骨子里流淌着万山的热血。

蒋翠萍决定创业的时候，儿子鼓励她说，陶华碧也是50岁才创业。唐仁祥开始找衣架零售商时，他拉着一面包车的货走遍大小乡镇一一上门去问。杨永胜建起养殖场的第一年冬天鸡莫名出现大规模死亡现象，每天死的鸡从几十只变成了几百只。那时候他和哥哥在养殖场后面，三天没合眼。跨过最艰难的2017年冬天，2018年养殖场收益已达20万元。村医钟意说：“老百姓信任你才来找你。”他在开天村一待就是7年。问及这些年有没有感动的事，退休教师饶明六竟然说：“以前都是比谁种田多，现在是比谁读书多，大家都愿意送小孩去读书，时代不同，大家观念也不同了。”……若要一一细数，时间就不够了。想起塘边村座谈会上村干部的话，“总结经验谈不上，但你要我说我们村扶贫的故事，我们可以跟你说三天三夜。”若要讲万山和万山人的故事，也要三天三夜。

正是这一个个鲜活热血的灵魂，铸就出一个鲜活热血的万山。如今汞矿是空了，可人还在，心还在，梦想就在！空了的汞矿，换来了绿色的矿山公园。

新时代的乐章，才刚刚奏响。新时代的万山，正以全新的速度，迈向全新的高度，释放全新的——温度！

（作者系贵阳创新驱动发展战略研究院秘书一部主任，铜仁市人民政府发展研究中心特约研究员）

抽草烟的老汉

佴闻婧

2018年10月13日，怀着好奇与未知的心情，我有幸成为铜仁市万山区转型可持续发展大调研的一员，踏上了去往万山的征程。

来万山之前，对这个地方仅有的认知是万山的经济条件比较落后、人们有着标志性的口音。除此之外，对于这个并不遥远却又十分陌生的地方，我几乎是一无所知。唯一比较有意义的信息，是在我临行之前，听一位长辈提到过，万山早年间以汞矿闻名中外，但后来汞矿产业衰落之后，整个万山的发展停滞不前了。

然而，初到万山，便发现一切与我之前想象得不太一样，在脱贫攻坚的过程中，万山区早已不是我们印象中的那个穷乡僻壤。城区的道路平坦宽敞，环境也很干净，特别是调研组下榻的朱砂古镇酒店，由于地处风景区，规划得井井有条，看不到一丝已经衰败和荒废的汞矿工业园区的痕迹。那一刻我便觉得，所有的听闻，都不如眼见为实，这也是调研的意义所在。

在接下来的两周，我作为综合组的一员，参与了万山区转型可持续发展大调研工作。其间，我跟随综合组走访了下溪乡、敖寨乡、茶店街道、谢桥街道4个乡镇（街道）的14个村和社区，感触颇深、收获良多。

在调研的过程中，我曾遇见过三位抽草烟的老汉，他们给我留下了深刻的印象。

独立与整洁，是长寿的秘诀

在敖寨乡的中华山村，我们入户走访了一位91岁老党员，名叫杨腊光。他是一位独居老人，住在乡间的小木屋中，虽然屋后的另一家是他的侄子，平日可以与他相互帮衬和照顾，但在日常生活中，他基本上都是自己洗衣打扫、生火做饭。

杨腊光老人的房前挂了一串晒干的烟叶，这大概是农村才会有的“客厅装饰”。房前屋后被他打扫得干干净净，老人的穿着也是整整齐齐的，很有精神头。在我们与他对话的过程中，他口齿清楚，思路清晰，回答每一句话都有条不紊，一点儿也不像一个90多岁的老人。这大概就是所谓的老当益壮吧！

在万山，像杨腊光这样的独居老人还有很多。在下溪乡瓦田村，我们曾遇见一位81岁的老奶奶吴银桃，她也是独自生活的。吴银桃老人说她刚刚做完白内障的手术，现在恢复得很好。她的家门口整整齐齐地摆放着几双刚刚刷好的布鞋，大堂内是打扫得干干净净的水泥地，屋内的各类物品也规规矩矩地摆放着。见我们前来看望她，她很高兴，和我们说了很多自己的故事，临走的时候她也一直站在家门前，舍不得与我们告别。

现如今，政府加大了农村居民经济方面的扶持力度，农村居民生活条件变得越来越好，老人们也有了医疗保险和养老补助等保障，因此他们能更加放心地过上独居生活。老人们说，虽然儿女的经济条件也可以照顾他们，但是他们更愿意自己每天动动手，锻炼锻炼身体，趁着还能动的时候多动动。他们并不觉得自己老，独立的生活反而让他们更为自在。

这里的每家每户，几乎都是干净整洁的，门前的水泥地上一尘不染，卧室的木地板也被擦得锃亮，连厨房的灶台上，也没有一丝油污。或许万山人自立自强的生活方式与干净整洁的生活习惯，正是这里老人们长寿的秘诀。老人们最需要的，大概不是儿女在经济上的照顾，而更多的是在精神上的陪伴。

木屋与柴火，是乡风的传承

当我们在茶店街道的白岩村入户走访时，68岁的老人潘自发正坐在家门口抽着草烟。茶店由村改为街道之后，对辖区内村民的楼房统一进行了改造。潘自发老人的家，已不再是我们在调研过程中常见的木屋瓦房，而是钢筋水泥盖成的砖块楼房，有三层高。从外表来看，和城市郊区的楼房已经没有太大的差别。但是走进房中，我们却发现，房屋的墙面没有进行过粉刷，地面也没有像城里的楼房一样铺上木地板或瓷砖。农村的人们已经习惯了在木屋中的生活方式，他们仍旧将新修的砖房当作木屋来居住，没有任何装饰，也没有将每间房的功能做出明细区分，甚至在这样一格一格的空间中生活，他们感到还没有在木屋中过得舒适，因为空间狭小，杂物无处存放，也没有办法把家里收拾得像木屋一样干净整洁。

而谢桥街道牙溪村打造的牙溪·悟隐村高效农园项目，开发商将村民迁移后留下的旧木屋进行了改造和利用。在改造的过程中，保留了木屋外观原有的样子，只对内部的桌椅、床具等设施进行翻新和升级，既突出了农村独有的建筑特色，又保证了居住的舒适性。木屋内部结构也没有太大的变动，保留了大空间、矮楼房的特点，使木屋的优点和特色得以保留。一栋栋橙色的木屋与田间绿色植被融为一体，毫无违和之感。

虽然在脱贫的过程中农民的生活质量是值得关注的焦点，但是否一定要改变他们原有的居住环境、改变他们多年的生活习惯、将他们的住所改造成与城市完全相同的风格呢？我想其实不然。在现代纷繁复杂的城市中，其实更多的城里人反而向往着住在乡村的小木屋里，吃上一口柴火烧的农家饭，过一过种菜养鸡的单纯生活。那些具有乡村特色的风土民情，正是在社会快速发展的过程中应当并且值得保留和传承的东西。

单纯与朴实，是幸福的妙方

在茶店街道走访时，白岩村88岁的潘木汉老人从马路边经过，看见我们一群外来人，他好奇驻足，从兜里掏出了一片烟叶，慢慢卷起，点燃。见我们摄影师开始抓拍他，潘木汉老人便很配合地不停吸吐烟雾，持续了好一阵。见他一直配合没有停歇，摄影人员也不好意思多拍了。当我们的相机刚一放下，他便停止了吸烟，过了好一会儿，还感叹了一句："哎呀！都把我抽醉了！"我们听到他这么一说，也跟着哈哈大笑起来，多么淳朴善良的一位老人呀！

其实淳朴善良的村民和亲切友好的民风在整个大调研的过程中屡见不鲜。在茶店街道梅花村，我们见到了相偎相依的87岁杨道光夫妇，老奶奶说，他们老两口平日里都是一人烧柴、一人做饭，分工合作。从她脸上掩饰不住的笑容，就能感受到浓浓的爱意。而在红岩村走访的80岁老人朱桂英家中，我们听她诉说了她与儿媳和谐相处的故事：在生病时儿媳对她的悉心照料、在条件慢慢变好时儿子带她看过的大千世界……交谈的字里行间，都透露出了儿子和儿媳对她的孝顺与恭敬，让她的晚年安乐幸福。

农村的家家户户，都是大门敞开、热情好客，无论到了哪一家，都会热情地招待我们进屋坐坐，还要留我们吃饭。我们走的时候，也会拿出家里最好的东西，让我们带上一些。这与城市中高楼大厦、家门紧闭，有时连对门邻居住的是谁都不了解的情况截然相反，也更加具有城市里最缺乏的人情味。

农村，是安静的。这里没有高耸入云的写字楼，没有嘈杂的汽车鸣笛声，也没有夜晚灯火通明的纷扰。有的只是一座座矮小的房屋，潺潺溪水间的鸟语花香，家人围坐的欢声笑语和傍晚袅袅升起的缕缕炊烟。正因如此，生活在这里的人们，是单纯与朴实的，他们没有过多的功利追求，没有太多的工作担心。对他们来说，最要紧的，是如何让庄稼的收成更好，怎样给家人做出更美味的饭菜。正因为这样淳朴的生活，才让这里的每个人脸上都洋溢着最纯粹和最幸福的微笑。即使日子过得有些清贫，对于他们来说，只要身边有家人的陪伴，也就变得没有那么辛苦了。

草烟，就是直接从烟苗上摘下来的烟叶子，在经过风干、晒干或烤干后，形成的一种烟，将它卷成条状，用火点燃之后，可以直接抽。

但因为烟味过重，比较呛人，现在在城市里基本上见不到了，也只有在农村，才能见到几个抽草烟的老汉。或许，草烟就代表着农村仅有的特色文化，而抽草烟的老汉们，便是那农村中淳朴的乡土人情。但愿挂在木屋檐上的那一串串烟叶，不会有消失的一天，而村里的老汉们，也能一直抽着他们手中的那一卷草烟。

（作者系贵阳创新驱动发展战略研究院党政办公室副主任，铜仁市人民政府发展研究中心特约研究员）

轻纱掩面神秘万山的乡村新貌

戚远慧

2018年10月28日，随着G2111次列车驶离铜仁南站，历时16天的“万山区转型可持续发展大调研”实地调研阶段画上了句号。

2012年是我第一次去铜仁，当时是送一位刚出嫁的堂姐回家，男方家在铜仁松桃县太平乡的一个村。记得他家住在山顶，车辆穿过铜仁市、松桃县、太平乡后，慢慢进入灰蒙蒙的乡间小路，沿着山脚来到一条三四米宽的小河边，河上没有桥，车辆只能从河里驶过，给清澈的河水带去一阵混浊，同时洗去了车轮上的灰尘。过河之后就进入了弯曲又陡峭的盘山泥路，大约半小时后，才终于看见了不远处的房舍，就在这时，我们其中一辆轿车的右侧前轮陷入小泥坑，本想加大马力冲出泥坑，结果越陷越深，右侧的后轮也陷了下去。最后所有人只得下车，找来锄头、洋铲、木板等工具，花了近一小时，才把车辆从泥坑里移出来。

在出发调研的前一周，与一位前不久刚去过铜仁德江县的好友聊天，她问我：“你晕车吗？”我说：“还好，有时会晕，有时不会。如果车老是走走停停的，我肯定会晕车。路况不好，晃得厉害了也会晕。”

她说："那我建议你还是备好晕车药吧，铜仁乡村里的路又弯又陡，路面也不好，我平时不怎么晕车的，上次去朋友家，晃得我到了之后晚上根本吃不下饭。"

以上便是我对铜仁乡村的最初印象。山多又高，路陡又窄，交通十分不便，村落原始且闭塞。

从我得知自己将参与本次调研开始，时不时就会脑补各种调研场景。半个月后的今天，实地走访的画面历历在目，与我当初的想象相去甚远。毫不夸张地说，万山正在以火箭般的速度践行着习近平新时代中国特色社会主义思想，以实际行动诠释着"绿水青山，就是金山银山"。在这里，绿意盎然弥漫着湿润空气的大山令人神往，生机勃勃蕴藏着无限商机的集体经济令人动容，勤劳质朴饱含着生活热情的万山人民令人感动。

轻纱掩面的神秘万山

从铜仁南站前往万山的途中，雾蒙蒙的，越往前雾越深，最后能见度不超过50米，直到抵达酒店，大雾也久久没能散去。一座座楼房在云雾缭绕之中泛着红光，若隐若现的檐角给万山增添了一层神秘的色彩。接下来的几天也是大雾弥漫。万山的山很多，也很高。村落有的坐落在山顶，有的在山腰，有的在山脚。一个个特色村落隐藏在郁郁葱葱的山林中，忽而升起、忽而退去的薄雾，给它们增添了一份宁静与祥和。不论走到哪里，都仿佛在云雾中穿行。放眼望去，缥缈的雾海和时隐时现的山头与村落让人心旷神怡，仿佛在云天之上，又置身于天地之间，感受着大自然的伟大和自身的渺小，净化了身心，荡涤着灵魂……

雨水充沛、空气湿度高，这样的气候给蔬果等种植提供了良好的自然条件，为发展集体经济奠定了良好的基础。

欣欣向荣的集体经济

脱贫攻坚是万山转型发展的拐点以及突破口。正是在脱贫攻坚的道路上，万山走出了一条“守住绿水青山、打造金山银山”的可持续发展道路，一切才刚刚开始，一切将大有作为。

村集体经济是万山脱贫的关键。“公司＋合作社＋农户”模式，村民土地入股，平时务工，年终参与分红，这不仅提高了农民自身素养，还使得农民多渠道就业、多元化增收。

万山的扶贫产业既有农业，也有工业。农业主要是种植与养殖。目前，万山每个村都有自己的集体经济，如大规模的大棚蔬菜、大面积的果林种植等。调研期间，我们参观了豇豆、黄瓜、丝瓜、西红柿、花菜、辣椒等大棚蔬菜种植基地，枇杷、李子、车厘子、黄桃以及葡萄、百香果等果园种植基地，生猪、肉兔、奶牛、跑山鸡等养殖基地。这些村集体经济都有了一定规模，并且都已有进一步发展规划。如果不是亲眼所见，真的很难相信一年的时间，能够从无到有、从有到精。所有的集体经济都呈现出一片欣欣向荣、方兴未艾的繁荣景象。万仁汽车、吉阳旅游等大公司，也都有贫困户入股，年底参与分红，并在很大程度上解决了当地村民就业问题，使许多外出务工的村民得以回乡就业。区里出台了多项政策，鼓励村民返乡创业，从资金、技术上给予支持，使村民从根本上实现脱贫。

万山的集体经济，开篇之笔之所以如此成功，原因在于：一是政府关注度高，投入大，招商引资力度强。比如通过万山区与九丰农业合作，聘请技术员到乡镇（街道）挂职任科技副乡长，专门传授蔬菜种植技术，目前几乎实现了村村有大棚。与温氏、亿利等养殖龙头企业合作，发展生猪等养殖也非常成功。二是通过实地考察，试验探索，因地制宜发展产业。事先根据各地的生态环境等实际情况，进行了探索试验，而不是盲目发展。在因地制宜的前提下，再选择经济效益高、成效快的产业发展壮大。三是良好的气候条件。万山森林覆盖面积大，即便已是深秋，走在路上，仍然能看见满山遍野、郁郁葱葱的森林。有的山林中还有稀稀疏疏枫树进行点缀，美不胜收。优越的气候环境，为其发展种植业奠定了良好的基础。植物好了，生态好了，空气更好了，为养殖也提供了良好的天然条件，同时也开启了种养循环的可持续发展模式。

如诗如画的乡村新貌

比脱贫更为长远的是实现乡村振兴。党的十九大报告提出，要按照产业兴旺、生态宜居、乡风文明、治理有效、生活富裕的总要求，建设好新农村。万山区正是在这样的背景下，在全区95个村（社区）全面实施“五改一化一维”（改厕、改厨、改圈、改水、改电、庭院硬化、房屋维修）工程，使农村的人居环境得到了极大改善。修村路、翻新村民住房，一条条白色的好似还在舞动的“腰带”将一处处白墙红瓦、干净整洁的村落串联起来，镶嵌在四季苍翠的大山里。时而云雾缭绕，时而阳光明媚，仿佛置身仙境，让人流连忘返。

村容村貌的变化，集体经济的蓬勃发展，使村民在家就能就业发展，引发了回乡就业、返乡创业的热潮。

勤劳质朴的万山人民

此次调研中，我们跟随连院长走村入户，走访了脱贫户、老党员等上百名村民，有入户走访的，也有在路上遇见就直接交流起来的。有背着猪草的老奶奶，扛着木柴的老爷爷，也有正在挖红薯的老母亲与儿子……村民们从小孩到老人，个个喜气洋洋、满脸幸福。

黄道乡丹阳村的85岁老人罗永堂，虽然已经不记得自己多大年纪了，但年轻时候的很多事情他还记得很清楚，他说："我是喜欢出门去干事，我们寨子上，很多人都去打工，年轻的时候，哪个都比不过我。"

鱼塘乡旗屯村63岁老党员曾详成，目前在奶牛养殖场给牛清理卫生，采访中他说，"人就是尽自己的力量。我不做就不做，做就要做好，看见脏了我又还不喜欢，做工作要认真负责。因为我们这个地方人要靠实干才是硬功夫，光靠国家，国家是好，但是不可能个个扶持你。"

万山人民勤劳而质朴。在这里，看不到"等、要、靠"。无论是年逾70的老人，还是正值青壮年的村民们，都充满着对生活的热爱、对劳动的热情，满怀着"万山的明天定是一片大好"的期许。每个人的脸上都洋溢着藏不住的幸福，这也许就是总书记所说的获得感、幸福感。

规范集体经济，加强监管，铆足发展后劲

完善集体经济监管体系，防止乡村振兴过程中发展不均衡。当前，种植业集体经济主要有两种形式：一种是合作承包，即由两名以上带头人承包；另一种是个人承包。经营方式有两种：租用村民土地；免费征用荒地进行种植，自己管理，自负盈亏，这种形式较少见，偶尔

个别村庄出现，如川硐村的油茶种植基地。大棚蔬果、果林种植，有的是致富带头人单独承包，也有的是几个合伙人一起承包。管理体系不完善，也缺乏相应监督机构。监管的空白必然导致不好现象的滋生，集体经济发展中后续的监管问题不容忽视。完善的监管体制，才能为下一步发展铆足后劲，为集体经济的可持续发展提供保障。

发展乡村旅居，打造万山“小森林”

念好“山字经”，打好“生态牌”，大力发展乡村旅游，建造特色民宿，打造万山“小森林”。结合每个村的历史，挖掘该村的特色，将丰富的民俗文化资源和浓郁的乡土风情进行融合，打造风格各异的特色村庄。既保持村庄传统风貌，又让其与青山绿水浑然天成，给想要远离或暂时远离城市喧嚣的人们一个能够体验“日出而作、日落而息”传统生活的休憩场所。

进行全域规划，根据各地不同特点，或发展观光农业，或建成一个一个相对独立的、可以短期或长期体验全面农耕生活的小型基地，让城市人亲自体验用天然食材做成的各种美味而廉价的酱料制作过程，感受大自然的馈赠。加大宣传力度，引进社会资本参与乡村民宿建设，营造良性竞争的发展环境。

（作者系贵阳创新驱动发展战略研究院研究员，铜仁市人民政府发展研究中心特约研究员）

于万山之“心”体认“万山精神”

季雨涵

金秋十月，本应碧空如洗、凉爽舒适。但2018年万山的10月有些寒冷、有些朦胧，早雾迟迟不散，与万山的连绵融合成了一幅名为《水墨万山》的风景画。

10月13~28日，北京国际城市发展研究院、贵阳创新驱动发展战略研究院、铜仁市人民政府发展研究中心组成了86人的万山调研大部队，围绕万山区转型可持续发展赴万山区各乡镇（街道）、村（社区）开展大调研。我有幸成为其中的一员，与五位同事共赴万山之“心”——茶店街道（茶店街道处于万山区的中心位置，故将其称为“万山之‘心’”），开展了“实地走访 + 调研座谈 + 人物专访”相结合的调研活动。

翻开回忆的片段，久久萦绕在我心头的是那一个个淳朴的茶店人民，他们不甘落后、自强不息、勇于奉献，都是我调研过程中体验万山精神、认知万山精神最最鲜活的案例。

学前教育的捍卫者

刘静：让茶店的儿童成长为祖国的花朵

刘静是茶店博雅幼儿园的园长，今年27岁，是土生土长的茶店人。在拜访她之前，我已经听到几位茶店社区的居民说这个园长挺厉害的、很有想法。所以，在她打开博雅幼儿园大门迎接调研组时，我有些诧异，她居然这么年轻、有活力，像足了一个才步入社会的大学毕业生。但在接下来的交谈中，我才真正感受到这位年轻园长的成熟与坚强。

刘静幼师毕业之后到广州工作过两年，回到万山后，她在当地的一家幼儿园继续担任幼儿园老师。在当地幼儿园执教的时间里，她非常的不适应，她第一次真切地体会到当地幼儿园与广州幼儿园的差距。按照她的话说，"当我进到本地幼儿园的时候，我感觉和广州相比，'一个在天上、一个在地下'，那个区别太大了，不管是与娃娃交流还是生活上的教育，我们这边就是落后"。从那时起，她就在心里埋下了创业的种子。

创园之初，刘静的幼儿园只招到十几个小孩。那时，她才意识到，原来村里人根本没有认识到学前教育的重要性。"我们这边毕竟是山区，很多家长的思维比较落后，他们认为没必要把娃娃送到幼儿园，还不如让娃娃就在屋里放牛。"从2012年开始，刘静开始走访茶店街道的各个村，挨家挨户地去宣传，告诉村民学前教育的重要性。"我并不是为了给我的幼儿园招生，而是因为小孩在幼儿园能够学会文明礼仪、学会感恩父母，遇到危险还懂自救，肯定比在家里待着好。"在刘静的努力下，越来越多的村民把小孩送到了幼儿园。现在刘静的幼儿园已经录取了200多位来自茶店各村的儿童。

回到创业的初衷，刘静表示，她想通过自己的努力，创新当地的学前教育模式。“我们山区没有一线城市的条件好，但是我想通过我的努力，让我们的教育模式跟上一线城市的步伐，让我们的娃娃也能变成21世纪祖国的花朵。”为了让小朋友们懂礼貌、知感恩、会自救，博雅幼儿园开展了一系列活动。例如：“不许跟陌生人走”安全教育活动、“祖国生日”爱国教育活动、“礼让斑马线、文明我践行”安全教育活动、中秋佳节包饺子亲子互动活动等。刘静一直在用自己的努力将学前教育的新模式、新方法实践到铜仁的大山里。她在不断地为学前教育奉献着自己的青春。

服务人民的接班人

詹海福：该享受政策的一个也不能少

茶店社区的成立源于一位名叫詹忠诚的工商所退休干部。随着我国从计划经济向市场经济转变，以前在茶店供销社和粮食局上班的工作人员，他们的户口管理逐渐转移到了当地的派出所，那时刚从工商所退休的詹忠诚来到当地派出所兼职，负责这群人的户口管理。再后来，也管理起了一些来到茶店工作的大学生的户口。茶店社区的雏形就渐渐形成了。

社区的现任党支部书记名叫詹海福，今年47岁。我们在专访他时，不经意地问了一句他和詹忠诚老人家的关系，才意外地发现，詹忠诚是詹书记的父亲。他告诉我们，詹忠诚老书记在工商所的时候，一群广州商人为了拿蛇皮做乐器，来到茶店收蛇，一条蛇值五六元，当时一个农民一天能抓二十多条蛇换钱，而他父亲一个月的工资也才二三十元。但是半年之后，詹忠诚老书记就制止了抓蛇的行为。“我老者说这样下去生态要被破坏的，就因为这事，他还被评为‘铁工商’，登上了《贵阳日报》。”

詹书记为我们讲述了詹忠诚老书记铁面无私的一面，但和铁腕父亲相比，詹书记给人一种亲切、温和的形象。从2007年开始，詹书记继承了父亲的衣钵，来到社区居委会，从委员干起，到副主任、主任、书记，一直干了11年。我们请他回想为社区做过的奉献，他含蓄地笑道：“我也没什么贡献啊，就做了一些本职工作。”再后来，我们拜访社区低保户代表谢新珍的时候，谢大姐对我们感叹道，“我们书记人好啊，就是他为我保住了低保户的名额，社区好多人都去找他理论过”。原来是因为很多居民看着谢大姐年纪不大，又有房子住，认为书记做事不公平才给她低保户名额的。其实，谢大姐和爱人身体不好，谢大姐因病无法外出挣钱，家里三口人仅能靠爱人1000多元的工资维持生活，收入水平在低保户标准之下。同行的居委会干部告诉我们，“当时，我们好多居民跑来找书记理论啊，脾气都大得很，还好书记一个个耐心地解释，现在大家理解了，谢大姐也享受到了应有的政策补助”。说到这儿，詹书记带有一丝害羞地笑着说：“这都是我应该做的，该享受政策的一个也不能少。”

詹忠诚老书记不受金钱的诱惑，为子孙留下绿水青山。詹海福书记顶住居民不认同、不理解的压力，让该享受政策福利的居民“一个都不能少”，这一对为茶店社区奉献了两代青春的父子，所处的时代不一样，面临的问题不一样，但是他们心里都有一把做事的标准尺，大公无私地、坚定地为人民付出着。

朴素勤劳的致富人

钟兴昌：做生意就是要吃得苦，要讲诚信，用质量换生存

钟兴昌，63岁，在茶店村开了一家预制板厂，是茶店村的致富带头人。初见钟大爷时，他虽穿着朴素，但干干净净，可有精神劲儿了。钟大爷从小生活在茶店，家里有8个兄弟姐妹，从小到大，他家就是全茶店村最穷的。钟大爷是家里的老大，他在部队当兵的时候，家里除他以外的男丁年龄都太小，吃饱饭对他家来说都是一个大问题。1978年退伍回家后，钟大爷担起了长兄的责任，带领着全家在十来亩的土地上种起了杂交稻。他做什么事都很用心，邻居都夸他种的粮食“像刀子割的一样，没有哪一株矮，一盏齐”。两年的时间，钟大爷就解决了全家人的口粮问题。

种粮食只能管全家饱，想要致富，为亲人创造条件，钟大爷思前想后，做起了小生意。“我给林业站种过树，我养过鸡、喂过猪，搞过稻谷加工，烫过粉，有钱的人骂我是干女人干的活，后来我又搞过运输，搞过水泥电杆，到现在搞预制板。”

“做生意就是人心换人心”，这是钟大爷在交流中反复向我们提及的生意经。九几年的时候，湖南的一个老板在茶店做水泥电杆生意，但经营效益不太好，当时水泥电杆厂的一个工人，看钟大爷做事认真，就劝他接下电杆生意，并用自己辛苦赚来的600元帮助了钟大爷。回忆当时，钟大爷记忆深刻。“我的钱全部投入生产电杆了，我家唯一一头过年要吃的猪，我都把它卖了，拿来招待工人们的生活，那时候我相当困苦，别人回家休息，我晚上趴在地上焊地道架，年三十、年初一我都没有休息过。”“我做每一件事情，都必须亲自参与，我不会当甩

手老板，让别人来做而自己光指挥，我不是这种人。比如打板和做电杆，每一个程序、工序我都要亲自掌握，哪一点做不到位我心里都清楚。”

靠着这600元的“投资基金”，靠着对工人“人心换人心”的付出，靠着一丝不苟的敬业精神，钟大爷这才真正开始了他的致富之路，他的水泥电杆因为质量好、口碑好，从茶店卖到了松桃、江口、印江和玉屏等地。除了敬业、诚信、有担当，钟大爷还有很多很多的闪光点。他热心助人，借钱给村里的老兽医送女儿上学；他敢于担责，捐钱给村里的集体事业；他无私奉献，总是无偿地给村里的困难户打米……

每一个无私奉献的万山人

茶店之行、万山之行，留给我太多太多回忆，有一句话叫作“一切都是最好的安排”。在这里，我遇见过、交流过的每一个万山人，都给我上了一堂课。这堂课虽然名义上叫作“体验万山”“认知万山”，但更多的是教会我“体验生活”“认知生活”。他们就是那一群最可爱的人，他们的故事和经历将长长久久地留在我的心间。他们不仅仅是茶店街道每一位陪同调研的工作人员。他们挤出自己的工作时间，每日陪同调研到深夜，在我们走后，再回头处理自己积累下的工作。他们耐心、细致地为我们讲解了茶店街道的前世今生，为我们解答心中的每一个疑问。他们急切地探寻着茶店的未来发展之路，期盼我们能够为茶店的发展建言献策，希望茶店的村（居）民都能够过上更加美好的生活。

为工作连亲生女儿也无暇顾及的吴姝慧主任。为了落实脱贫攻坚工作，她在单位一待就是一个月，把自己不到一岁的女儿留给婆婆照顾。再回家时，女儿已快认不出她。她却说："虽然对女儿感到很愧疚，但是我还是不后悔，因为我们必须要脱贫，老百姓真的太苦了。"

自己垫钱也要搞好村集体经济的饶利军书记。为了壮大村集体经济，带动农民脱贫致富，饶书记多次到外地考察项目，寻求技术支持，为了更好更快推动大棚蔬菜运转，他垫钱支付成本。同时，饶书记带头践行绿色发展理念，注重生态环境保护，制定村规民约，组织村民开展植树造林活动，获得了"贵州省脱贫攻坚优秀党组织书记"的称号。他说："我的职责就是带动村民脱贫致富，这是第一要务。"

放弃广州的金融工作回家扶贫的伍飞。他经历丰富，大学还未毕业就创过业，曾经几个月赚了300万元。创业失败后，他又到广州的金融公司上班，一个月收入能达到1万元以上。但经历过创业的起伏、感受过广州的繁华后，他毅然决然回到家乡，他说："都是为社会做贡献，赚钱不比扶贫更能帮助老百姓，我觉得在茶店工作的意义更大。"

带着村民种辣椒的妇女主任胡金妹。她是妇女主任，也是致富带头人。小小的她，有着大大的能量。为了让村里人摆脱贫困，她组织村民种辣椒，却以高于市场的价格向村民收购辣椒。她说："为什么我们村就不能像其他村一样富有，我要找到好产业，我要带着我们村民一起致富。"

还有很多很多的茶店人、万山人，让我在短短十几天内体认万山，体认万山精神……

这真是一次有意义又有意思的万山之行。

（作者系贵阳智能大数据发展应用研究中心副部长，铜仁市人民政府发展研究中心特约研究员）

认知敖寨转型

姜似海

我是作为铜仁市万山区转型可持续发展大调研第十调研组成员参与敖寨乡两河口村、瓮背村和洋世界村的调研工作的。万山区作为全国资源枯竭型城市转型示范区，转型可持续发展表现在哪些方面？对敖寨乡脱贫攻坚有何贡献？有哪些经验可以为其他地方提供借鉴？我们带着这些预设问题进入万山，准备一探究竟。我们通过座谈（4场）、访谈（15人次）、参观（13处）和入户问卷调查（30余户）等方式深入万山区敖寨乡两河口村、瓮背村、洋世界村农民房前屋后、田间地头，与当地村民、干部和返乡创业者促膝长谈后，发现在脱贫攻坚和乡村转型发展道路上，敖寨经验和精神值得其他地方学习和借鉴，同时深感敖寨转型要获得长足发展，必须实现从“输血”向“造血”的转变。

初见敖寨转型

2018年10月15日初入敖寨地界，延绵数公里的盘山路和悬崖峭壁让我产生了对敖寨乡和敖寨人民的想象，以为敖寨乡和敖寨人民的生活与我在云南省红河州元阳县、贵州省黔东南州黎平县和雷山县等地调研时所看到的情况相差无几。但当结束盘山路程进入敖寨乡“第一村”中华山村地界时，眼前所见让我瞬间顿悟，万山区作为全国资源枯竭型城市转型示范区，其他地区的农村自然无法与之相提并论。

特别是河岸的易丰农业、青蕴农业、海天农业等大棚蔬菜种植基地，让我不禁发出“这是我们贵州农村吗，怎么有点北方农村的感觉”的赞叹，当时开车接我们的乡干部解释道：“以前这里都是梯田，2016年的时候发生洪灾梯田都被冲毁了，后来政府组织平整土地才有了现在这一大片平地，梯田没有了，只能发展大棚种植产业。”尽管不能说“因祸得福”，但土地平整确实为敖寨乡转型发展提供了机遇和条件。

“数”说敖寨转型

2018年10月15日与敖寨乡政府领导干部座谈时了解到，短短几年时间里，敖寨乡深入贯彻落实习近平总书记在贵州调研时的重要讲话和对万山转型可持续发展的重要批示精神，主动融入万山“一区五地”及“四圈两带一网”发展战略布局，深度结合“山水敖寨·人文小镇”发展定位，围绕脱贫攻坚、基础设施、民生保障等工作，苦干实干，狠抓落实，使全乡形成了经济社会转型可持续发展的良好态势。据乡党委书记杨勤和乡长杨会介绍，敖寨乡结合自身特色已摸索出一套符合自身实际情况的发展道路。

一是以中华山村、两河口村为基点，打造食用菌大棚种植蔬菜“主导产业带”，形成中华山村集体经济及精准扶贫示范点1个，食用菌企业6家，专业合作社6家，总占地2000亩，年产菌棒2500万棒，培育生产平菇、香菇、黑木耳等，试点种植灵芝、羊肚菌、灰树花等，年销售收入达7000多万元，实现利润3100多万元，实现直接就业300余人次，间接就业1000多人次。二是以杨家寨村为基点，采用“1211”（即1个规模场、2夫妻、年出栏商品猪1000头、利润达10万元）模式，依托铁骑力士集团打造生猪代养“北翼产业带”，在杨家寨村建设标准化猪舍3栋92个，猪圈总面积3400平方米，按照“622”模式与贫困户进行有机捆绑。三是以洋世界村、瓮背村为基点，以“党组织＋合作社＋贫困户”，按照“622”模式，打造特色种养“南翼产业带”、“鱼跃世界”水产项目、林下养鸡项目、“藕鳅共生立体种养”等，目前均已投产，出栏林下养鸡20000羽、存栏2000羽，投放泥鳅苗50万尾。

从敖寨乡发展数据来看，敖寨转型发展取得了巨大的成效，特别是产业发展带动脱贫攻坚意义非凡。以两河口村、瓮背村和洋世界村为例，两河口村发展生产脱贫81户331人（产业脱贫8户26人、转移就业73户305人）；瓮背村贫困户享受村集体经济产业扶贫共46户147人，享受“江西上饶吉阳实业集团”产业扶贫130户409人，每户每年分红1600元；洋世界村贫困户2017年享受村集体经济产业（“飞地”产业）扶贫85户，每户每年900元，享受村集体经济产业（林下养殖）扶贫和朱砂古镇产业扶贫分别为62户和54户，每户每年1600元。同时，三村的贫困发生率分别从2014年的28%、40.5%、33.94%下降到2017年的0.56%、4.5%、0.76%。

众说敖寨转型

2018年10月17~23日，调研十组人员开始走村入户，我与同事李龙波主要负责两河口村、瓮背村和洋世界村的调研工作。敖寨转型发展所取得的显著成效离不开干部和村民的努力。10月17日访谈两河口村青蕴农业负责人、春晖使者杨米昌时，他满怀信心地说："虽然初次接触大棚蔬菜，但感觉这个产业很有前途，很适合我们贫困村，所以我的干劲儿特别足，希望产业能够早日帮助百姓增收。"面对不懂技术的乡亲，杨米昌请技术员手把手开展培训，让他们不仅富了口袋，也涨了知识。

作为集体经济负责人，两河口村村支部书记姚元会说："易丰农业是集体的产业，是村里的希望，作为村支书我必须管理好，带着村民致富。在讲习所里听到了乡村振兴，要把产业发展落到促进农民增收上来，全力以赴消除农村贫困，我心里就更有底了。"在探索产业发展模式上，海天农业负责人、春晖使者邓家保说："为了解决废弃菌棒对环境的污染问题，提高食用菌产业的附加值，我用食用菌废渣来养殖高蛋白蚯蚓，再把高蛋白蚯蚓用来饲养生态鸡、食蛙和卖给来水岸庄园钓鱼的游客等，推动农业产业链的延伸，实现农产品的多样化发展。下一步，我们公司还将在食用菌种植的原材料方面寻求突破，以较少的资源代价换取较高的产量。积极打造无公害、绿色有机食品，创造属于铜仁本地的绿色有机知名品牌，让'黔货'出山，进一步扩大产业扶贫辐射范围。"

10月20日访谈瓮背村第一书记王贵发（贵州省储备物资管理局干部）时，他说："自2018年3月驻村以来，我积极主动适应农村生活，与村干部同吃同住，村干部干事热情的态度感染着我，我们昌喜书记以前也是在外面做工程的，后来自愿回来建设家乡，自己掏腰包给村里贴了不少钱，我是挺佩服的。"在谈到工作感受时他说道："村里的杨胜桃，是我到村后走访入户的第一家。他50多岁了，身体不好，文化低，家里4口人，爱人精神不太正常，女儿14岁，儿子11岁，可是家里竟然只有一张床，生活条件特别差。我当时就觉得责任特别大，要做点事情。”问及对翁背村未来发展的思考时，他坚定地说道：“翁背村要发展，必须抓住乡村振兴战略历史机遇，做好做精现有产业，延伸产业链，做好产销对接，做强村集体经济，做大个体经济，以产业促经济发展，以产业促同步小康。”脱贫户杨秀妹很感激国家扶贫政策，当被问及对国家扶持政策的看法时，他笑道：“现在什么都好了，感谢党和国家对我们的关心。但是国家的东西不能说自己一个人占着，得到国家帮助要晓得知足，政策不能自家享受着，也要想起其他还没有脱贫的。”

困住敖寨转型

尽管敖寨乡转型发展已经取得显著成效，但通过调研发现，想要实现可持续发展还需要做更多的工作，随着转型发展的深入，劳动力资本缺失成为制约敖寨乡转型发展的内在因素，转型发展中更深层次的问题显露无遗。如何突破困局，成为敖寨转型可持续发展不得不面对的现实。正如洋世界村第一书记敖游说：“现在农村产业发展还处于输血阶段，还未达到造血阶段，进一步的发展需要找到突破当前集体经济经营管理困局的办法，提升集体经济的经济效益，造福更多百姓。”

瓮背村致富带头人杨胜良是村里的养殖大户，养殖生猪100多头，成立了生猪养殖专业合作社，种植空心李100多亩，成立了种植专业合作社。在总结养殖经验时他说道：“搞种植养殖业没有地盘，希望政府将荒山开放出来，我们可以利用那些土地搞种植和养殖。那些有地盘的没有技术也不行，所以我们也希望政府加大技术、管理方面的培训力度。”10月22日访谈洋世界村桐木坪组养殖户杨桂昌时，他说："我现在养殖肉牛13头、生猪23头、马2匹、山羊2只，2017年获国家脱贫攻坚养殖补助，标准为生猪200元每头、牛800元每头、山羊200元每只，目前养殖总资产已达到20余万元。但是搞养殖最怕的就是病毒传染，我不懂技术，尽管每年政府都发放疫苗，但是最多只能顶得住3个月，一个传一个，损失太大了。”同时杨桂昌还说："市场这一块我们也不太了解，把握不住这个规律，主要靠同行介绍和政府的建议，但是政府工作人员来看的时候只说趁赚钱的时候卖出去，别一直留着，我们也知道赚钱的时候要卖出去，但关键是不知道什么时候卖出去才赚钱。”

10月23日，访谈洋世界村养殖种植户杨顺文时，他也说："我觉得现在搞养殖最重要的就是技术这一块，虽然政府时不时搞一些培训活动，包括种植用药、施肥和养殖打疫苗针等，但是政府的培训没有针对性，他们又不来现场指导，他们培训讲的都有道理，但是到现场基本用不上，就算他们来看我们的猪，他们实际上也不知道具体得了什么病。”而杨长发的广隆公司同样因缺乏资金和技术而错过了许多大宗肉产品交易机会，正如杨长发所说："尽管我们公司因为与正大集团签署合作协议，在养殖这块解决了喂养和防疫等问题，但是销售的时候我们的短板又凸显出来了。有深圳的公司通过微信平台想跟我们合作，但是他们跟我们下单的时候说要跟我们购买杀好的鸡2000只，我们只能无奈地取消了订单，因为我们没有杀鸡和保存鸡肉的设备，2000只鸡我怕用人工杀还没杀完，杀好的鸡肉就坏掉了。我们现在还欠银行100多万元，还不知道以后经营得怎么样，所以还没打算购买相关设备，怕买了生意又做不成，那些设备就没用了。”

细数敖寨转型发展，可以说成果显著。但要实现可持续发展还有许许多多的工作要做，特别是提升农民内生动力和发展能力，这是当前亟待解决的问题。无论是瓮背村致富带头人杨胜良，还是洋世界村的养殖大户杨桂昌和杨胜文等面临的困境，都极具代表性地说明了当前农村产业可持续发展的关键在于加强对农民进行人力资本投资，只有改变农民现有的人力资本结构，提升农民自身的发展能力，使得产业发展实现从“输血”向“造血”的实质性转变，敖寨转型可持续发展才能落地生根、获得长久发展的基础。

（作者系贵阳智能大数据发展应用研究中心研究员，铜仁市人民政府发展研究中心特约研究员）

农村基层治理感悟

李龙波

2018年10月17日，我作为调研十组成员到万山区敖寨乡参与万山区转型可持续发展大调研活动。在为期7天的行程中，我们先后调研了两河口村、瓮背村、洋世界村三个行政村，与村委会开展了三次调研座谈会，对15个人进行了专访，走访入户30户，实地考察13处。其中，种植基地5个，养殖基地2个，民族古村落1个，新时代农民讲习所2个，家具加工厂1个，学校2所。通过调研，我们获得了大量一手资料。本文将略写转型可持续发展的调研状况，主要记录一下此行的所见、所闻、所感。

政府信任

两河口村是我们到敖寨乡调研的第一站，尽管两河口村距离乡政府驻地只有3公里，为方便调研工作高效开展，乡里为我们临时配备了一辆车，全天候使用。上了车我才知道开车的“师傅”是敖寨乡党委副书记（挂职）杨武杰。在三天的时间里，杨书记陪同我们入户走访、实地考察，向我们介绍了两河口村的相关情况，也分享了自己在农村工作的一些感悟。杨书记告诉我们，政府为了农村脱贫致富做了很多的事情，从法理上说，这些事情都是政府的职责。但是从另一个角度去考虑，会发现政府其实是不善于品牌管理的。虽然做了很多事情，但是有的老百姓认为这是理所应当的，不知道感恩。所以政府不能只是埋头做事，也要懂得管理自己的公众形象。杨书记的话使我陷入沉思之中，我想这其实是一个政府信任的问题，即公众在期望与认知之间对政府运作的一种归属心理和评价态度。政府信任或政府不信任产生的深层次原因在于公众对于政府的期望与认知之间的落差。仅就敖寨乡当前的政治实践情况来说，敖寨乡脱贫致富、转型发展，社会经济取得了长足进展，群众对政府的信任度持续攀升。但是，政府如何去评估自己作为权力主体与作为权利主体的公民之间的互动效果，则直接影响民情民意动态判断及政策措施制定。

那么，作为权利主体的公民又是如何去评估自己与政府的信任关系呢？杨书记的话一直留在我的脑海里，期待在接下来的调研中能够对这个话题有所深入。赶巧的是，当天下午，我们对两河口村第一书记罗国玉进行了专访，罗书记和我们说起了她与枧溪组杨胜富的故事。杨胜富是罗国玉书记帮扶的一户贫困户，今年65岁，家里老伴67岁，唯一的孩子36岁常年在外务工。几年前因为与他人有山林权益纠纷，找了民调和法院，但他对最后的调解结果不满意，于是开始上访，逐渐成为老上访户。罗国玉书记刚跟他接触的时候，他完全不理会罗书记，给他讲政策，他说：“你不要和我讲政策，国家所有的政策我清清楚楚。”村里集体经济产业分红，罗书记打电话让杨胜富带协议书和身份证到村委会领钱，他说：“我不去，都是骗人的。”后来，他老伴因为肾结核在铜仁住院了，考虑到两个老人没人照顾，罗书记抽时间给他们做饭，悉心照顾他们。这一举动终于感动了杨胜富，得到了他的信任，他推心置腹地把纠纷的原委告诉罗书记。“我们现在去他家，不管是我们局里面的、村里面的，还是乡里面的，他都热情得很，有什么吃的他都端出来。所以我觉得这个东西，虽然说他们当初就是很多行为让我们不理解，但是如果我们用心去做好每一件事情，你真的为他好的话，他还是懂得感恩的。所以现在他也不提山林的事情了，什么也不提了。”罗国玉书记一脸欣慰地笑着说。透过这个故事，我们看到认知和利益的信任判断以及主观性的情感表达是公民评估自身与政府信任关系的基础，消解公民对政府的质疑是深化改革时期的重要任务，更是农村基层治理取得成效的重要举措。

宗族传承

到敖寨的第一天，我们发现乡政府的工作人员很多都姓杨，一问才知道杨姓在这里是大姓，两河口、瓮背、洋世界、杨家寨等村主要人口为杨姓。两河口村石头寨还有杨氏宗祠一座。在两河口村调研第三天，我们特地到杨氏宗祠参观。

据杨氏族谱记载：这里的杨姓祖籍为陕西华阴。先祖杨通赉于明洪武六年（1374）由江口省溪司迁居敖寨洞，为千户总管，其后裔繁衍于敖寨、石头寨、瓮背、洋世界等地。杨氏宗祠建于明朝万历年间，整个祠堂四周用青砖砌就围墙。外墙右侧有题——四知台（震台月霁）诗曰：人间无处不天公，却笑黄金馈夜中。千载四知台下过，马头犹自起清风。

翻阅史料得知，杨氏家族堂号为“四知堂”，堂号由来还有一段历史典故。据《后汉书·杨震传》记载：“杨震字伯起，弘农华阴人也。震少好学，受《欧阳尚书》于太常桓郁，明经博览，无不穷究。四迁荆州刺史、东莱太守。当之郡，道经昌邑，故所举荆州茂才王密为昌邑令，谒见，至夜怀金十斤以遗震。震曰：‘故人知君，君不知故人，何也？’密曰：‘暮夜无知者。’震曰：‘天知，神知，我知，子知。何谓无知！’密愧而出。后转涿郡太守。性公廉，不受私谒。子孙常蔬食步行，故旧长者或欲令为开产业，震不肯，曰：‘使后世称为清白吏子孙，以此遗之，不亦厚乎！’”“四知”乃成为千古美谈，其后人以此为堂号。

四知台又名辞金台，在今山东省莱州市境内，因后汉关西夫子杨震出仕后不受私谒、暮夜却金的故事得名，为昌邑古城中的八景之一，被称为震台月霁。明代思想家薛瑄有感杨震高风亮节而题此诗。

走进祠堂，发现院内由戏楼、厢房和正殿组成，类似四合院。正殿三间，中间一间为神龛，摆放杨家始祖杨再思画像，上书“纪念始祖楊再思诞辰156周年”，有联：楊显祖训子孝孙賢至乐無极，简朴品德時和岁有隆盛乃登。两边墙壁斑驳脱落，隐约可见花鸟人物图画，中间由四根屋柱撑着屋顶椽梁。戏楼荒废失修，屋檐败漏，厅前空旷无余，仅杂草而已。据了解，每年的农历正月初，全乡的杨姓村民们都会在祠堂齐聚来祈求来年风调雨顺。而今见此破败景象，令人唏嘘不已。

我想，时代的剧烈变迁，已经在一定程度上冲散了杨氏族人的宗族共同体，现代商品社会所塑造的生活形态正逐渐替代传统乡土的人情社会，姓名中用“昌、胜、秀、发”等汉字取名来区别辈分的习惯可能成为他们唯一的情感纽带。从国家治理的角度来看，基层政权组织始终与乡土宗族处于博弈的状态，如何发挥好乡土宗族的治理优势，找到二者之间的平衡，是农村基层治理的一个重要课题。

时代变革

穷则变，变则通，通则久。时代浪潮澎湃而至，风起云涌的今天，曾经被遗忘的农村逐渐重回历史舞台。长期以来，城乡二元结构导致农村成为资源索取的对象，它为城市源源不断地提供了大量的生产和生活资料。城市在飞速发展的同时，农村却逐渐被时代所遗忘，各类资源在市场调节下自发流向城市。可以说，农村的发展是有别于市场经济自身逻辑与行政力量结合共同推动的结果，从实际观察来说，中国广大的农村大半个身子都还在市场经济的范围之外。

一直以来，扩大内需是我国经济保持增长的稳定器，但是，由于交通等基础设施不完善，内需市场始终仅仅局限于大中型城市，农村的消费潜力难以被挖掘出来。如今，在中央的大力推动下，脱贫攻坚给农村带来的改变就是基础设施的完善，交通路网、电网、互联网等日趋完备，把原来分散的地理孤岛、信息孤岛、经济孤岛全部连接起来，加速了农村融入市场经济的步伐，社会资本纷纷进入农业领域，激活了沉睡已久的农村，增强了内需市场的发展潜力，为乡村振兴打下了坚实的基础。

基于此，回过头来看万山、看敖寨，产业的蓬勃发展得益于市场力量，农村基层治理的阵痛期也是时代变革的必经阶段。无论是两河口村的杨氏宗祠没落、瓮背村小学张有志校长对教育的坚守，还是杨武杰副书记有关政府信任的感叹、罗国玉书记与杨胜富的互动，都是时代变革的缩影。透过这个窗口，我们看到了万山转型的艰辛，看到了过去与未来在当下连接的农村，看到了乡村振兴的图景。

（作者系贵阳创新驱动发展战略研究院特约研究员）

乡礼社会

PERUSE OF WANSHAN

星星之火，可以燎原

周 猜

2018年10月13~28日，北京国际城市发展研究院、贵阳创新驱动发展战略研究院组成86人的联合调研组，开展铜仁市万山区转型可持续发展大调研，我有幸作为其中的一员，实地考察了万山区的下溪侗族乡。这是万山区的四个侗族乡之一，于2018年9月实现脱贫摘帽。在调研过程中，我们访谈了第一书记、驻村干部、村支两委成员、致富带头人、脱贫代表及社会各阶层人士，听了很多关于脱贫攻坚和下溪乡发展过程中的感人事迹。这当中有那么一群人让我深受感动，他们是农村的知识分子代表，从大山中走出去，又因乡土情怀回到大山，他们眼界开阔、思维活跃，在乡村发展中发挥着积极作用，是乡村振兴中闪耀的星光。

凝聚社会力量，助力乡村治理提升

刘开广：我们都是下溪人，要有主人翁意识，不能什么都是政府干，社会要出一份力，农村才会有发展

刘开广，45岁，1999年毕业于铜仁卫生学校，大专学历，现任下

溪社区居委会党支部书记。第一次见刘开广是进驻下溪乡的第一天，他开着私家车来接我们。他个子不高，比较瘦，穿得很整洁，皮鞋擦得锃亮。在下溪调研的10天时间里，他经常带我们走街串巷，或是送我们进村。刚开始接受访谈时他有点拘谨，但是后面谈到下溪的变化时，他便逐渐打开了话匣子。

“我运气不好，刚好赶上大专毕业不分配的第一年，就接手了父亲开的诊所。诊所就在下溪集镇上，那时候的集镇还不是现在这个样子，房子建得东一栋、西一栋的，摆摊设点也是毫无章法，想摆哪儿就摆哪儿，乱七八糟，街道卫生也没人管，每次赶集过后到处都是垃圾。我在铜仁读了几年书，回来看到这个样子，心里就很不是滋味，就想改变这个状况。2004年，我关了家里的诊所，与蒲光燕、杨明铸和姚源忠几个朋友自发组织成立了下溪街道卫生管理办公室，专门管理街道卫生和集镇市场秩序，办公就在我家原诊所的门面里。同时还组织居民成立了民兵应急分队。”“怎么管呢？毕竟是民间组织，别人能听吗？”“刚开始不听，让打扫卫生不打扫，让到规定的地点摆摊也不去，就一家一家地上门去说，有时候也强硬一些。后面大家发现卫生越来越好，集镇越来越有秩序了，就自觉遵守了。经过一年的时间，工作就走上了正轨，2005年卫生管理办公室正式移交给政府，纳入原来的机关居委会也就是现在的下溪居委会。我们组织的民兵应急分队参加了下溪乡的多次抢险工作，包括下溪小学食堂火灾、官田村火灾、米贡山森林火灾，2008年凝冻灾害发生时，我们民兵队伍在乡党委政府的领导下开展铲雪抗凝，一直从下溪铲到万山，确保了整条公路通车。”他说到这些的时候眼睛里闪着光，仿佛回到了10年前，回到了那些激情燃烧的岁月。我问他卫生治理和市场秩序维护为什么不找政府，他说：“我们都是下溪人，要有主人翁意识，不能什么都是政府干，社会要出一份力，农村才会有发展。”

刘开广不仅是下溪社区党支部书记，也是一位致富能手。他在2013年创办的家禽养殖场已经具备一定规模。2015年与他人合伙创办广源蔬菜配送公司。现在该公司负责万山区所有幼儿园和中小学的营养午餐蔬菜配送。目前，他的妻子在铜仁市上班，女儿也在铜仁市上学。2016年下溪社区党支部成立，下溪乡党委政府想到的第一人选就是他，于是他便放下产业回到了下溪，晚上和周末不加班的时候便回去一趟。我曾开玩笑地问他社区书记的工资够不够油钱，他笑着说："是不大够，但我还是放不下下溪，更不能辜负党和群众的信任。”

创新科学技术，助推乡村产业发展

姚本铁：乡村振兴主要还是产业振兴，产业振兴的关键还是要有技术创新，要掌握核心技术

姚本铁，41岁，2003年贵州省林业学校大专毕业，2007年获得西南林业大学函授本科学历，现任堃丰农业法人代表。2007年大专毕业之后，他到铜仁做园林绿化设计，每年有五六万元的收入，一直到2016年回到下溪。在此期间他积累了一些人脉和园林资源，回乡后将多年的积蓄和资源投入园林苗木种植。2018年，万山区引进堃丰农业，总投资1000万元，共修建9个大棚，占地350亩。姚本铁用家里房屋、土地抵押贷款加上手里的积蓄筹资200万元入股，占20% 股份，任法人代表，负责大棚基地的管理和技术支持，下溪乡政府以产业扶贫资金300万元入股，每年保底分红15万元，带动78户贫困户增收。

调研组是在大棚蔬菜基地里访谈姚本铁的，陪同调研的兴隆村村支

书杨天德扯着嗓子大喊了几声姚本铁，便见他穿着一双黑色雨鞋从较远的一个大棚里跑了出来，雨鞋上面全是泥。“我刚刚在翻土呢，那边的大棚打算用来育苗。”他笑呵呵地说道。我介绍完访谈目的，他便开始给我介绍大棚蔬菜基地的情况。“现在大棚都已经建好了，区交通局也把进基地的路给修通了。因为大棚修建和土壤培肥发酵，今年只有三个棚种了一季，总共种了2万株黄瓜和1.8万株西红柿。今年黄瓜卖得好啊，1株黄瓜苗能结7~8斤黄瓜，每斤黄瓜卖两块六到两块八。”我大概给他算了一下，光黄瓜的收入有40多万元，但是我们之前调研的过程中很多农户都反映黄瓜不好卖，有的甚至5毛钱一斤都卖不出去。面对我的疑惑，他笑着解释道：“关键是什么时候卖和卖给谁。我种蔬菜都是种错季的，简单地说就是抢在市场上大批量上市之前卖完，或者是在市场上退市之后再上市。而且我的蔬菜都是卖往省外，现在九丰农业做得那么好，铜仁的市场都饱和了。”“销售渠道是怎么打通的呢？”“互联网啊，现在信息那么发达，网上发布销售信息或是对接买家发布的采购信息都很方便，他们开车过来拉，装车费和运费自付，我们只管采摘。”在大数据时代，大数据思维是解决农业信息不对等、推动农业产业发展的利器，这也是农村知识分子与普通农户的重大区别。

“这就是我用来做育苗的棚，现在育的是芹菜苗。”他指着棚里一片绿油油的嫩苗说，“现在整个下溪大棚蔬菜的苗都是买的。我们上一季的苗也是买的，黄瓜6毛5一株，西红柿5毛一株，要是自己育苗，一年下来能节约不少成本。现在还好，育苗最难的是冬天，温度太低。要做到控温的大棚建设成本又太高。我打算采用‘套棚’的形式，就是大棚里再搭一个小棚，相当于多一个隔热层。这是我在园林上育苗的法子，在大棚蔬菜上创新应用。别看我之前没有做过大棚蔬菜，但是我学的林学，很多知识是相通的，这大半年来我买了很多大棚蔬菜种植的专业书籍，也到周边和省外的大棚去‘偷师学艺’，现在大棚蔬菜的种植技术基本不存在什么问题。”在被问及乡村振兴的关键是什么时，他坚定地说：“乡村振兴主要还是产业振兴，产业振兴的关键还是要技术创新，要掌握核心技术。”

调动村民积极性，推动乡村共建共享

杨茶花：农村发展要把眼光放远一点，不能只看眼前的利益，也不能有等、靠、要的思想，共建才能共享

杨茶花，57岁，1984年高中毕业，1998年到铜仁卫校学习，获中专学历，曾任铁门小学教师、铁门村计生干部、妇女主任、万山区人大代表等，现为铁门村村医。她一头干练的短发，说话干脆利落，看上去比实际年龄要年轻许多。“我1984年高中毕业就嫁过来了，那时候高中生还比较少，算是知识分子，嫁过来之后就到铁门小学教书。1994年村支两委换届，大家把我推选成了村干部，我就到村里面任计生专干和妇女主任。我们那一届村支两委都是三十几岁的年轻人，思想比较活跃，充满干劲。那时候的铁门条件是真的艰苦，只有一条盘山小路通往外界，农民种点粮食、养头猪都没办法弄出去卖。1997年的时候民政局给了我们村一车化肥，但是车开不上来啊，没办法只能卸在路边，让村民们一包包背上山，最后竟然还丢了两包。我们村支两委紧急开会，当时就决定要修一条通车道路。”她所说的那条通车道路就是我们进村的那一条盘山公路，山高而陡，道路弯多拐大，光是开车上来都是需要一定技术和勇气的，很难想象当初修路是怎样的艰辛。

“当时让各村民组组长先在组内宣讲，统一思想，不同意的我们村支两委就一家家去做思想工作。最后，全长6公里的道路全村110户按人口和土地分包到户，一家一段。当时的万山特区民政局给了我们一笔启动资金，村主任和另一个村委负责在村里组织施工，我和支书到区里各部门‘化缘’，筹到的钱就用来买炸药。那条路从1997年的冬天开始修，到1998年初修好，整整三个多月里除了大年初一，大家一天都没有休息过。就靠双手和铁钎凿开了通往下溪集镇的公路，同时也凿开了铁门的发展之路。”之后她给我们说起了铁门村的发展变化，从村民肩挑背扛到货车直接开进养殖场，从家家户户煤油灯到太阳能路灯，从空壳村到产业脱贫，越说越兴奋，越说越欢喜。

杨茶花作为村干部不仅带动了铁门村通车、通电，更是在铁门的发展过程中充分发挥知识分子的自身优势，勇于担当，在铁门小学缺老师时，她是一名优秀的人民教师；当铁门村民想要发展时，她是雷厉风行的村干部；当铁门没有医生时，她便自学医技成为一名赤脚医生。之后更是到铜仁卫校进修获得医学学历，成为一名专业的乡村医生。关于乡村振兴的问题，她是这样回答的：“农村发展要把眼光放远一点，不能只看眼前的利益，也不能有等、靠、要的思想，共建才能共享。”

他们都是农村先进思想的代表，用自己独特的思考和方式推动着乡村全面发展，也许力量微弱，也许成效还未被重视，但我相信，随着乡村振兴战略的实施，越来越多的知识分子将会投身到乡村发展中去，星星之火必成燎原之势。

（作者系贵阳创新驱动发展战略研究院党委副书记、副院长，铜仁市人民政府发展研究中心战略咨询委员会委员）

深山里绽放的“万山精神”

何 丹

万山于我而言，是神秘而向往的存在。初闻要前往万山开展为期半个月的调研，我是很兴奋的，因为我终于在这个深秋，实现了与万山的不谋之约，朱砂古镇、玻璃栈道、矿山怀旧小镇、悬崖酒店……这些如雷贯耳的名字将在我面前揭开神秘的面纱。我好奇的万山转型、万山经验和万山实践都将在调研中一一验证。

万山，曾是中国最大的汞工业生产基地，被誉为“丹砂王国”。20世纪80年代中期之后，汞资源逐渐枯竭，2002年5月，汞矿被实施政策性永久关闭破产，自此万山发展进入了阵痛期。2009年万山被列为资源枯竭型城市，这是其转型发展的关键期。2013年，习近平总书记对万山转型发展做出重要批示，近几年来万山围绕“产业原地转型、城市异地转型”发展战略，向全省、全国、全世界展示了万山速度、万山模式和万山经验，化蛹为蝶、涅槃重生。我想万山的蝶变，速度、模式、经验是一方面，最重要的还是深藏在背后的精神——万山精神。所以我也希望能通过这次调研真正感受一下什么是万山精神。

抵达万山当天，天下着淅淅沥沥的小雨，万山被浓浓的雨雾笼罩着，朦胧不清，显得更为神秘。10月16日，我们小组成员一行六人驱车前往要调研的乡镇——黄道侗族乡，沿途的公路依山而建，蜿蜒曲折。大山被从腰间凿出了一道道灰白的“口子”，远远望去，像一条盘在山腰的蛇。一路上，我算是感受到了什么叫“山路十八弯”，司机说：“我们就这样围着山转，一直转一直转，转到山脚就到黄道了。”就这样，我们开启了调研工作……

罗泽铭：“我不能倒下，他们需要我”

我所在的小组调研的第一个村是黄溪村，黄溪村委会所在地离黄道乡政府仅需4分钟车程。汽车沿着蜿蜒的乡村小道盘旋而上，抵达平地时便到了黄溪村。罗泽铭家的老宅坐落在黄瓜冲组，是一栋老旧的木屋，几根主梁相互依偎着，似乎随时都可能坍塌。不过，就在2018年5月，他家享受了易地扶贫搬迁政策，搬进了位于谢桥新区观山雅居的新家。

我们驱车来到罗泽铭家的老宅时，他和妻子正在为家畜做食物。因为老宅已无人常住，加上年久失修，周围看起来有些破败不堪。“我们基本不住这里了，但是因为养了几头猪，还是要经常回来照看一下。”罗泽铭说，这一批猪出栏后，他就不再养了，打算让老婆在谢桥找个活儿干，自己也要精心打理与几个合伙人种植的葡萄。走进罗泽铭家的老宅，一面墙上贴满了罗勇的奖状，“这是我儿子的”，他一脸骄傲地说。参观完他的老宅后，他又热情地邀请我们前往位于谢桥新区的新家看看。看着宽大敞亮的新家，罗泽铭颇为感慨，向我们诉说了他这一路走来的不易。我们这才知道刚刚的那位妇女，已经是他第三任妻子了。

罗泽铭一家历来以耕田种地为生，十五六岁他就开始跟着父亲干农活，结婚后家庭压力逐渐增大，为养活一家老小，他和第一任妻子外出务工。2002年，父亲患了重病，他回到了家中，当年父亲因重病去世。次年，罗泽铭的第一任妻子因节育手术引发疾病，也永远地离开了他和两个嗷嗷待哺的孩子。几个月后，小儿子因病夭折。说到这里，罗泽铭的眼眶已然泛红。我也不忍再往下继续这个话题，但他似乎看出了我的顾虑，还是继续说了下去。我问他，遭遇接二连三的变故，是什么让他坚持和振作。罗泽铭说："当时的情况我根本就无法接受，是个人都承受不了。但是能怎么样呢？上面有老母亲，下面也还有个小孩，作为家里的顶梁柱，为了他们，我没有倒下去的权利。"说到这里，我看到了他眼里坚毅的目光。后来罗泽铭在姐姐的帮衬下又外出打工，结识了第二任妻子，生下了小儿子罗勇，但由于家庭贫困疾苦，第二任妻子没多久就偷偷离开了家，再也没有回来过。

虽然生活不曾对他仁慈，但是他并没有放弃过拼搏。2012年他决定返乡创业，与几个朋友合伙种了100亩葡萄，后来在政府的帮扶下又增种了100亩，每亩还有1800元的补助。如今，葡萄基地已经开始产生收益，一家人又在扶贫政策的帮助下住进了新楼房，日子越来越好。临走时，罗泽铭说，政府对考驾照的贫困户也有补助，3500元/人。"我已经拿到驾照了，接下来希望能通过自己的努力买一辆小轿车。"

罗仁长："我什么都不想，就知道要去做"

在力坳村说起罗仁长，人人都会竖起大拇指，这让我对这位致富带头人多了一份好奇。罗仁长是贵州省云飞牧业有限责任公司的负责人，他的养殖场被评为铜仁市万山区生猪养殖科普示范基地。罗仁长的养殖场坐落在竹山冲四方田山上，远离河流，远离村民生活区，视野开阔，空气流动性强。走近的第一感觉就是规范化、高标准。办公楼的左边是一幅大大的画报，清晰明了地介绍养殖场的整体情况，右边是储藏室和消毒室。“所有要进猪棚的人都必须在这里消毒。”黄道乡副乡长袁渊介绍。走进会客室，四面挂满了铜仁市、万山区、黄道乡各级领导考察调研的照片。

“他打过工、卖过破烂、跑过摩的……失败过也成功过，就是能干、肯干。”看着笑着向我们迎来的罗仁长，袁渊这样说。随后我们在养殖场对他进行了个人专访。了解了他丰富的经历后，就会明白为什么他能把养猪场做得井井有条，还成为典范。罗仁长文化水平不高，只有初中学历，毕业后便随大溜出门打工。由于在外水土不服，仅在外地逗留了1个月就回了家乡。“当时这里的路还没有这么好，小车很少，好多人都坐摩托，我觉得这是商机，就想去试试。”罗仁长说。但是跑摩的的基础条件是必须要有摩托车。为了购置交通工具，罗仁长开始白天黑夜地上山挖中药，有了几十块钱本钱后又开始收起了破烂。他收破烂和别人有所不同，在每个村都找了合作人，他只负责每周租车去进行统一运输。就这样不到两个月他赚到了自己的第一桶金。“拿着七八千块钱我就去买了我的第一辆摩托车。”罗仁长说，这是他事业的起点也是转折点。跑摩的不足半年的时间，他开始盈利了，由于钱来得太快，罗仁长开始有点膨胀，染上了赌博，最后欠下2万多元的债，连摩托车也抵押了，不得不砸锅卖铁维持生计。后来由于他对摩托车较为熟悉，有老板请他当摩托车维修工，每月工资1000~2000元。

时间一久，他发现开摩托车的人越来越多，但卖摩托车的店却屈指可数，于是在妻子及岳父的帮衬下，他开了一家摩托车店。“一开始店里只有7辆摩托车，生意越做越好，2005~2008年期间，每个月纯利润就有3万~4万元。”有了一定经费后，他又动起了办摩托车驾校的脑筋。眼看日子越过越好，作为土生土长的力坳人，罗仁长想通过自己的绵薄之力反哺乡亲父老。

2016年初，在“春晖行动”的感召下，他从山东采购了一批牛，但由于前期考察不到位、研究不透彻，这一次尝试让他亏得血本无归。这次失败并没有吓退罗仁长，依靠摩托车驾校回本后，他依旧想从养殖业着手，带动大家摆脱贫困。

2016年7月，罗仁长第一次尝试生猪养殖，2017年初第一批生猪正式出栏，100多头净赚10多万元。为进一步扩大养殖规模，罗仁长决定扩建养殖场并实行规范化、科学化管理。于是他决定与正大集团合作，通过购买正大的饲料，获取他们的技术支持与指导，以自养自销的模式扩大生猪养殖的规模。当我问到如何带动老百姓脱贫时，罗仁长说农户大多通过“精扶贷”的方式入股他的养殖场，还没产生收益前他已经向大家发放了第一次分红。“接下来，我想通过‘企业+农户’的方式，为农户提供饲料和技术支持，开展农户代养。”说到带领大家致富，罗仁长滔滔不绝。当我问他为何在经历过一次又一次失败后还如此果敢时，他腼腆地说：“其实我什么都不想，就只知道要去做，做了才知道是什么情况。”我想这也许就是万山精神的集中体现，勇于拼搏，敢于尝试。正印证了那句“一想二干三成功，一等二看三落空”。

杨元桃："困难打不倒我，只会让我更坚强"

由于时间紧迫，我们与杨元桃的访谈约在黄道乡政府办公室。当她推门而入时，映入眼帘的是一个时尚、干练、雷厉风行的女强人形象。杨元桃说她是来讲故事的，她的故事可以说三天三夜。果不其然，这个致富带头人说起她的经历，就停不下来了。

杨元桃是土生土长的力坳人，但由于地理条件限制，她的大棚蔬菜基地建在丹阳村，目前也是黄道乡规模最大的蔬菜大棚基地。在搞蔬菜种植前，杨元桃卖过稻谷、修过房子、开过砖厂，辉煌过，也落魄过。

说到砖厂，杨元桃说这是她最惨痛的回忆。在帮人修楼房赚了钱后，杨元桃和老公开始从湖南倒卖红砖。"当时修房子的人多，砖很好卖。"杨元桃见此情形，与老公商量开了砖厂，砖厂生意一天比一天好，她也开始不满足于现状，于是又购置了两台推土机，想借此扩大砖厂的规模。奈何计划赶不上变化，购置推土机没多久，相继撞死了两个人，一夜之间砖厂倒闭了，200多万元也没有了。"向亲戚借了1万块钱，后来连车也被拿去抵押这1万块了。"杨元桃说，那时候她常常不敢回家，都住在砖厂的工房里，她感觉自己的情绪随时会崩溃，担心影响到家人。随着这个变故，倒霉的事接踵而至，一度让她绝望。可是向来争强好胜的杨元桃没有倒下，她告诉自己不能被困难打倒。

一次机缘巧合，杨元桃在朋友的建议下开始种植大棚蔬菜。起初，她并不乐意，觉得卖菜并不能解决她的燃眉之急，但苦于走投无路，只能硬着头皮试一试。"我做什么事情，就想把它做好，所以决定做的时候，我就没想过放弃。"为了种好蔬菜，杨元桃天天守在地里，夜夜坐在电视机前观看中央台的农业频道，借此“偷师学艺”。慢慢地她也摸索到了窍门，发现油渣粉（油菜籽渣滓磨成的粉）能让土质变得蓬松，种出来的蔬菜口感清新，异常好卖。“我的蔬菜一上街就是一抢而空，供不应求。”后来，随着九丰现代高效农业园在万山落地生根，杨元桃的蔬菜基地也得到了技术支持与指导。“虽然有技术人员指导，但还是要靠自己，所以我就天天在地里偷学他们的技术。”经过研究，她将大棚里的竹竿换成吊线，没想到效果惊人。“既节省成本，又不浪费土地，更高产。”杨元桃的做法连九丰的工作人员也忍不住称赞。如今杨元桃成立的贵州百汇源农业开发有限公司蒸蒸日上，蔬菜供不应求，下一步她将逐步扩大规模，种好蔬菜。

在大山深处，在云雾缭绕、峰峦绵延的地方，有千千万万个罗泽铭、罗仁长和杨元桃，他们不曾放弃奋斗、不曾放弃理想、不曾放弃对美好生活的追求。他们勇于拼搏、意志坚定、敢想敢做，他们用事实向世界证明“幸福都是奋斗出来的”。我很庆幸能有这次调研的机会，也很荣幸能接触到基层的干部群众。他们的精神不仅是万山蝶变的基础，也是激励着每一个人前行的力量……

［作者系贵阳创新驱动发展战略研究院院务委员，阳明文化（贵阳）国际文献研究中心主任，铜仁市人民政府发展研究中心战略咨询委员会委员］

侗乡田园产业兴
陡坡山上巧致富

陈甚男

2018年10月13~28日，我跟随铜仁市万山区转型可持续发展大调研队伍来到万山，走进下溪侗族乡，深入走访官田村、瓦田村和报溪村，对大棚蔬菜、山地刺葡萄、黑毛跑山猪、马蜂、豚鼠等产业进行了深入调研，半个月的时间，我看到了下溪侗族乡结合自身实际和特色，带领群众探索发展致富产业，凭借着战天斗地的意志，在山上种出了葡萄，养肥了牛、羊、猪，走出了一条产业兴村富民的道路。

产业传奇：从陡坡山上的刺葡萄，看如何寻找符合自身实际的产业发展路径

走进万山区下溪侗族乡瓦田村，从山脚到山坡的土地里，连片的大棚里挂满了一串串紫色的山地刺葡萄，村民们正在大棚下忙着剪摘葡萄，源源不断地装箱输送到周边各个城市。随着山地刺葡萄发展得

愈发红火，其发展的故事不断被挖掘，从一开始只要能种出东西就行，到现今为了提高产量、质量而不断创新种植技术，演绎了瓦田山地刺葡萄发展的“传奇”。

曾经的下溪侗族乡瓦田村，全部是荒山荒地，很多山坡险峻陡峭，人都很难站稳。受山多地少等因素制约，一年到头村民们根本没有什么收入，仅有的一点庄稼也是靠天吃饭。直到2008年，瓦田村村民吴成昌去湖南省怀化市芷江侗族自治县大树坳乡的亲戚家串门，看到整个乡都在发展山地刺葡萄，当时正值丰收时节，每天都有络绎不绝的收购商来收葡萄，效益可观。考虑到大树坳乡和瓦田村地理环境一样，山多耕地少，吴成昌就决定把苗带回村自己先试种。“三年后，他真的就成功了，那年初产他一亩地就收了6900斤，以2.8元每斤的价格卖给了收购商。后来我们开会讨论这个事情，大家都觉得行，2014年我们村开始大面积地发展山地刺葡萄。”瓦田村村主任袁敏捷说道。

2014年，下溪侗族乡党委政府将葡萄产业定位为该乡主导发展产业，到2015年共争取到精品水果（葡萄）项目资金450万元。随着种植规模逐年扩大，该村已经建成山地生态刺葡萄基地2000亩，并于2014年被省园区办认定为“省级高效农业示范园区”。

昔日无人问津的荒山，如今成了能带领群众致富的金山。该村采用“合作社＋致富带头人＋贫困户”模式，建立了利益联结机制，让更多群众参与山地刺葡萄产业发展，扩大了产业受益面。尤其是2018年得益于苏州对口帮扶项目，出资给村里新建了大棚葡萄基地。传统的露天种植每年需要进行5~6次病虫害防治，而改良后的大棚种植每年只需进行1~2次病虫害防治，大大降低了药物和人工成本，且大棚葡萄的储存期更长，能延后1~2个月上市。得益于错峰销售，产品价格也有所提高。据瓦田村包村干部向阳介绍，2018年该村刺葡萄预计产量达200万斤以上，产值400万元以上，人均增收将近1600元，将带动全村525人脱贫致富，覆盖该村全部贫困户。

因地制宜发展产业，就要充分考虑当地的各种资源，有针对性地引入相应的产业进行发展，正如瓦田结合自身山多地少的特点，引进了适应性强、抗病性好且耐旱的山地刺葡萄，使资源和产业形成了较高程度的匹配，从而推进产业精准扶贫。

产业发展：从“滚雪球”的豚鼠发展模式，看人无我有的产业发展之路

一只只可爱的豚鼠在用砖砌成的小圈舍里蹦蹦跳跳，人一走进去，它们就开始吱吱叫个不停……这是在下溪侗族乡报溪村杉木溪组村民杨序送的豚鼠养殖场里看到的场景，在这个占地500多平方米的养殖场里，豚鼠存栏3000只，年出栏达10000只。“豚鼠平均3个月繁殖一窝，一窝可产5~6只幼豚鼠，一只母豚鼠一年可繁殖20多只幼豚鼠。”看起来淳朴憨厚的杨序送这样介绍道。

2010年春节，在上海制衣厂打工的杨序送回到家乡，发现村里还是过着传统的农耕生活，比外面落后很多，他的心里五味杂陈。难道在大山里就注定穷吗？除了传统产业就不能试着发展新的产业吗？带着这些问题，他萌生了在家创业的想法。但他并没有像其他人一样做大家认为好的产业，而是四处奔走寻求创业项目，通过到周边省、市考察市场，再结合自身地理条件，他发现豚鼠产业前景不错，正好周边也没人做，于是他下定决心，毅然做起了豚鼠养殖。

养殖场建起以后，并没有如他预想的那样快速发展起来，刚开始做的时候，很多人无法接受养鼠这个事情，都对他不看好，2012年他又遭遇了大批量豚鼠病死的灾难，然而重重难关并没有打击到他，最终在各方支持和他自己的坚持下得以渡过难关。通过政府的牵线搭桥，近年来他参加了20余场养殖培训班，得到创业扶持贷款13万元，养殖技术得到了很大提升，销售渠道也不断增多，同时还解决了资金周转短缺问题，养殖场也越做越大，越做越好。

目前该养殖场一年就可为他创下10余万元的可观收入，真正成为村里有名的“有钱人”。但他说：“自己富不算富，邻里乡亲都富起来，那才是我的梦想。”2014年，他在下溪侗族乡全域范围内试行了免费送豚鼠种苗的“滚雪球”帮扶发展模式，即如果有村民（特别是贫困户）想要养豚鼠，可以从杨序送这里免费拿走10只种鼠，一年后有产出了再归还。把损失的可能性考虑在里面，一年最少也能出栏100只，除去归还的，养殖户可以将自己现有的出栏豚鼠，以保底价30元/只卖给杨序送（所谓保底价就是如果市场价低于30元的时候，还是以此价格收购）。在这一模式中，杨序送不只提供种苗，还充当技术员、销售员，一次性解决了群众无资金、无技术、无销路的问题，真正实现带动了群众脱贫致富。目前仅报溪村就有10余户与他签订协议，每一户可依靠豚鼠养殖年均增收3000元左右。

发展产业，切忌盲目跟风，不能说看周边地区发展什么产业，就跟着去发展，暂不说是否适合本地实际，单纯就大范围发展一个产业而言，也有可能会产生由于产量过大造成产品滞销、群众遭受损失的严重问题。因此，要像杨序送发展豚鼠一样，多调查、多研究、多创新，真正在产业发展上做到人无我有、人有我优。

产业乡愁：从回乡勇当“技术带头人”的姚本富，看返乡农民工在产业发展中的重要作用

10月18日，在下溪侗族乡官田村迎丰农业的大棚蔬菜基地里，唯一的技术管理员姚本富正在给全乡各个村前来培训的村民讲解着大棚管理的注意事项：“大家一定要注意，当发现棚里出现大量水汽，就要抓紧开棚通风。”

在人均不足半分地的官田村，因2016年水灾，政府帮助复垦了50亩地，后官田村整合扶贫专项资金，并通过村民入股的形式，筹资近300万元，在这块地上建成了迎丰蔬菜种植基地。走进官田村的蔬菜大棚，温润空气扑面而来，每一株辣椒和茄子都用细线整齐地吊着，一眼望去很是壮观，这个被誉为下溪乡管理发展得最好的蔬菜大棚，便是得益于姚本富的精心管理。

53岁的姚本富，对种菜有着独特的情感。过去在湖南打工时，隔一天便会去工地旁边的大棚蔬菜基地里面玩。“我管理大棚的技术，全是当时在那边玩的时候‘偷学’的。”姚本富乐呵呵地说。实际上，据官田村村支书蒲光超介绍，姚本富当时并不是玩，是真的在学习技术，后来带着技术回来就自己发展大棚蔬菜。2017年，全村打算将大棚蔬菜作为扶贫产业发展时，他毅然放弃自己的产业，来到迎丰农业蔬菜基地做起了技术管理工人。在他的精心管理下，2018年2月，大棚的第一季蔬菜总产量400余吨，总产值达70余万元。

而在下溪侗族乡的另一个村瓦田村，也有很多人和姚本富一样，成为返乡大潮中的一员。据统计，瓦田村2010年全村总人口1600人，外出打工700人，而到2017年返乡创业500多人，在外务工人数骤减为120人。

“在外奔波久了，就觉得还是家里好，现在家门口就能打工挣钱，又能照顾家里老人和孩子，还出去干什么呀！”瓦田村村民张绍安如是说。张绍安在外打工多年，回乡时，把在外面了解到的竹鼠产业带回村里发展，三年多过去了，他的竹鼠现存栏300多只，2017年竹鼠销售纯收入就有3万多元，带动瓦田村10户贫困户脱贫，户均增收1000元。

近年来，伴随着经济社会的变化，大量农民工开始返乡，他们带着从城市学来的市场意识、互联网思维，将先进科学技术和生产方式、现代经营理念和产业发展模式引入农业，正如姚本富带来了种植技术，张绍安带来了竹鼠产业，他们为家乡传统农业转型升级引来了一泓活水，也为当地农业产业链条的延伸、拓展和丰富，发挥了前驱和引领作用。

产业新路：从探索山地刺葡萄的全产业链发展，看产业的科学发展新路

打开瓦田村村民吴长林家的门，一股浓郁的葡萄酒香扑鼻而来，映入眼帘的是四五个白色塑料桶，里面装满了刚酿制好的葡萄酒。在瓦田村，像吴长林家一样自己酿制葡萄酒的人有很多。

随着瓦田山地刺葡萄的品牌不断打响，种植户们认为单纯卖原产品，附加值太低，赚钱太少，另外，又由于葡萄不好运输，太远的地方又销不出去，急需探索一条产业发展的新路，即走上精深加工道路。该村葡萄产业发展大户吴成昌说：“我已经向村合作社申请建一个葡萄酒厂，目前项目已得到批准。”

当前，瓦田村正着手将山地刺葡萄打造成从种植到销售再到深加

工的全产业链发展，第一书记罗丽青介绍道："预计葡萄酒厂明年开始加工生产。等到产业发展起来，我们还要借此去申请中国国家地理标志产品，真正把刺葡萄的品牌打响。"

实现乡村产业振兴，必须面向新产业、新业态谋发展。正如瓦田村探索山地刺葡萄的全产业链发展，就是把握住了乡村振兴不仅要农业兴，更要百业旺的内涵。在产业发展过程中，要紧紧围绕农村一二三产业融合发展，走科学化发展之路，大力开发农业多种功能，支持农产品就地加工转化增值，重点解决农产品销售中的突出问题，健全农产品产销稳定衔接机制，加快推进农村流通现代化。

从下溪侗族乡三村的产业发展可以看出，村级产业从选择到发展再到壮大，都需要考虑多方面的因素。正如2018年4月习近平总书记在海口市秀英区石山镇施茶村考察乡村振兴战略实施情况时所说："乡村振兴要靠产业，产业发展要有特色，要走出一条人无我有、科学发展、符合自身实际的道路。"这一句话道出了产业对于乡村发展的重要意义，也指出了乡村产业发展的"关键路径"。

（作者系贵阳智能大数据发展应用研究中心副主任，铜仁市人民政府发展研究中心特约研究员）

新时代农民的自我修养

陶　巍

为深入研究习近平新时代中国特色社会主义思想在万山落地生根的理论基础、实践基础、群众基础，总结提炼万山转型可持续发展的先进模式和成功经验，由北京国际城市发展研究院联合贵阳创新驱动发展战略研究院组成调研组，分赴万山区各乡（镇、街道）、村（社区）开展大调研，我有幸分到了调研十一组，与何露一起对下溪乡桂花村、下溪乡青龙村、黄道乡锁溪村进行了实地调研。在这段时间里，我看到了优美的人居环境，听到了村民们对党和国家的真挚感谢，感受到了淳朴的民风乡风，但对我触动最大的是他们的新担当、新思想、新眼界。

新担当：社会责任推动乡村更好发展

下溪乡桂花村致富带头人杨秀六是我访谈的第一位人物。他38岁，是桂花村山地刺葡萄园的负责人。访谈是在桂花村村委会二楼办公室进行的，旁边山上就是他的刺葡萄园，在访谈过程中他始终面带微笑，谦虚而有礼貌，虽然年轻但给人成熟稳重的感觉。我问他："您是主要做葡萄产业吗？""我是2014年上半年开始种葡萄的，现在一共有473亩，前后投入了三四百万元，政府有政策上的扶持，一亩地补了1500元。葡萄需要三四年才开始挂果，今年才有收益，带动25户贫困户增收致富。但是这个产业是有弊端的，存在市场打压价格和销售渠道不畅的问题，如果政府能够招商引资建立葡萄酒厂，或者如果做一些深加工、高附加值的产品，比如果干等，那么一年四季都有东西卖，也不用担心销售的问题。现在部分收益还需要补贴我在万山区的一个厂，厂名是铜仁市万山区阳光工程有限公司。"他笑着回答道。可以看出，杨秀六对葡萄产业发展的难点问题和解决办法进行了深入的思考。

"那这个公司主要是做什么的，做了多久？"我没有想到他还经营了一家公司，在访谈前准备了很多关于葡萄产业的问题，但是感觉会有更多意想不到的收获，于是赶紧转换了访谈话题。"公司是2013年成立的，主要是做打火机的组装加工，现在有26个员工，就是针对万山区的，不管是哪个乡哪个村的戒毒康复人员，帮助他们康复再就业。公司有镁砂酮预防他们毒瘾发作，这是政府发放的。他们跟正常人上班一样，也可以回家里，吃住是免费的。我们做这个阳光工程是亏的，我现在主要在万山区做些政府项目对阳光工程进行补贴，当然政府也有补贴。"我又接着问道："您在做阳光工程过程中，有没有什么事情对您触动很大？""最先开始接触戒毒康复人员，发现他们很多生活没有着落，有些人甚至连手机都没有，阳光工程解决了他们的就业问题，并在一定程度上避免了他们去外面偷抢。自从我们把阳光工程做好以后，万山区的治安真的好了很多。"杨秀六在说这段话时充满了骄傲。"自身清白"可能是很多企业招工的底线，但杨秀六的公司主动承担起社会责任与担当，支持戒毒康复人员实现再就业，助力他们找到自己新的人生目标。

“我带你去看看山上的刺葡萄，修这条路成本也很高，而且征地也要钱。这条路之前是我自己在修，全部是挖上去的，水泥硬化是今年政府做的，现在葡萄运输和村民出入方便多了。”杨秀六带着我和驻村第一书记彭南祥缓缓行驶在水泥硬化路上，沿途他都在给我们讲解葡萄的规模、成本、施肥、施药等，可惜葡萄都已采摘完毕，只能看到漫山遍野的葡萄架。到达山顶时，他指着一栋崭新的木房子兴奋地说，“能够容纳30个人左右，准备搞刺葡萄观光旅游一体化，在这上面可以采摘葡萄、吃饭住宿，这样能带动村里的消费和蔬菜产业。”因为要赶回贵阳开会，在实地考察完山地刺葡萄后，我便与杨秀六道别，赶往高铁站，在车上我陷入了沉思：乡村振兴真的需要一批既有头脑又踏实肯干、富有强烈社会责任感的人才。

新思想：能人回乡激发乡村发展活力

能人回乡是深入落实“乡村振兴”战略的重要内容。党的十九大做出实施乡村振兴战略的重大决策，明确提出要培养造就一支懂农业、爱农村、爱农民的“三农”工作队伍。战略谁来落实，队伍哪里来，关键还是靠人。靠什么样的人？关键还是得靠有思想、有知识、有感情、有资源、有本事的能人。过去，锁溪村很多村民，或是为了生活，或是为了梦想，纷纷走出乡村，走进城市，他们在外创业打拼，很多成为各行各业的能人。到黄道乡锁溪村调研的第一天上午，开完座谈会我们便赶往生猪养殖基地，因为致富带头人罗世锋在忙着给生猪打疫苗，我们也就没有去打搅他，自行参观养殖大棚。在进入大棚前，每个人的鞋底需要在消毒水中浸一下，以免将细菌带入棚内；走进后发现棚内比室外暖和很多，这样能够保持生猪在恒温的环境下生长；棚子两端各有一个大型排风扇，使得棚内不会有太大的异味。我们发现该生猪养殖基地除了基础设施比其他基地好以外，还有一个特点就是生猪按照不同大小分栏圈养，后来了解到是为了同等体型的生猪吃到差不多的饲料。

吃过午饭后，我们又赶紧到生猪养殖基地对罗世锋进行访谈。“我今年41岁，之前和老婆在上海工作，每个月两个人加起来差不多有1万元的收入，后来母亲病了，于是就带着老婆孩子回来。”罗世锋若有所思地和我交流起来，他给我的第一印象是爱干净、爱笑，普通话讲得很标准。我问他：“你在上海待了十几年，有没有不舍？”“当然也有不舍，上海交通便利、购物方便、教育资源丰富，小孩之前在上海读书都是班上前几名，但是母亲需要人照顾，不得不回来了。回来后发现村里创业机会很好，通过边学边干，现在修起了3个标准化养殖大棚，养了2000多头猪。”他笑了笑，但是眼神中流露出一丝不舍，或许是他回想起在上海工作生活时的日子。“养殖大棚是从2017年3月开始建设的，我根据温氏集团提供的图纸，以及之前在上海工作时掌握的相关经验，带着几个施工人员把3个大棚建了起来。”罗世锋的骄傲之情溢于言表，并非常详细地给我们介绍了生猪养殖基地化粪池、发酵床、化尸池的运行原理和重要作用。其中，很多专有名词我都是第一次听说，不得不佩服他的博学多识。

“以前是请了3个人分别负责3个大棚的生猪养殖工作，但是他们都嫌太累辞职了，后来就请了6个人，每两人负责一个大棚，可以适当地请假和轮休。虽然现在人手看着够用，但是一些偏技术性的活儿他们很难胜任。这段时间非洲猪瘟在中国迅速蔓延，我上午一头接一头地给猪打疫苗，其实给猪打针也很考验技巧。之前请了一个人帮我一起给猪打针，但是他打了很多‘空针’，导致疫苗没接种上，死了不少猪，损失很大。”在罗世锋的身上我们看到的是能吃苦、肯钻研的品质。生猪养殖成为首个壮大锁溪村村集体经济的产业，他不仅是养猪场的建设者，也是技术员和管理者，带动了全村160多户贫困户增收。能人回乡，不仅仅是能人本身回到了家乡，更重要的是能人将他所具有的开阔视野、创新思维、优秀能力带回了家乡。

新眼界：互联网促进传统观念的转变

乡村互联网的不断发展和普及，为村民接收各类信息增加了一条新的渠道，让他们开阔了眼界，不再局限于一村一乡一区，将眼光放大到全国各地甚至放大到全世界。村民通过互联网学到了更多的科学文化知识，头脑中有了现代化的思想意识。61岁的脱贫户代表罗世同给我留下了深刻的印象，他看起来只有四五十岁，唇红齿白、思维敏捷，是锁溪村上黄茶组的组长。我们去他家时，他正带领村民打扫沟渠。“我是2009年回来的，之前在广东汕头、惠州、上海等地打工，父亲去世时我才12岁，母亲改嫁了，家里条件不好，我一直都没有结婚。”看得出他多少有些遗憾。当问到家里通网络没，他笑着说：“当然通了，我手机还连了 WiFi。”随后，他骄傲地拿出大屏智能手机，“这是我两年前花了2000多元买的。”我看到在他的手机上有微博、微信等社交软件，而且手机的分辨率特别高。他还通过扫描二维码，主动添加了我的微信。

“这些软件都是我下载的，自己注册的账号，通过手机和网络我看到了别人种茶的景象。我在想村里是不是可以请专家过来检测这儿的土壤，看是否可以在咱们村种植茶树。同时，可以根据我们村的地势特征，开垦梯田。”与其他用老人机且只会接打电话的四五十岁村民相比，他的精神面貌反而更好，思维显得更加活跃。“在手机软件上，我可以和网友聊天，因为喜欢听山歌，加了很多唱山歌的群”，罗世同上下翻动着手机上的微信界面。“最近我想和红十字会签订遗体捐赠协议，将我身上有用的器官捐献给有需要的人。”他说着拍拍自己硬朗的身体。他说的这句话深深地触动了我的内心，未曾想到一个61岁的老人能有这样的观念，愿意将自己的遗体捐赠出去。不得不说，互联网为村民们带来了学习、交流和娱乐的新方式，丰富了他们的生活，促进了乡村精神文明和物质文明的协调发展。

从他们身上，我们可以看到新时代农民综合素质普遍提高，他们紧跟新时代的步伐，主动承担起社会责任，将自己的开阔视野、创新思维、优秀能力带回了家乡。正如在《乡村振兴战略规划（2018~2022年）》中提到的那样，推动乡村人才振兴，让各类人才在乡村大施所能、大展才华、大显身手。

（作者系贵阳创新驱动发展战略研究院综合三部部长，铜仁市人民政府发展研究中心特约研究员）

美丽乡村绽放新时代“半边天”

严 旭

2018年10月13~28日，我跟随铜仁市万山区转型可持续发展调研第十二组对黄道侗族乡进行了为期16天的实地走访与调研。黄道侗族乡素有“万山东大门”之称，是万山通往湖南的重要通道。如今大山深处的黄道犹如一颗璀璨的明珠镶嵌在万山之麓，让这颗明珠闪闪发亮的背后，有一群远嫁而来的外来“媳妇”——她们或默默付出，或执着坚守，或睿智进取。她们绽放于新时代，在美丽乡村建设和城市转型发展中撑起了“半边天”。

刘金花：巾帼脱贫树标杆 撑起脱贫半边天

刘金花，48岁，现任大榜村委员兼任村妇女主任，是村里远近闻名的热心肠大姐。她的丈夫在铜仁市做泥瓦工，一儿一女现已大学毕业，远在云南昆明创业，现在家里就留她一人，平时除了为村里大小事跑前跑后，还照顾着离家不远的婆婆，不仅如此，她还在家养蜂、种蔬菜、修葺房屋……

初识刘金花时，看着她和其他农村妇女并没有什么特别之处，但当她向我介绍她的“村干部履历”时，让我觉得这位大姐不简单……

“我是1990年从丹阳村嫁到大榜村的，2003年的时候当了我们左龙组的组长，还任了村里的妇女主任，2006年入了党，2014通过选举进了村委会，现在任村委会委员和妇女主任。”

一个外村嫁来的妇女，从组长干到妇女主任，还入了党，最后进了村委会，令我感到十分惊讶，也很好奇她这个人。

“您平时的工作主要有哪些？”“从2014年开始，主要是脱贫攻坚方面的工作，我就跟着一起下队，我们村委会班子分片区工作，我主要负责我所住的这个片区，同时妇女工作我也做。”“脱贫攻坚的工作累不累？”“累是累，但是收获远远大于累。”

我起初不明白她所说的收获的是什么，后面的聊天，她给了我答案……

“有一户叫吴俞莲，我去到她家收合作医疗的时候，看到她家挺困难的，儿媳又改嫁了，还有一个孙子，于是我就给我们帮扶的干部说了一声，我就说那个吴俞莲她家挺困难的，你们下去看一看，多少解决一下。回头干部就下队了，帮扶对象就给她800块钱。有一次我从她家过路，她很是感恩，说妹啊，武装部去我家给了我800块钱，如果你不说他们哪里知道我穷啊，还感恩我，说要我当一辈子的村干部。”

除了吴俞莲家，她还和我聊了协助吴翠香家办理残疾证，帮罗万清家写民政救助申请……村民们都很感激她帮大家解决了困难，并希望她能一直把村干部任职下去。原来，刘金花收获最大的就是村民对她的信赖和认可。

当我问及她平时工作有什么难处时，刘金花说：“我这个人蛮关心别人的，我只要看见别人困难，我就向上面提，申请虽然帮他们写上去了，有些却不符合文件规定，就没有申请下来，就没有批成，我是十分惭愧的。”

随后她便给我讲述了几户因为有病或有困难，却因不符合政策规定而没有申请上的事例。我特别注意到，她每说完一个事例后，都不经意地说一句“我没有帮申请上，我心里很是惭愧”。

“没有帮上，他们有怨言吗？”“他们肯定是有怨言啊，但是没有帮上我要给他解释，解释以后他听就听，不听我也没有办法，但是我有这个责任。”

就是这一句“但是我有这个责任”，深深地触动到了我，让我第一次真切地感受到大山里这样质朴的女性村干部。后来我还了解到，她不仅在物质上照顾患有脑梗的弟弟一家，还关心弟媳，资助上大学的侄女……

刘金花带着真情进村组，在获得了质朴的赞誉同时，她也把对村民的关爱和对党的景仰付诸密切联系群众之中，不愧为大榜村脱贫攻坚这场战役撑起了“半边天”。

刘沅：关爱农村“一老一小”的时代践行者

刘沅，33岁，是从湖南衡阳远嫁到白屋场村的外来媳妇。她穿着干净整洁，为人热情大方，十分健谈。她没有像其他同龄妇女跟着丈夫、带着孩子外出打工，而是选择留在农村老家，照顾自己的公公和孩子……

“以前我们也在外边打工，从去年我们才回来修这个房子的，我爸爸年纪大了，小孩子也大了，我们就把小孩子全部接回来，才在这边定居，以前我们一直在浙江打工。”

“出于什么考虑选择回老家呢？”“爸爸一个人在一边，我大女儿又是跟着姑姑，我和老公带着小女儿在一边，我一家才五个人，五个人分了三个家，很不方便。毕竟爸爸现在年纪大了，90多岁了，是抗美援朝老红军，身体一天不如一天了，一个人也孤单，我们带小孩回来老人也开心，我跟你说句实话，到了这个年龄了，老人真的很孤单。”

以前“五个人、三个家”，是刘沅看到的第一个问题；现在，老人年纪大了，孩子也长大了，是她认识到的第二个问题。为此，她选择放弃外出打工，决定陪伴这“一老”和“一小”。

在接下来的访谈中，我才渐渐得知，刘沅早已把对“一老一小”的关爱延伸开来……

“我在湖南那边参加了一个阳光志愿者的协会，我们六一儿童节去学校给小孩子过六一，像重阳节，志愿者就去敬老院给老人晒晒被子、洗洗衣服、聊聊天。”“你是什么时候加入这个志愿者协会的？”“我是前年在微信上面知道这个协会的，我不是直接加入的，有什么活动群里面会通知，属于间接参与，有钱就出钱，没钱可以出力，都是自愿的。”“你是通过什么途径知道这个协会的呢？”“像万山有一个万山网一样，我们衡东县有一个衡东网，协会的信息会在这个网上发布，是通过这样的网上渠道了解到的。”

由此看来，刘沅不仅关心和照顾自己家的老人和孩子，还处处牵挂着老家的孤寡老人和留守儿童，做了一名默默帮扶的志愿者……她顿时让我动容，让我对她肃然起敬。

随后，我和她又聊起了近年来白屋场村在“衣、食、住、行、医、教”等方面的变化，她表示十分满意，唯一表示希望改善的地方，是对农村“一老一小”这两类人群的关心和照顾还有待加强。

“你觉得现在有哪些方面需要改善？”“就两类人群，一类是孤寡老人，另一类是留守儿童。因为就黄道乡整体来说，孤寡老人和留守儿童是最多的，基本上能出去打工的人、能务农的，都在外面打工，留下的都是在家里带小孩的爷爷奶奶，要是乡里面有这个能力，省里面有这个能力，希望多多关心一下这些人群。”现在的刘沅一家，盖了新房，其乐融融……

这“一老一小”是她最关心也是她最牵挂的人，她为了“他们”，选择回到家乡，留在“他们”身边，并伴随“他们”左右，用“留下”和“陪伴”完美地诠释了对父母和子女无私的关爱。她撑起了一个农村小家的“半边天”，更为千千万万为在外打工的离乡子女树立了新时代的典范。

张洪群：一腔热血闯劲足 赤诚情怀献丹心

今年45岁的张洪群，曾先后担任黄道乡丹阳村支部书记、妇女主任等职务，在村工作一干就是十多年。熟悉她的人都说她工作上办事公道，不计较个人得失，不论职位高低，始终以一颗忠诚的心，任劳任怨、无私奉献。

当我问到张支书作为一位女性干部，平时是怎样兼顾工作与家庭时，她突然泪如泉涌，让我和同行的小组成员简直“不知所措”，因为没想到这样一位外表坚毅、做事雷厉风行的女支书，内心却如此的“柔弱”。

“家庭方面，真的，我爱人非常支持我，还有我公公也很好，家里还有一个精神病患者的婆婆，我家庭挺特殊……”“您当时是怎么来这边的？”“我娘家是重庆秀山的，是我姨娘介绍过来，我妈妈的妹妹。”

聊到这儿时，张支书接过我们递给她的纸巾，擦干了眼泪，又接着和我们聊起她当年的故事……

“我是2001年在丹阳村入党的，已经当了十多年的村干部，我是老支书刘洪恩培养起来的。我和老支书的认识其实很偶然，之前我从娘家那边嫁过来时，发现这边其实家庭条件也不好，刚来这边，家里要添置家具，就需要做家具，有天我老公和公公去买木料，我就跟着去了，当时就头一回看见用手锯锯木板。很巧，我姐夫也做木材加工，我就发现这边没有，那我想我就来做一点木材加工的活吧，还能够方便群众，回家我就跟我老公说了我的想法，他也同意了。”

这就是张洪群的性格，她的骨子里有着一股天生干事的闯劲儿，她不知道前面的路有多么艰辛，但是她认准了，就非要去闯……

“那时我家很穷，住得很偏僻，靠在山脚下，本来我们就是山区，还住在最偏僻的地方，家里当时养了20头猪，我赶了那么一大群猪出来的时候，院子的人都不相信，说老妹，你怎么要卖那么多头猪啊，我说跟我娘家借了一点钱，准备买一个二手的锯子，建木材加工厂。”

后来，她的木材加工厂真的建成了，但是因为买的是二手锯子，需要经常不停地修理，这让张洪群的老公曾一度劝她放弃，但她不肯，一直坚持了下来。就在此期间，她便偶然结识了老支书刘恩洪……

“刘支书当时到我那里加工木料，看到这个女娃这么吃苦，就动员引导我入党，也就是这样慢慢进了村委，走到了今天。”“相当于是在机缘巧合之下，结识了刘洪恩老支书，并在他的培养下入了党？”“对的，人就是投缘，跟他很说得来。本来从小我就信仰共产党，我一直坚信那句话‘没有共产党就没有新中国’。”

“我成长在丹阳，工作在丹阳，奋斗在丹阳，就这样，几年来，我在工作中不断学习，在学习中不断工作，村和村民成了我的全部，对我来说，只要工作需要，我便没有上班下班，没有白天黑夜，更没有休息日和节假日的概念。”

张洪群并不是土生土长的丹阳侗家人，而是从重庆秀山远嫁而来的土家人，但就是这样一位“外来媳妇”，却用她的执念，靠着那股不服输的劲儿，闯出了一片属于自己的天地，还撑起原本贫困潦倒的家。

同时，作为村支书的她，扎根农村，带领村民积极发展村集体经济，把自己最美好的青春岁月放在了丹阳平凡的岗位上，把党和政府的温暖送到了村民的心坎上。她为乡村建设和城市转型发展默默付出，向人们展现了新时代扎根基层“半边天”的风采。

在这次调研中，我有幸在调研的三个村庄都发现了绽放于乡村的新时代“半边天”，她们或正义，或善良，或坚毅，正是她们扎根基层的默默付出，才让我们看到如今的万山红遍……

（作者系阳明文化（贵阳）国际文献研究中心副主任，铜仁市人民政府发展研究中心特约研究员）

一次拒绝，一段坚持，一生热爱

谢思琪

完成调研返回贵阳已经十余天，终于鼓足勇气开始提笔写下这篇纪实。虽然身体已经离开了铜仁市万山区黄道乡，但是记忆却还停留在那个位于盘山公路脚下的小乡镇，味蕾还清楚地记得当地香柚最纯粹的甘甜，双脚还记得那些丈量过的、混着雨水的山间小路。午夜梦回，仿佛还和调研组其他小伙伴坐在不太明亮的房间里，烤着村里特有的“鸟笼”，急急忙忙赶简报、写专刊、做调研报告初稿，记忆清晰分明。

因为自己的家乡就位于湖南省怀化市新晃侗族自治县，所以一听说要到铜仁市万山区黄道乡参加调研，心中的亲切感便不免多了几分。但是实际到达黄道乡住宿处之后，看着没有靠背的木板床、没有桌椅的空房间、几乎没法洗头洗澡的卫生间，连我这个一向乐观的人也在心里打起了“退堂鼓”，开始有点后悔来参加这次调研。经历方知困难，走过才知不易，调研的日子里，虽然充满艰险与挑战，但也看到了变化，听到了故事，收获颇多。

大胆睿智，敢想、敢做、敢为的“三法书记”刘远学

可能是因为第一次参加调研，可能是提问的方式不太准确，也有可能是自己观察问题的角度不够犀利，完成龙江村第一天调研后的我突然觉得特别困惑。这个离黄道乡最近的村子，万湖公路穿村而过，路边的楼房家家都修建得干净漂亮；因为曾经是万山汞矿的蔬菜特供基地，种植经验丰富，村委会对面的蔬菜大棚基地也建设得风生水起。

一切看起来都是那么和谐、欣欣向荣，但是我心中有一个问号挥之不去：除了好的这些方面，这个村就不存在问题了吗？于是在第二天的调研中，我不止一次地向遇到的每一个人询问自己心中的困惑，问致富带头人、问驻村队员、问帮扶干部、问入户调查对象，问遍了所有人，得到的答案莫不是没有，就是一句带过的轻描淡写。当天返回黄道的路上，全程带领我们小组调研的副乡长龙兴突然提起了之前在龙江村驻村的干部刘远学，表示虽然他现在已经去丹阳村任第一书记，但是对龙江的情况也十分了解，并提议我们有时间可以访一下他。巧的是，吃晚饭时另一位科技副乡长王发洪又提到了这个名字，说他很有能力。更巧的是，吃完饭一出门我便碰见了这位戴着眼镜、个子不高、其貌不扬的刘书记。“啊？我能说出些什么啊？你们还是不要访我了。”当我跟他提出采访邀请的时候，他的第一反应就是摆手拒绝，我也没想到别人口中这个“有能力”的书记竟然如此“矜持”，但是龙江村接连两天的挫折又让我不得不鼓起勇气继续坚持邀请他接受访谈。最后被我磨得实在没办法，他才答应第二天早上在乡政府办公室接受我们调研组的访谈。当时我也没想到，正是这样一次拒绝，才终于打通了我龙江村调研的“任督二脉”。

第二天的访谈中，刘书记像变了一个人一般，解答了我一个又一个困惑。原来龙江村的村集体经济也曾出现过账目不清、村干部管理积极性不高、内部矛盾突出等问题。刘书记回忆道："刚到龙江村的时候，村里的干部并不太接受我，认为我这样一个吊儿郎当的年轻人不过就是来镀镀金的，并不会给村里带来实质性的改变。"但是他不气馁，面对当时龙江村村集体经济一团乱麻的窘境，多年在纪委工作的经验为他打开了思路。

本着"亲兄弟也要明算账"的原则，一上来他便请到了区财政分局的专业人员为龙江村村集体经济进行账目核算，厘清每一笔钱的来龙去脉，在消除村干部疑虑的过程中，也逐渐化解了他们之间长期积累的矛盾。"人要看整体，不能看单一一点，确实人都有缺点，但也都有他的优点。我们看清楚他的优缺点在什么地方就行了，用他的优点，有一些地方真的还要用他的缺点，包括我们农村开展工作。"刘书记是这么说的，也是这么做的。龙江村大棚蔬菜基地的代管人彭再均一开始既不上心管理这个项目，也不愿意轻易将这个项目拱手让人。用刘书记自己的话说就是"穿着皮鞋，背着双手，像个国家干部巡查一样，随便看看就完事"。但是彭再均也确实是蔬菜种植的行家里手，多年的种植经验练就了他一身好本领，加上他平时也特别勤于学习这方面的知识，不但积极参加区里组织的各类培训课程，还远赴山东寿光、辽宁沈阳等地专门学习蔬菜种植技术，绝对是龙江村数一数二的蔬菜种植"土专家"。

刘书记紧紧抓住彭再均不愿与人共同管理村集体经济的心理特点，大胆提出将村集体经济所有权与经营权"二权分离"的管理制度，全权委托彭再均管理龙江村大棚蔬菜基地，并优先享有租赁承包权。此举的提出，大大激发了彭再均的管理热情。“后来委托经营管理这种模式实行后，他的方式完全就变了，哪里有问题，他就第一个先去处理了。他自己亲自参与进去了，还有他爱人也参与进去了，帮着摘菜、择菜、拿菜，他家有一个面包车，有空的时候还帮老百姓把菜拿去卖。连老百姓都奇怪了，他说刘主任你有什么魔力，彭再均都亲自耕田了？”

调研回来后，某日在刘书记的微信朋友圈下看到他自己写了这样一段话：“只有我们把自己当作万山人、当作咱们村里的人，才能体会到万山城乡村最需要什么，我们该干什么，才能在职一任、服务一方，留下值得一生回忆和骄傲的精神财富。”我想，这就是刘书记的魔力所在。一个有想法、有方法还有做法的第一书记，注定了要受村民尊敬。

坚持初心，走进千家万户的“红薯一姐”刘银香

说起黄道乡，除了香柚，再一个就是刘姐薯片，它的创始人名叫刘银香，是黄道乡长坳村一名普通的农家妇女。来到长坳村调研之前，仅仅通过网上搜索的简单介绍已经让我对这位“红薯一姐”充满了好奇，对于能够亲自与她进行面对面访谈更是既期待又忐忑。与刘姐的第一次见面是在长坳村全体干部座谈会上，作为村支两委委员的刘姐也出席了会议。但是她的话并不多，很多时候都是我问到有关红薯产业的问题时，她才简单地答一句。

第二天，我们调研小组来到刘姐的薯片生产厂房，正式开始对她的深度访谈。说起为什么想到做红薯产业，刘姐腼腆一笑：“我们这儿做红薯已经有几十年的历史了，我才10岁的时候，我们家爸爸妈妈都是做这个的。我们这个村子里，家家户户都在做红薯干、红薯片这些，

拿到街上去卖，我们就是赶万山集，在万山街道上卖，五天赶一场。我的爸爸、妈妈、爷爷、奶奶他们挑起这个去卖，到街上去卖很好卖，我们村子里这些村民都卖这个红薯片。”

没有我想象中的那般激情澎湃，也没有激动人心的豪言壮语，刘姐就是在这样一个红薯世家的熏陶下逐渐继承了老一辈人的衣钵，并将其发展壮大。“2003年，我们村办起了红薯加工协会。2005年，因为大家经营思想不统一，没销售经验也没有加工经验，我们这个协会就渐渐不了了之了。2006年，我以个人的名义到银行申请了1万元贷款，就用家庭小作坊的模式，生产一些薯片挑到万山、碧江去卖，渐渐就出名了，他们都叫我刘姐薯片。”创业初期的刘姐和每一个普通的创业者一样，付出的艰辛远远大于收获。

时间转眼到了2018年，虽然刘姐的薯片事业有了很大起色，但是她仍然面临着很多难以解决的问题，首当其冲的就是电力问题。村里的电力设备最大只能支撑80千伏电压，而刘姐的薯片切割机如果全部启用的话需要100多千伏的电压才能运转起来。刘姐薯片年纯利润只能达到30万~40万元，而如果购买一台变压器就需要花费几十万元。刘姐说：“我自己想申请一台变压器，现在没有钱，我跟乡里面沟通了，乡里面讲他们政府也没有钱给我们解决。所以我现在都是用一台机器加工，很慢、产量也达不到。”

问到刘姐懂不懂电商、懂不懂营销包装的时候，她想了想说道：“这些方面我们也有，但是现在我跟不上时代了，信息各方面都很不灵通了，网上这些方面不会。我想去学，但是没有精力，也不一定学得会。我现在一心只用在产品加工方面，怎么样去改进口味、怎样把产品本身做得更好。我现在做到这个地步了，再困难我也会做下去。我也鼓励老百姓栽红薯，帮他们完成销售。我这个厂虽然很小，但也可以解决一定的就业人员。”那天的刘姐和座谈会上的刘姐很不一样，说到自己产品的时候眼里都带着光芒，说到困难的时候丝毫没有退缩之意，而说到想要帮助乡里乡亲那份心情的时候，我更多地感受到一种不忘初心的朴实。

刘姐的朴实，也让我想起了从贵阳街头做起，到现在闻名世界的女企业家——老干妈陶华碧。她们做买卖都喜欢一手交钱一手交货，她们讲究以诚待人，产品绝不弄虚作假；读书不多的她们并不像现在的企业家那么懂得营销自己，也不会妄想将自己的事业做得多大多成功，心里想的、嘴边念的始终是要把产品本身做得更好。“能走到今天，除了坚持，还有就是努力，走好自己的路，用良心去衡量一些事，做真正的好企业。”这是刘姐2017年在微博上写下的一句话，很好地诠释了她做企业的原则。这种不忘初心的坚持是作为企业家最宝贵的品质，一个坚守信念、努力奋进、常怀感恩的企业家，注定了要获得成功。

乐观豁达，绽放生活原色的“孤独党员”周吉田

在整个调研过程中，我们小组共走访了30余户黄道村民，聆听他们的故事，感受他们身上所散发的正能量，其中独居在龙江村炮楼坡组的“孤独党员”周吉田是让我印象最为深刻的一位。

老人的家离炮楼坡组其他人家都有点距离，我们到的时候他刚煮好饭在屋前的空地晾晒衣物。见我们来了，即使佝偻着身子他也要亲自去把家里的小板凳搬出来，招呼我们坐下。

通过调查我们了解到，这位周吉田老人是村里为数不多的老党员，

年轻的时候当过村里的大队长、民兵连连长，还参与过打土匪战役。“解放军好啊，他们来砍我们的菜都要给钱，不接的话他们都不要的。”说起几十年前的那段经历，老人家神采奕奕，连土匪一共有6名这种细节都记得非常清楚。当我们问到老人何时入党时，老人毫不犹豫地说出了1958年。

问到老人孩子失去音信多少年的问题时，老人可以不带思考地回答道：“16年”。而当我们问到老人今年多少岁的时候，老人反而掐起了拇指，想了想才回答我们84岁。

“现在政策好啊，如果没有政策，像我们老了那就只能烂活了。我现在每个月高龄补贴55元，低保212元，养老金75元，每年还有种子补贴309元。看病钱也不用出，只要打电话，医院还有专门的车子来接。”说起政府给自己的补贴政策，老人家也是如数家珍，记得清清楚楚。

虽然妻子在30多年前就离开了自己，儿子多年前外出务工之后失去了音信，女儿出嫁之后家里现在就剩下了自己，但是老人家每天仍坚持着少吃多餐、锻炼身体的良好生活习惯。白天没事的时候他会种种菜，养鹅喂鸡。晚上吃完饭散步回来后，他就拿出从村干部那里借来的《党的十九大报告辅导读本》《三国演义》等书仔细研读。

“今年我住了五次院，所以党员会只到了三次，开会的时候我会把村里面的书借来看一下，党的十九大会议的那本书我都看完了，要经常看才懂得国家大事啊！”说到这个时，老人家急忙起身，拉着我们进到自己简陋的房间，然后从抽屉里翻出保存完好的书籍和儿子的照片，抚摸着说：“我住这里，儿子如果还没死，回来的时候还有个去处。”

离开的时候，我很想问问老人一个人住会不会觉得孤单，但是看着老人孱弱的身体我没能问出口。沿着山路往下走出好长一段距离之后，回首望去，老人还在门前目送我们离开。那一刻我才突然想明白，老人有对生活的热爱、有精神的滋养，还有坚守儿子会回来的希望，这样一位懂得与生活相处的人，注定了不会孤单。

刚到黄道的时候我曾暗自后悔过来参加调研。现在，2018年11月9日深夜12点02分，当我坐在电脑前完成这篇调研纪实的时候，我突然觉得那些熬过的夜、赶过的报告、完成不了的任务，都成了自己工作两年以来最大的一笔财富。

一次拒绝，给了我最大的希望，让我看到了千千万万驻村干部在工作中的韧劲；一段坚持，让我最为敬佩，让我看到了千千万万农民企业家对事业的追求；一生热爱，成了我记忆中最温暖的画面，让我看到了千千万万农村人民对生活的执着。黄道的日子，注定在我记忆中永存。

（作者系阳明文化（贵阳）国际文献研究中心主任助理，铜仁市人民政府发展研究中心特约研究员）

脱贫攻坚一线的“爱国汞”

沈旭东

在万山区转型可持续发展大调研动员大会上，得知访谈对象要聚焦第一书记、致富带头人、脱贫户代表、社会各阶层人士、新老矿工代表等五类人时，我就对第一书记和致富带头人这两类人肃然起敬，同时也很好奇他们是基于什么考虑，心甘情愿放下自己安逸的生活，远离亲人，常驻于偏僻的乡村开展工作？是什么让他们心甘情愿分享致富路子，带领老百姓脱贫致富？带着诸多疑问，10月16日，我随调研十一组来到下溪乡，并于次日开启下溪乡转型持续发展调研工作，先后调研了官田村、报溪村和瓦田村。

舍小家，只为共奔小康

官田村是一个自然条件差、基础设施薄弱、集体收入低的后进村，“放牛好耕田，养猪盼过年；喂鸡筹柴米，奔波为油盐”是当时村民贫困生活的真实写照。在官田村调研的前两天，我未能如愿见到心目中的偶像——为群众“跑断腿”的第一书记张程。得知他在参加万山区

“五改一化一维”交叉检查后，为了不错过偶像，能倾听到他的故事，我特意请村支书蒲广超帮忙协调，争取在官田调研期间能对他做一次专访。

终于，18日晚，我们在他的办公室见面了。他很腼腆，我很难将他与同事口中的“拼命三郎”和村民口中的“泥腿第一书记”联系起来。但是，当谈到驻村工作后，他便健谈起来，眼睛熠熠发光，说话底气十足。我问他：“作为一个外来的年轻干部，群众相不相信你？”他坦言：“刚开始他们还是信不过我。来村里不到一个星期，我就迫不及待地向村支‘两委’抛出了一揽子发展计划，但是被否定得体无完肤。”我追问道：“那你是怎样做到让他们相信你、现在还愿意跟着你的发展思路走的呢？”他说：“官田的发展，首先要改变村干部和村民的思想，观念转变了才能拔掉穷根。”此后，他便带着村支“两委”到周边区县发达村寨取经学习，帮村里行动不便的几位老人进行体检并办理残疾证，为被毒蛇咬伤的杨哑巴争取救助资金5000元，为困难群众办低保、交养老保险……通过持续深入的沟通交流，村干部和村民都由原来的不信任、持怀疑态度转变成理解和支持。当问及是否有过放弃驻村念头时，他同样很坦诚地回答道：“肯定是有的，长期驻村回不了家，父母年纪大了，身体也不好。驻村期间结了婚，到现在也没时间陪老婆，对她很愧疚！但是在他们的鼓励下我坚持下来了。特别是在摔断腿住院的时候，收到不知名村民的慰问短信，让我更加坚定了。”

“张程来我们这里时间不长，现在全村没有哪个不认识他的，我们村干部非常感谢他，在他的带领和帮助下，官田村的集体经济从无到有，现在搞得红红火火，最佩服他的是改变了大家散乱的思想，我们抓党建促脱贫、抓产业助发展的思想变得高度统一。”与村支书蒲光超谈到张程时，他充满着感激和钦佩之情向我介绍道。在张程的带领下，官田村抓产业发展，编制村集体经济发展方案，积极向上跑项目、协调资金，并兑现了贫困户人人分红的承诺，顺利摘掉了贫困“帽子”。如今，集体经济产业遍地开花，已发展山地生态刺葡萄50余亩、迎丰大棚蔬菜50亩、黄牛养殖100头、跑山鸡养殖10000羽和生猪养殖1500头等。

现在，张程虽然被提拔成为下溪乡党委组织委员，离开了官田村，但是他滴水穿石、久久为功的韧劲，抓铁有痕、踏石留印的作风一直在官田村延续。

2018年5月2日，习近平总书记在北京大学师生座谈会上指出："爱国，不能停留在口号上，而是要把自己的理想同祖国的前途、把自己的人生同民族的命运紧密联系在一起，扎根人民，奉献国家。”无独有偶，瓦田村第一书记向阳见证了瓦田村从贫困向小康的“蜕变”。当谈及驻村工作时，向阳自豪地说："我这几年在村里面，虽然苦点累点，但是还是有成就感的！”然而，当被问到如何处理工作和家庭关系时，他明显有几分无奈："爷爷奶奶身体不好，外公外婆在印江，我和老婆经常下乡，女儿只能吃外卖……养儿才知父母恩，有时候真的是……”他哽咽了，此时此刻，他自豪的笑容不再，留下的只有泛红的眼眶。我想，“张程们”之所以能在平凡岗位上干出超常的业绩，与他们全身心融入脱贫攻坚的伟大事业中，从自己做起、从本职岗位做起，为贫困村实现脱贫摘帽、为老百姓实现致富奔康甘于奉献的高尚情操是分不开的。

舍小家，只为共同富裕

瓦田村是调研的最后一站。来之前，我就听说，昔日的瓦田村是一个远近“闻名”的一类贫困村，不仅卫生脏乱差，村集体经济也一度空白。10月23日，对瓦田村村支书吴长银专访后，我发现坊间的传闻并无半点虚假。

瓦田村村民吴长银，他家境优越，但生性叛逆，在机关工作3年后毅然辞职到上海打工。他希望将来有1套房、1辆车、1台电脑就可以了。从一个怀揣梦想的叛逆青年，到上海自创大理石加工厂的创业者再到红星发展万山区鹏程矿业有限责任公司的管理者，勤劳肯干的他用16年的奋斗将梦想照进现实。然而，当时的瓦田没有路、没有电，村里老党员时有华等意识到，必须要有思想先进、敢干能干的年轻人来领导全村。在老党员们的再三动员下，他再次毅然辞掉待遇丰厚的工作，于2010年开始担任瓦田村党支部书记。我问他：“你的生活已经够殷实了，在老支书们的劝说下为什么会决定参加选举呢？”他说：“在外面打工这么多年，人也慢慢走向成熟，回来看到瓦田没有路、没有电，想向大家宣传外面的世界。”见他打开话匣子，我们便开始畅聊起来——

我：“当时村里落后到什么程度？”

吴长银：“那时候瓦田还是个‘空壳村’，穷的人家饥一顿饱一顿，好一点的人家无所事事，成天打麻将。村里连村委会办公的地方都没有，我的第一届村委会还是在竹林里面开的会。”

我：“你对村里发展变化有什么感受？”

吴长银：“当时瓦田真的太落后了，在乡里排名总是倒数，我去开会都是找个边边角角坐。现在去开会感觉就不一样了！”

我：“上任以来，让你最为难的事是什么？”

吴长银：“还是2013年换班子。当时村委会有几个老干部，思想固执，倚老卖老，私欲太重。在选举的时候，我就坚持我的标准：占着茅厕不拉屎的人坚决不用，私欲心强的人坚决不用，不愿意服务老百姓的人坚决不用。我得罪一个人无所谓，不能得罪全村老百姓啊。”

我：“你是怎样看待瓦田村转型发展的呢？”

吴长银：“要把现在的产业做大、做好、做强，从一产向二、三产转型。还要利用好地理优势，挖掘我们米贡山的特色，打造农旅或者文旅产业，围绕乡村振兴一步一步地做，让老百姓真正受益。”

任职4年多，他兢兢业业，任劳任怨，瓦田村在他的带领下从一个极度贫困的落后村成了现在远近闻名的富裕村，他也成了名副其实的致富领头雁、引路人。面对致富路子窄、百姓收入低的现状，他经过不断探索，充分利用山多田少、宜林地多、自然气候独特的优势，摸索出一套高山葡萄种植新技术，带领村民发展山地生态刺葡萄，探索出一条向荒山坡要土地、走出了一条荒山坡结出“致富果”的特色种植致富新路。如今的瓦田村，基础设施完善，村民充分就业，集体经济有数算，人均收入翻了几番。4年时间上演了空壳村的“翻身记”，与在大是大非面前旗帜鲜明、在风浪考验面前无所畏惧、在各种诱惑面前立场坚定的明大德和自觉践行“人民对美好生活的向往就是我们的奋斗目标”的承诺，做到心底无私天地宽的守公德是不可分割的。尤其是他在面对财富时超脱的心态和博大的胸襟不得不让我汗颜，他和世俗的村干部还真不一样。也正如他那句：“我一个人富不算富，大家富才算富。”

类似的话，我在官田村也听到过——“一个人富富不起来，要大家一起富嘛。”“我计划招收养蜂学员，只要他愿意学，我包教包会，还报销路费。”他们相同而又有所不同，相同的是他们不仅是村干部的优秀代表，也是农村经济发展的带头人和带领群众奔富的领路人模范，还是自力更生、艰苦奋斗的典范，更是不畏艰难、不计得失一心为民的典范。他们在着力致富的基础上，对周边农民增收致富发挥着辐射、示范和带动作用，对打赢脱贫攻坚战具有重要的现实意义。不同的是，她是巾帼不让须眉的基层女干部。

（作者系贵阳创新驱动发展战略研究院研究员，铜仁市人民政府发展研究中心特约研究员）

一沉一落寒霜尽 枫叶流丹万山韵

杨 婷

当雾气变得越来越浓郁，仿佛要弥漫了整个大地，隐约飘来的红歌萦绕在耳边，驶向朱砂古镇的大巴才慢慢停了下来，铜仁市万山区转型可持续发展大调研一行86人终于到达了此行的第一站。下了车，大团厚实的白色雾气携着点点细雨瞬间向我们扑面而来，不带一丝犹豫，格外清新的空气渗透进我们身上的每一个感官，直抵内心，好像要以一种热情又独特的方式给每位远方到来的客人进行一次大洗礼。此时的万山于我而言，就如披上了一层层白纱的神秘人，看不清其相貌，弄不明其背后的经历和故事，却又令人好奇无比，止不住想拨开迷雾一睹卓越风姿。

10月13~28日，我作为综合组的一员，跟随连玉明院长实地走访了朱砂古镇、大坪乡川硐村、苏湾村、瓮岩村和大冲村，敖寨乡中华山村、两河口村、洋世界村和瓮背村，仁山街道楚溪社区、贵苑社区、唐家寨社区和挞扒洞社区等地。在调研期间，不同形式的访谈交流和过程记录，让我深刻感受到了万山作为资源枯竭型城市在转型发展中的蜕变与坚定，更深刻领悟了这座美好城市后面，那些饱含强烈情感的人民和富有责任担当的干部对家乡的热爱与奉献，他们就如一棵棵矗立挺拔的枫树，用自己的光华浸染万山红遍。

白发满头银光闪，心如朱砂一片红

“我是贵州汞矿子弟小学的退休老师，我有一个幸福的家庭，我丈夫原来是贵州汞矿的一名井下工人。”在铜仁市万山区万山镇土坪社区2018年“九九重阳”敬老活动当天，我有幸采访了七位原贵州汞矿退休工人和工人家属，随着他们的讲述与回忆，当年矿区的兴衰历程就如一幕幕影像画面在我眼前回放。王湘云老师今年65岁了，她的父亲是一名矿区工人，且丈夫家三代人都是矿工，丈夫的爷爷是第一批井下工人，当时是用手锤敲打矿石来进行采矿的。从开始见面到采访结束，王老师脸上一直绽放着喜悦的笑容，整个人神采奕奕，非常和蔼，就像王老师说的，她们是万山矿区里的“金凤凰”。问及当年矿区最兴盛时的情景，王老师说道：“当年外地的姑娘都想嫁到万山来。我们家当时还买了最好的海鸥牌照相机，照出来的照片比电影里的还好看。”

说起以前在矿上的工作，73岁的退休老工人张老牛难掩兴奋：“我们矿工在别人面前是非常能挺起背的，每天在矿上工作8小时后，还要接着做义务劳动，当时大家都不觉得累，少挑一担矿石自己都会觉得愧疚。”从王老师和张伯伯的讲述中，我了解到曾经辉煌过的万山，那时汞矿职工的福利待遇甚至比区内大部分国家干部还要好，人们对这里的热爱与向往是显而易见也理所应当的。

可是，90年代以后，随着矿石的过度开采，贵州汞矿逐渐步入资源匮乏的低谷，效益一年比一年差，甚至付不起工人工资。回忆起这段艰难的岁月，曾经的矿区井下工人，如今已满头白发的杨和平言语中仍难掩失落："说起来有点难受，矿区发不起工资的那年，我们矿工的生活简直谁都不如，我们去给农民翻土地赚钱，1毛钱1平方米，有的人甚至去山上捡柴来卖给农民换点吃的。"谈到投入处，杨伯伯捶着胸口泛着泪光地说道："在听到矿区宣布关闭后，大部分矿工都哭了，心很痛。"看着眼前这幅画面，我也动容了，可以想象当时的万山区处于一种怎样的境况，当时的矿工们处于一种怎样艰难的境遇。随后问及如何度过那段艰难的时期，杨伯伯平复了情绪讲道："大家为了生活，有能力的，都外出打工糊口去了，我当时也外出打工了，但没几年就又回来了，后来政策好了，生活才慢慢开始变好，大家都很喜欢现在的生活，特别感谢党和政府。"

若非一番寒彻骨，难得梅花扑鼻香。在最艰难的时候，万山从未放弃过发展的脚步，也从未忽视过百姓的困苦。近些年，在党和政府的支持下，万山充分利用自身优势和条件探索出了一条资源枯竭型城市绿色转型的发展新路，建成了中国第一个以汞矿工业文明为主题的休闲怀旧小镇——朱砂古镇，这不仅带动了矿区的人民脱贫致富，也还给了这里一片绿水青山。

谈起万山的变化和发展，大家都纷纷表示现在的万山建设得又美又好，百姓的生活比以前幸福很多，这要特别感谢党和政府对万山的关怀和支持。"现在万山发展太好了，路上即使下雨都是清的，房子也是高的，空气都变得很好了。特别感谢党和政府对我们矿区的帮助。"已经76岁的刘益男笑着说。"现在国家的政策和各方面的福利好了，我一个月退休工资到手有5000块，够我和老伴生活了。"已年满90岁的杨先保老人和蔼地讲述着他现在安稳又美满的生活。

“希望我们万山发展得越来越好！”这是退休矿工们在采访最后最想对万山说的话。他们从青春走向苍老，即使青丝变成银华，对万山的热爱和希冀也未曾褪色，就如那通体红透的朱砂，永远闪耀着鲜艳的光芒。

十二年风雨基层路，筑一颗扶贫为民心

贫困村如何走出困境，如何突破发展，有待第一书记引进信息和政策，有待第一书记带领工作队员和村支“两委”一班人真抓实干、艰苦奋斗。10月21日，在连玉明院长的带领下，我随行参与了敖寨乡的调研。在两河口村，我们发现了一位“不简单”的80后第一书记——万山区民政局社会救助局局长、敖寨乡两河口村第一书记罗国玉。她几乎把自己的大半青春奉献给了基层工作。在被问及当了多少年的第一书记、原来做什么工作时，罗国玉笑着回答：“在这边工作12年了，原来在下溪乡兴隆村和茶店街道垢溪村还有黄道乡长坳村也当过第一书记。”“你当了四任第一书记？”连院长惊讶地问道。罗国玉点头回答了一个“对”字。这是我们调研组第一次遇到连续当了四任第一书记的女同志，顿时觉得惊叹和佩服。据罗国玉介绍，自己是贵阳人，不到20岁时就作为西部志愿者去了下溪，第二年考上了大学生村官，正式在下溪参加工作，而这一做就是五六年。直到2018年3月，才来到两河口村任第一书记。

12年的基层工作为罗国玉积累了不少扶贫工作“法宝”，在两河口驻村以来，她风雨兼程，按照“明村情定思路、抓党建强队伍、壮产业促脱贫、争项目夯基础”的思路认真履行着驻村干部和第一书记的

职责，受到乡村两级干部及村民们的一致好评。但同时，12年的无情岁月也在这位刚30岁的女书记身上留下了许多痕迹。调研组都以为她已经结婚有了家庭，所以连院长在问其是不是嫁到了万山时，罗国玉的回答让我们再一次惊讶了，“我还没有成家，也还没有对象。”罗国玉不好意思地笑了笑。当时，我对这位女书记是打从内心深处的赞叹与敬佩，她身上沉稳和坚定的气质大大地超出了现在的很多同龄人，而且不惧怕基层工作的辛苦与劳累，始终坚守自己的岗位和职责，努力让万山的乡村变得更好更美，让村民过上更幸福的生活。

在调研期间，我们发现万山有很多这样在基层真有作为、富有责任的优秀驻村干部。例如，万山区国教办主任、瓮岩村村支部书记张先进，在走访交流中，他对桃花寨每家每户的情况了如指掌，对桃花寨的规划发展成竹于胸。“我现在每天早上起来，都要先在村里转一圈，一是锻炼身体，二是及时了解各家情况，做好帮扶工作”……“我们计划在这里发展乡村旅居，那一片我计划建个游泳池，那一片建个活动广场，这边的苹果林和桃花林用来做集体经济……”再如，万山区委常委、副区长（挂职）、洋世界村第一书记敖游，他被连院长笑称为万山“最高级别”的第一书记，他是个非常谦逊又很有想法的好干部。他们脚踏实地、倾心付出、精准施策，用实际行动诠释着驻村干部应有的责任担当。

华灯初上，我们开始奋笔疾书，灯火阑珊处，大家讨论激烈；夜已四更，我们才相继挥手道晚安！

在整个调研行程中，让我记忆犹新的一件事，是为每个乡村描写一段美丽的乡愁。在构思敖寨乡中华山村的乡愁过程中，想到那浮岚暖翠的景色，村中穿流而过的清浅小河，河里自由自在游荡着的小鸭，不禁勾起了我自己淡淡的乡愁。深藏的情怀从此洞开，不用飞波流转，那永不消退的乡情，在视线之内悠悠起伏……

转眼间，似乎已成回忆。但此次大调研对于我来说，是一段难能可贵的经历，因为调研之后的那份充实、那种切身感受始终陪伴着我，提醒着我工作前进的方向。这样的感受，也唯有深入基层，贴近乡民，才能理解得深入，撰写出的文字才不会觉得苍白无力。

（作者系贵阳创新驱动发展战略研究院党政办公室副主任，铜仁市人民政府发展研究中心特约研究员）

新时代乡村精神的铸造

何 露

2018年10月13~28日，我有幸参与了铜仁市万山区转型可持续发展大调研，实地走访了下溪乡桂花村、青龙村，黄道乡锁溪村，访谈村第一书记、村主要领导、致富带头人、脱贫户代表、教师、医生、护林员等累计24人，对新时代乡村精神内涵有了新的认知和感触。乡村不仅有陶渊明笔下浸润于古老土地的乡村情境和美好意蕴，更有沉淀在骨子里浓厚的农耕文明和精神，正是这些精神铸造了乡村的“灵魂”。中国五千年的文明就是乡村主导的文明，现如今尚保留下来的近300万个古村落携带着中华文明的密码，承载着中华民族仍存活的不同历史时期的文明形态和文明历史。我们走在不同的村落之间，寻找着中华文明的密码。这里的村庄风景宜人，空气清新，有着更多诗意与温情，村民从事着与自然和谐相处的农业耕作，有久违的乡音、乡土、乡情以及古朴的生活。民风淳朴，形神有序，节奏舒缓，这种生活的闲适性，正是疲于奔波的城市人所心之向往的。

桂花村杨金菊：新时代贫困户的自强不息

桂花村是调研组实地调研的第一个村，杨金菊作为桂花村脱贫户代表是调研组访谈的第一位人物。正式见面之前，在网络上搜索到关于她的一些信息，了解到她母亲于2016年瘫痪，丈夫也因工伤丧失了劳动力，大儿子是先天性脑瘫，生活一度陷入贫困，2017年二儿子病重急需手术费5万元，这对于原本就穷困的家庭无异于压死骆驼前的最后一根稻草。基于这样一些了解，脑海里初步为她勾勒了一幅稍显瘦弱与沧桑的人物画像，但在与真人见面的时候，杨金菊笑弯了的眉眼彻底抹杀了我脑海里勾勒的画像，而在接下来的交谈中，更是让我对这位新时代的贫困户有了不一样的认识。

“我二儿子的病现在已经做完手术在慢慢康复了，还是要感谢党和政府的好政策，不仅给我报销了我娃做手术的钱，还报销了我们去贵州省人民医院的路费、生活费和护理费，我们自己一分钱都没花，真的是感恩党和政府，有这么好的政策为我们贫困的老百姓着想。”杨金菊掩饰不住内心的喜悦，滔滔不绝地和我讲到政府对她一家的帮扶：“现在我们家全部都通过易地扶贫搬迁到街上去住了，当时搬过去的时候就带了一些衣服，那边的房子里面啥子都有，连米和油都有。搬过去之后，他们（政府）给我介绍了一份工作，帮一户人家带娃娃，一个月有3000元的收入。我没有读过书，也不认识字，他们（政府）最开始的时候让我去培训，培训了半个月之后我就到那边上班了，本来是3000元的工资。去上班了以后，那户人家第一个月给了我3100元，他们说我平时带着娃娃出去还要自己花钱给她买吃的，就多给了我100元钱，但是我没有要，平时他们家都对我蛮好的，做人还是要懂得感恩。”

杨金菊的眼里偶尔也会闪着一点泪花，她没有读过书，无法用华丽的辞藻来描述心里的感谢，只是不停重复着“感恩党和政府”这几个简单的字，但此时此刻，这样的语言不是流于形式的官方客套，也不是毫无根据的浮夸之谈，是真真实实感受到国家的关心，发自内心的感恩。“我和我丈夫家的兄弟姊妹都多，他们也都住在这周围，但是之前真困难的时候，没有谁能帮上忙，因为他们日子也过得紧。”她深知，在这之前的农村，没有这种不计回报的帮扶政策，大多数的穷人有勤劳致富的愿望，但最终都卡在了那一道“坎”上，无奈只能继续穷下去。如今，政策会将你“扶”起来，站到和大家一样的起跑线上，创造美好生活。“现在党和政府这么帮我们，也不能一直问着政府‘拿’和‘要’，人要懂得感恩，我现在这份工作干得挺好的，未来也会好起来的。”

青龙村黄海玉：新时代村民的平凡坚守

来到青龙村，路途中看到的蜿蜒的山路、清澈的小溪、袅袅的炊烟、古老的石桥，让我真正有了一种在农村的感觉，这里的一草一木、一砖一瓦都能轻易地唤起心底那份对乡村的记忆。来到黄海玉的家，看到的是干干净净的院子，简单整洁的客厅，她是一位60岁的妇女，丈夫得了脑血栓，儿子常年在上海上班。“他那个房间虽然平时都没有人住，但我还是每天都要打扫，床单被套隔一段时间就要换洗一次，时不时地也要把门窗打开通通风。”指着儿子的卧室，黄海玉这样说道。她也看出了调研组心中的疑惑，因为这看起来和才刚完婚的新房没有什么区别，一尘不染的房间，让调研组不敢轻易踏入。

“我们这里的房子家家户户都是这样，每天早上起来的第一件事就是打扫卫生，要打扫完卫生才开始做别的事情，不打扫就感觉不舒服，这是从以前的老祖宗那里就传下来的习惯。以前我还是姑娘的时候，我妈妈也是这么教我的，所以养成了这个习惯。”对于打扫卫生这样的生活日常是根植于黄海玉骨髓的习惯，也是她在平凡生活中持之以恒的坚守。这样的细节不只体现在儿子的卧室卫生上，也体现在他们生活的每个角落。访谈之中得知，黄海玉一家居住的小木屋现在已有30多年的历史了，但是从外观看来，这像是一栋新建不久的房子。“这个房子都修了30多年，当时就是在外面用油刷了两遍，我现在打扫这些房间的地板都是用抹布擦，所以看起来保护得比较好。”

新时代的农村都面临着劳动力大量转移的问题，但留下的村民用他们的实际行动告诉我们什么是最朴实、最简单的乡村精神。这种简单的执着不单体现在打扫卫生这一件事上，或许对脑血栓丈夫几十年如一日的照顾也是一种平凡坚守。“我那时候是高中毕业，在那个年代算是文化程度比较高的人了，我老公对我很好，不然我也不会嫁给他，现在他生病了，我照顾他也是应该的，不觉得有什么苦的。”说完，黄海玉转头看向电视机前坐着的丈夫，眼睛里满是几十年的感情孕育出来的温柔。

锁溪村彭钟燮：新时代退休教师的乡村精神传承

新时代乡村精神主要依靠继承和发扬民族文化的优良传统，摒弃传统文化中消极落后的部分，形成积极、健康、向上的社会风气和精神风貌。82岁的彭钟燮老人正是这一种新时代乡村精神的传承者和传播者，他从1961年起就在锁溪小学当老师，同时还兼任村医一职，擅长文学和书法，其撰写的万山区民间故事、民间歌谣被相关书籍收录其中。“他算是村里面最德高望重的老人，我父母都很尊敬他。小时候村民去他那儿看病，小病他都不收人家钱。”别人口中的彭钟夔就是这样一位纯朴善良的人。

“锁溪素有‘上呈金鸡守龙头，下现蓝蛇锁溪口’之说，溪流两边的山，像两只金鸡昂头展翅，盘旋在两条溪流交汇的地方，从外观看上去像一个八卦图，而溪流则从中间流过，锁溪的名字就是这样来的。”这样的故事从一位80岁老人的口里说出来，让人更多感受到的是一种岁月的神秘感，好像在我们不曾经历的那几十年时间里是真的存在神话故事和传说的。而说到锁溪村几十年来的变化，没有谁能比这位老人更有发言权，为此，他念起2018年7月1日建党节写的《锁溪谣》：“四十周年改革路，一步一曲一华章；叠叠大山变通途，村道纵横织蛛网；轿车开进庭院里，清泉引到锅灶旁；河堤水坝修筑好，远离昔年三两荒；茅棚草舍成旧照，处处高楼建靓房；生病不愁无钱治，合作医疗好主张；小孩上学不交费，中餐免费喷喷香……”一字一句描绘的不仅是锁溪村的变化，更是中国村庄改革开放40多年以来发生的变化。除《锁溪谣》以外，他还编写了《百善孝为先》《礼貌称谓用语歌》《迎亲女方拦路歌谣》《闹新房歌谣》等朗朗上口的歌谣供村民传唱，通过这种方式将新时代的乡村精神传承着、传播着，填补了乡村精神传播载体缺失的空白。

“那时候他们来看病，虽然有时候我不收他们的钱，但是之后他们有的会给我送一捆柴之类的东西，因为那时候我当老师和村医，也没有太多时间去做这些事情，人和人之间都是相互的，你对他好，他就对你好了。”彭钟夔老人除了用诗歌和歌谣传承乡村精神以外，也用自己的行动潜移默化地将这种精神传递着。乡村精神是流淌在田野上的故土乡愁，也是新时代社会主义核心价值观的另一种形态，彭钟夔老人对乡村精神的传承和传播是其故土乡愁的真实流露，也是乡村在培育和践行社会主义核心价值观时的生动实践。

（作者系贵阳创新驱动发展战略研究院综合三部副部长，铜仁市人民政府发展研究中心特约研究员）

成就感、信念感、希望感、幸福感

王 怡

离开铜仁已经十余天，可是一旦回忆起来，在铜仁市万山区黄道乡的调研经历依然历历在目。这段于我而言很新鲜、很独特的经历，浓缩成了一张张照片、一副副面孔、一段段故事、一点点感想，不着声息轻轻放进一生经历里。

成就感：废墟会被重建 万山会重新红遍

这是我第一次正儿八经地参加调研工作，在声势浩大的调研队伍和资历丰富的前辈领导面前，尤其显得像一个“混子”。万山、汞矿、转型……这些名词于我而言很陌生，甚至我们整个调研十二组恐怕也是有距离存在的。调研开始前，我们小组扫描发放了当代学者欧阳黔森关于铜仁万山的报告文学作品《看万山红遍》，从阅读这篇文章开始，我掀开了万山的第一层面纱，对它有了笼统粗浅的了解，也因为文学作品的情感调度，先行接收了一些不能名状的鼓舞。

“汞都”，曾经是一个壮阔的热血的红色存在，而时运更迭、从繁荣转而落寞，不过遵循了万事万物的必然规律。2002年，万山汞矿宣布政策性破产关闭；2008年，一场灾难性的凝冻袭罩万山，几乎整个万山都受到了重大影响；2018年，曾经的矿区蜕变为如今的朱砂古镇，看着玻璃栈道对面的崖壁上刻着红色的毛泽东词句“看万山红遍，层林尽染”，我想很难不动容吧，很难不去好奇这里发生过什么故事，也很难不想为重新崛起的万山说点什么。

资源型城市很难逃脱繁荣、衰退、转型、振兴或消亡的发展规律，经过18年坚苦卓绝的奋斗，万山成为重新振兴的正面实例，也是改革开放40年来勇于拥抱苦难、化险为夷的时代印证。沐浴着实现中华民族伟大复兴的时代春风，万山正继续怀着理想向前走，迎接新的挑战和未来。

前几天在网上看到一幅照片，当叙利亚内战的战火摧毁了一座座家园，一位70岁的叙利亚老人回到已变成废墟的家中，他淡定地听着仅存的一张唱片说：“生活总会艰难，但我们不能失去希望，我们要在废墟之上重建。”万山未尝不是经历了一场“战争”，无数经历了这场坚苦卓绝“战争”的人、无数亲历见证万山变化的万山人，他们的命运、情感已然与万山紧紧交织在了一起，也因为他们的不懈坚持，在这个晴空碧云的爽朗秋日，我们才得以重新“看万山红遍”。

信念感：奋进路上的一盏绿灯

10月17~26日，调研十二组赴铜仁市万山区黄道侗族乡开展调研工作。通过座谈会、访谈、走访入户、问卷调查等多种方式，在顺利完成人生首次调研活动的同时，其中一些人物、一些故事深深触动了我。

黄道乡脱贫攻坚工作中，致富带头人发挥了举足轻重的作用。他们是乡镇企业家，是实干家，也是勇敢的一群人。

初见杨元桃，是在黄道乡乡政府一间办公室对她进行访谈。杨元桃长得很漂亮，打扮时尚，看上去不像“做事儿”的人，但她马上摊开手向我们展示，“你看我的手不像女人的手，她们都白白的，我每天抓泥巴，一双手黑乎乎的。”杨元桃是力坳村人，在大棚蔬菜种植产业上取得了不俗的成绩，她打开抖音App上自己录制的小视频，自豪地介绍她的产业。从30岁开始创业，经历过创业失败、借钱发工资等各种困难的她，却不承认自己是“女强人”。去年一次大暴雨，杨元桃的蔬菜大棚被雨水淹没了一半，手足无措的她马上给乡里的领导打电话求救，乡领导袁渊很肯定地对她说：“你赶紧用挖机把路挖掉，让水排出去。”当雨水终于被排出去、看到赶来视察的领导时，杨元桃当即哇的一声就哭出来了，如果不是领导的帮助，那场暴雨起码让她损失四五十万元。杨元桃还分享了她学车的故事：“我胆子大，自己一个人把车开去马路上，不会掉头，就路上拦个人帮我掉头，我又继续开了回来。”没有一个人的成功是偶然的，访谈这样一个认准目标敢闯敢拼、坚韧中带有江湖气的女性，很难不为她的故事所触动。

罗仁长是力坳村云飞牧业养殖有限公司的创建人，正在积极探索现代养殖产业的路子。面临资金上的短缺，他把私人轿车抵押了好几次；面对技术上的担忧，他每天都积极向湖南正大的合作技术员取经；面对入股乡民们的疑问，他和乡领导一起走访解释。说起坎坷的奋斗往事和眼前的困境，罗仁长表现得淡定和乐观：“没办法，带头人就是承担压力和责任的人，有困难肯定也有办法。”罗仁长有三个可爱的小孩，比起提供舒适的条件，他更希望培养他们独立自主的个性：“有时我开着车，刚好碰上他们放学了，也不会叫他们上车，希望他们能懂得一个道理，安逸的生活要靠自己的努力去争取。”

每个奋斗的人，心里都有一个明确的目标，而遭遇困难时不放弃、不离场，是因为对目标的执着信念强过了恐惧和畏怯，他们总能看向远方那盏代表希望的绿灯，为此奋斗拼搏、步履不停。

希望感：对美好未来的期盼

10月21日，在调研工作结束的小组讨论会上，我们调研小组临时新增了一个访谈对象。刘家豪今年16岁，被村里人称为“小姚明”。热爱篮球的他，在2014年、2015年参加姚基金慈善篮球赛的团体赛中，分别获得了全国二等奖和一等奖的好成绩。刘家豪在比赛阵容中担任得分后卫的角色，2015年在上海比完赛后，姚明主动走过来给他签了名。“打得不错，继续加油——姚明站在我面前对我说，我那时候只有他腿那么长。”刘家豪比画着对我们说。回想当时的情境，有点像做梦，因为比赛当天，他还见到了 NBA 勇士队球星格林，被他搂着合了影。

刘家豪现在是铜仁市交通学校美容美发专业一年级学生，比起篮球，他需要选择一条更稳妥的路，但他没有放弃对篮球的热爱，仍然希望有朝一日遇见时机，走上职业篮球的道路。刘家豪的偶像是科比，“我的球服都是比赛时发的，真希望拥有一套属于自己的球服，印上和科比一样的8号。”

10月20日傍晚，我们走访到了罗寒家中。罗寒是黄道中学一名初二的学生，她给自己定了一个小目标，考上铜仁八中，去万山读高中。家境贫寒、单亲家庭似乎没有给这个14岁的小女孩带去负面影响，罗寒给我们的印象是格外活泼健谈。临走的时候，因为觉得这个女孩太可爱了，我们主动给了她微信，希望她在生活上有什么困难或困惑，能够告知我们。罗寒家对面是一座大山，她对我们说，虽然不知道自己会去哪所大学，学什么专业，但是她确信要一直努力，某天才能走出大山，去看看外面的世界。

幸福感：新农村正在实现的目标

10余天的调研活动中，我们走访了很多户人家，在问卷调查环节，有时我会多问一个问题："您觉得幸福吗？"一部分人会恳切地回答"幸福"，这让我有一种非常感动的心情。想问这个问题源于国庆节我回家看望奶奶，那刚好是爷爷离世一年之际，我问她会不会觉得不习惯，她回答我说觉得很孤独。我不敢继续再聊下去，孤独也许是每个人都会有的感受，而关于人生的幸福感这一命题太宏大，足够我们每个人用一生去思索、去面对和去追求。

我印象非常深刻的一个老人，是马黄村的吴玉珍。她今年64岁，和她聊天过程中，我发现她的精神状态比一般老人要好很多，回答问题的思路也非常清晰。她指着庭前的一排花告诉我，她喜欢养花，还参加了村里的舞蹈队，每周都会去跳广场舞，这些事情让她觉得很幸福。

如今的农村，物质生活条件越来越丰富，人们的精神状态也理所当然得到了更多的关注。我看到越来越多的游子返乡创业、务工，回到家人身边；也有很多乡民赶上政策红利，易地搬迁成了"城里人"；还有一些乡民在闲暇时发展业余爱好，获得了更多价值感……我眼中的黄道乡，是一个居民获得越来越多幸福感的地方。

我想，所谓转型、所谓脱贫，除了看成绩单，还要看大伙的精气神，看大家创业和奔小康的劲头，看大家生活幸福的一种状态。

每一个万山人都是万山精神的缩影，而万山转型之路是贵州变化、中国新时代的缩影。也许处于时代中的我们，很难以上帝视角完整窥视万山的转型历史进程，但作为本次大调研的一名普通参与者，我有一个最大的感想，那就是每一个拥有纯净心灵、怀抱美好愿望、努力追寻梦想的人，都值得拥有更富裕、更幸福的生活。

（作者系贵阳创新驱动发展战略研究院特约研究员）

后记

云绕脚下，雾入衣襟，10月，在温润的秋色里，邂逅万山的底蕴，留下盘桓在心底的羁绊在笔尖流转。

“鸡鸣二省闻，一步跨三县。”在祖国的版图上，有一片孕育千年丹砂的土地，低调而坚定地镶嵌在武陵腹地，彰显“黔东门户”的险要地势，她的名字，叫万山。汞，给这片土地带来过荣光，嵌入了这里几代人的温暖记忆，在共和国的档案里，万山采矿工人用智慧和血汗铸成丰碑，奏出“中国汞都”的历史交响；在新中国的史册中，万山人民用担当和魄力，扛起了万山资源枯竭型城市转型的时代大旗。

苏轼曾有诗云：“不识庐山真面目，只缘身在此山中。”为了更好地了解万山的“真面目”，万山区转型可持续发展调研组历时半月，走进绿水逶迤去、青山相继开的画卷中，切身体会这里的乡土本色、乡愁记忆、乡情隽永、乡村生活、乡俗文化、乡礼社会。撷一抹清澈的蓝，挽一束温婉的秋光，觅一片山水的芬芳，让研究徜徉在每一个行走的瞬间，记下内心的所感、所思、所悟。在调研的日子里，调研组行走于田边，考察于乡间，居住于村中，成为万山的一分子。在脚踩泥土中感受乡村生活，在走访农户时体会乡俗文化，在聆听故事时寻味乡愁记忆。细细地品、慢慢地读，用文字将万山的一切描绘成书，将对万山的感情寄托于字里行间，将悠然清心的环境、纯粹朴实的民风、源远流长的文化记录于此，带领读者一同品读这份油然而生的情怀。

万山就像一盏茶，需要捧在手中慢慢品。层林尽染的漫山秋叶、潺潺流淌的晶莹溪水，是深深浅浅的茶色；田间饱满的蔬菜瓜果、农家灶台的柴火味道，是浓浓淡淡的茶香；兴衰胜败的丹砂王国、转型蜕变的文化之都，是甜甜涩涩的茶味；百岁老人的热情笑颜、质朴村民的勤劳奋发，是悠悠远远的茶道。

身临其境，在深深浅浅的茶色中，去品读她的清净岁月；在甜甜涩涩的茶味中，去品读她的兴衰规律；在浓浓淡淡的茶香中，去品读她的城市精神；在焕发新生的翠芽中，去品读她的灿烂前景。她曾经像烟花般灿烂辉煌，也曾像寒冬般饱受风霜。但是在习近平总书记的关心支持下，在政府主导和政策红利的叠加效应下，万山从濒临破产的老矿区一跃而成为铜仁乃至贵州转型可持续发展的标杆，“万山速度”“万山模式”“万山精神”成为转型的风向标，“先干不争论”“快干不议论”“干成再结论”成为转型的新共识。

万山人将“山水情”寄于千山之巅、万水之源；在阡陌纵横中，万山人将“桃花源”建于村中溪头、乡野林间。山头嬉戏的“放牛娃”，承载着这里的希冀与厚望；门前静坐的“老烟汉”，留存着这里的民俗与乡愁。绿水青山的转型发展，吸引了络绎不绝的“雁归人”返乡创业；新型城镇的建设之路，成就了漫山遍野的“特色村”

改头换面。

有限的文字，述不尽万山的酸甜苦辣；有限的时间，品不完万山的喜怒哀乐。世间万物，皆有规律；万物之理，静待寻觅。历时半月，万山区转型可持续发展大调研结束了，但是万山前进的脚步从未停止，万山的故事和万山的精彩还将继续演绎。

图书在版编目（CIP）数据

品读万山 / 连玉明主编. -- 北京：社会科学文献出版社，2019.11
ISBN 978-7-5201-5767-4

Ⅰ. ①品… Ⅱ. ①连… Ⅲ. ①区域经济发展-转型经济-研究-万山区 Ⅳ. ①F127.734

中国版本图书馆 CIP 数据核字（2019）第 234667 号

品读万山

主　　编 / 连玉明

出 版 人 / 谢寿光
责任编辑 / 吴　敏

出　　版 / 社会科学文献出版社 · 皮书出版分社（010）59367127
地址：北京市北三环中路甲 29 号院华龙大厦　邮编：100029
网址：www.ssap.com.cn
发　　行 / 市场营销中心（010）59367081　59367083
印　　装 / 北京盛通印刷股份有限公司

规　　格 / 开 本：787mm × 1092mm　1/16
印 张：26.25　字 数：307 千字
版　　次 / 2019 年 11 月第 1 版　2019 年 11 月第 1 次印刷
书　　号 / ISBN 978-7-5201-5767-4
定　　价 / 198.00 元